D1137651

François Richaudeau
Michel et Françoise Gauquelin

LA LECTURE
RAPIDE

A quelle vitesse lisez-vous ?

Comment lisez-vous aujourd'hui, au moment d'aborder vos dix cours de lecture rapide ? Il est nécessaire de le savoir. Des mesures objectives vont vous permettre d'apprendre si vous êtes un lecteur lent, moyen ou rapide, et de quelle façon vous comprenez et retenez ce que vous avez lu. Quel que soit votre niveau de départ, soyez assuré que l'étude assidue que vous allez entreprendre vous permettra, <u>dans tous les cas</u>, un gain appréciable. Les spécialistes s'accordent à estimer qu'un élève moyennement doué, qui s'exerce assidûment au moyen de ce cours, doit <u>doubler</u> sa vitesse de lecture initiale, et augmenter en même temps de façon sensible compréhension et mémoire du texte.

Vous serez votre propre juge pour l'examen de votre valeur actuelle. Vous allez lire deux textes. Nous vous indiquerons comment calculer votre vitesse, et comment mesurer votre compréhension et votre mémoire.

Comment se mesure la vitesse de lecture

Il faut, bien entendu, adopter une convention. Il ne suffit pas d'apprécier « au jugé » sa vitesse de lecture, il est nécessaire de la mesurer <u>exactement</u>. Quand vous essayez une voiture, vous ne vous contentez pas de dire : « Elle va vite », ou : « C'est une voiture lente ». Vous donnez une indication précise : « Elle atteint les 150 kilomètres à l'heure ».

De façon analogue, les spécialistes calculent la vitesse de la lecture en <u>nombre de signes lus par heure</u>. Cette mesure est la meilleure. En effet, quand on compte, par exemple, en nombre de mots lus par heure, les mots peuvent avoir des longueurs fort différentes selon les textes. Dans un quotidien, les journalistes s'efforcent d'employer des mots simples et courts. Dans leurs ouvrages, les hommes politiques, les philosophes, les savants se servent de mots longs et compliqués. Ainsi, dans un article de journal, le nombre moyen de lettres par mot peut être cinq, tandis que dans un texte philosophique, il peut s'élever à huit. Il faudrait dans ce cas adopter des barèmes différents selon les textes lus, pour juger de la vitesse réelle de lecture. Ce serait bien compliqué. On évite cet inconvénient si l'on prend comme base de vitesse le nombre de signes lus à l'heure.

Nous avons compté pour vous le nombre de signes contenus dans les deux textes que vous allez lire, et nous avons établi un barème qui vous indiquera directement votre vitesse de lecture en « signes par heure », selon le temps que vous aurez mis à lire le texte. Votre tâche consiste donc à mesurer le temps de lecture en vous chronométrant. Vous le noterez et vous soulignerez dans le barème le nombre de signes par heure qui lui correspond.

Cependant, une précision absolue dans le temps écoulé pendant la lecture n'est pas indispensable. On peut se contenter, au lieu de mesurer ce temps avec un chronomètre, de l'évaluer à l'aide d'une montre-bracelet qui indique les secondes. Pour connaître le temps écoulé depuis le début de la lecture, voici comment procéder avec la montre-bracelet. Notez dans la marge du texte à lire <u>la première minute ronde à venir</u>. Par exemple, s'il est 7 h 12 mn 15 s au moment où vous allez commencer à lire un texte chronométré, notez <u>7 h 13 dans la marge</u>. Puis attendez que l'aiguille des secondes marque deux secondes avant la minute ronde notée, et commencez alors votre lecture. Ne pensez plus à votre montre jusqu'à ce que la lecture soit terminée. Pensez seulement au texte que vous lisez. Ensuite, regardez votre montre, et notez les minutes et secondes qu'elle indique dans la marge à la fin du texte lu. Il peut être alors par exemple 7 h 15 mn 20 s. Une rapide soustraction vous indique le temps écoulé depuis le début de la lecture : 2 minutes 20 secondes. C'est cette différence que vous indiquez dans l'espace réservé à cet effet sous la rubrique « temps de lecture ».

Comment se mesurent compréhension et mémoire

Comprendre un texte et le retenir est aussi important que de le lire vite. Vous aurez aussi un barème pour juger vos capacités dans ce domaine. Après chacun des textes publiés, vous trouverez dix questions se rapportant au texte lu. Quatre réponses au choix, a), b), c) et d), vous sont proposées pour chaque question. Vous choisirez la bonne réponse en entourant d'un cercle la lettre *a*, *b*, *c* ou *d* qui lui correspond. Chaque question n'a qu'une seule bonne réponse.

Quand vous aurez répondu aux dix questions, vous pourrez tester la valeur de votre compréhension-mémoire en regardant la liste des bonnes réponses inscrites au bas de la page. Additionnez le nombre de vos bonnes réponses. Ce résultat vous indiquera directement le pourcentage de votre compréhension-mémoire.

Par exemple, si vous avez cinq réponses justes sur dix questions, vous avez retenu 50 % du texte. Si vous avez sept réponses justes sur dix, vous en avez retenu 70 %. Si vous avez dix réponses justes sur dix, vous en avez retenu 100 %.

SI VOUS ETES EN POSSESSION D'UN CHRONO-METRE, VOICI COMMENT VOUS EN SERVIR :
Placez-le devant vous, bien à plat sur la table. Posez votre index sur le bouton déclencheur, tout en maintenant le chronomètre avec les autres doigts de la main. Faites-le démarrer au moment précis où vous commencez votre lecture. Laissez votre main en position, de façon à l'arrêter aussitôt cette lecture terminée. L'aiguille du chronomètre vous indiquera le temps écoulé pendant la lecture en minutes et secondes.

Lecture intégrale : texte n° 1

Attention ! Etes-vous bien installé, le texte sous les yeux, le chronomètre et un crayon à portée de la main ? Si c'est le cas, vous pouvez commencer à lire le premier texte qui vous est proposé. Mais retenez ces dernières recommandations. Lisez comme vous avez l'habitude de le faire. Ne cherchez pas à vous surpasser dès le premier exercice. Vous risqueriez d'obtenir des résultats absurdes soit en vitesse, soit en compréhension-mémoire. Ne regardez pas d'avance texte, questions ou réponses. Vous ne pourriez plus vous juger. Effectuez ce test dans l'ordre où il est présenté, en étant aussi attentif que possible. Et, surtout, ne vous arrêtez pas en cours de route. Etes-vous prêt ? Alors, allez-y !

LA MECANIQUE DES DEUX MEMOIRES

Quarante chercheurs viennent de se retrouver à Sassari, en Sardaigne, parmi les mimosas, puis à Rome, à l'Académie nationale, pour se dire qu'au fond, la mémoire, on ne sait pas ce que c'est. On se plaint parfois d'avoir la mémoire courte. Mais si nous devions nous enfoncer dans la tête le maelström de visages, de chiffres, de publicité subi au cours d'une journée, nous deviendrions fous. Ce bienfaisant escamotage relève d'une mémoire à « court terme ». En revanche, nos souvenirs sont si bien enfouis dans un miroir à « long terme » qu'ils résistent même aux drogues et à l'électrochoc et qu'aucun lavage de cerveau n'est capable de les effacer.

La majorité des participants au colloque de Sassari tombèrent d'accord pour distinguer en tout cas ces deux types de mémoire. Nous utilisons notre mémoire à « court terme » pour retenir un numéro de téléphone quelques secondes, le temps de composer l'appel. Sa capacité est constante : à moins d'être séniles, nous répétons sept à huit chiffres ou syllabes après les avoir entendus une fois. Notre mémoire à « long terme » ne préserve pas seulement nos connaissances. Ouvrir une porte, monter un escalier implique un long B.A. - BA. Bref, sans la mémoire à court terme, nous serions intoxiqués d'informations. Sans la mémoire à long terme, nous vivrions comme des plantes (...)

Un principe nous fut souvent rappelé au cours de ce colloque : toute trace dans le cerveau doit être renforcée par la répétition pour être retenue. C'est même là la base du conditionnement. Le cerveau, machine statistique, trie, totalise et retient surtout les événements qui se répètent. Or, il en est d'autres qui ne se renouvellent pas. Tout se passe alors comme si le cerveau, machine analogique, remettait en scène les expériences trop fugaces. Il les évoque, les répète, les trie et finalement les enregistre.

Le professeur Kimble, comme d'autres, a été frappé par ce curieux phénomène. Les sujets, appelés à retenir les syllabes, ne peuvent s'empêcher de les ressasser intérieurement. Il faut même leur demander de compter à rebours pour les empêcher de penser, pour arrêter ce « tic-tac » qu'ils ont alors dans la tête. Le professeur G. Oléron, psychologue à l'université de Paris, nous précisa de son côté qu'un sujet retient mieux des mots présentés toutes les six secondes qu'à une cadence plus rapide : le mécanisme de répétition intérieure a le temps de jouer. C'est ainsi qu'après avoir relevé un numéro de téléphone, nous le rabâchons inconsciemment pour ne pas le perdre en route (...)

Avant de partir à Sassari, nous avions visité le centre de rééducation de la mémoire et du langage, dirigé à Créteil par le professeur Barbizet. Un jeune architecte relevait d'encéphalite. Lorsqu'on lui posa des questions sur sa vie passée, il se la rappelait très bien. Il raconta qu'il avait été aux Beaux-Arts. Puis, pour éprouver sa mémoire des événements récents, le professeur Barbizet lui emprunta sa montre et la cacha, devant lui, sous une serviette. Le malade, interrogé, ne s'en souvint plus quelques minutes plus tard. « Quelle montre ? » demanda-t-il étonné. « C'est l'hippocampe qui est atteint, m'avait précisé le professeur Barbizet. Il a une excellente mémoire brève : il répète sept chiffres d'affilée. Son stock de souvenirs anciens est intact. Mais, premièrement, il faut lui poser des questions précises, il ne peut les évoquer tout seul. Deuxièmement, il ne peut fixer les événements nouveaux. C'est aussi le cas de nos éthyliques chez qui certains centres tels que la formation hippocampo-mamillaire, sont vulnérables à l'alcool ; c'est pourquoi l'éthylisme empêche d'évoquer les soucis, mais provoque aussi « l'oubli à mesure » (...)

Ces faits ont été retrouvés chez le rat par trois Américains, L. et B. Flexner et Richard Roberts, dont on a beaucoup parlé à Sassari. Ils ont fait perdre à des rats leurs acquisitions récentes par injections d'une drogue dans l'hippocampe (...)

Ici se pose la grande énigme, celle qui planait dans l'air durant tout le colloque italien : l'information, une fois « réinjectée » dans les circuits par l'hippocampe, est ainsi entretenue, renforcée. Mais comment va-t-elle être finalement stockée ? Quelle est la mémoire à long terme ? Depuis dix ans une hypothèse d'allure révolutionnaire avait soulevé les passions : nos souvenirs seraient codés au sein de ces molécules d'A.R.N. qui participent aussi à la transmission de l'hérédité. Mémoire biologique et mémoire psychologique seraient enregistrées par le même code chimique. Or, à Sassari et à Rome, personne n'y croyait plus. La théorie moléculaire de la mémoire « bat de l'aile » : son meilleur partisan, le Suédois Holgar Hydén, pourtant invité, n'est pas venu. « Toutes les expériences en ce sens ont échoué », m'a confié le professeur M.R. Rosenzweig, de l'université de Californie, à Berkeley (...)

Ce qui est stocké, selon le professeur Barbizet, ce n'est pas une information numérique comme dans les machines, mais tout un réseau de circuits qui reflètent l'expérience du moment selon une traduction analogique. Or de tels « métacircuits » engagent l'ensemble du cerveau. Nous n'avons pas de boîte à mémoire, rien qui ressemble à ces disques magnétiques ou à ces tores de ferrite de l'électronique. L'information, d'ailleurs, ne circule pas, elle « s'affiche » dans des millions de neurones en même temps, un peu comme dans ces publicités lumineuses, ou mieux, comme dans les nouvelles machines analogiques appelées « perceptrons ». En tout cas, chaque expérience met en cause l'ensemble de l'encéphale, c'est-à-dire toute la personnalité du sujet. Ce point capital a été plusieurs fois souligné. Le professeur H.F. Harlow, de Madison (E.-U.), a isolé des singes dans le noir dès leur naissance. Ces animaux ne purent ainsi rien apprendre. Or, ce n'est pas telle ou telle partie du cerveau qui était atteinte mais sa quasi-totalité. Ils ne furent capables, une fois replacés dans un milieu normal, que de comportements réduits et montrèrent la plus grande maladresse dans leurs contacts avec les objets et leurs congénères. Le professeur Rosenzweig a comparé des rats riches en expériences à d'autres qu'il isola dès leur naissance. Les rats à tête pleine avaient aussi le cerveau un peu plus lourd. Les neurones étaient plus gros, les connexions plus nombreuses. Bref, l'encéphale entier est impliqué dans la mémoire (...)

Ainsi dégage-t-on un tableau à peu près cohérent des idées discutées à Sassari et à Rome. Soit un événement : « Mon propriétaire prend sa retraite. » L'information persiste quelques secondes dans le cerveau : c'est la mémoire à court terme. Pour la maintenir à flots, l'hippocampe la « réinjecte » plusieurs fois. A chaque repassage, l'information cherche des connexions, des associations. S'il n'y en a pas, le cerveau s'en désintéresse : c'est l'oubli..

S'il y en a, l'hippocampe continue la répétition. Et, chaque fois, le réseau se consolide parce qu'il s'imbrique dans des circuits anciens plus nombreux.

« Retraite signifie peut-être départ. »

« Départ signifie parfois vente des locaux », « Vente des locaux signifie congé au locataire. » L'information va s'inscrire dans des chaînes signifiantes importantes pou~ le sujet. Elle s'intègre à l'ensemble de ces expériences. Et c'est cette intégration même qui paraît être la mémoire à long terme.

« Tout se passe comme si la mémoire n'existait pas. » Cette boutade entendue au colloque marque l'immense difficulté du problème.

« En attendant de résoudre l'énigme, a dit l'organisateur du colloque, le professeur Daniel Bovet (l'un des six inventeurs des sulfamides), s'il y a un domaine où physiologistes, psychologues et biochimistes doivent collaborer, c'est bien celui-là. »

Claude Edelman,
Réalités, août 1967.

Inscrivez ici la durée de votre lecture : ... minutes   ... secondes

Ce texte comprenait 7 515 signes. Sachant le temps que vous avez mis à le lire, vous trouverez dans le tableau de la page 13 votre vitesse actuelle de lecture en signes par heure.

Nombre de signes lus à l'heure : ......
Taux de compréhension-mémoire : ....

Voulez-vous dès à présent une appréciation sur votre vitesse ? Eh bien, on peut dire que si vous avez lu ce texte à 150 000 signes à l'heure ou plus, vous êtes un lecteur doué. Notre méthode devrait vous permettre de faire des progrès remarquables. Il est en effet d'observation courante que les lecteurs assez rapides au départ s'améliorent très vite quand ils s'astreignent à un apprentissage méthodique. Si vous avez lu aux environs de 90 000 signes à l'heure, vous êtes un lecteur plutôt lent. Il vous sera d'une grande utilité de vous entraîner sérieusement pour augmenter votre rapidité ; actuellement vous risquez de perdre un temps précieux qui vous empêche de vous enrichir l'esprit autant que vous le pourriez.

COMPREHENSION — MEMOIRE

1. A quoi sert la mémoire à court terme ?
a) à structurer l'intelligence ;
b) à stocker un maelström de perceptions subies au cours d'une journée ;
c) à escamoter les souvenirs dont nous n'avons pas besoin ;
d) à rien.

2. La mémoire à long terme
a) est facile à effacer ;
b) est bonne surtout chez les jeunes ;
c) est un élément fragile de l'intellect ;
d) résiste même aux drogues et à l'électrochoc.

3. Le cerveau enregistre
a) tous les faits qui se répètent souvent d'eux-mêmes ;
b) seulement certains faits que le cerveau se répète ;
c) uniquement les faits extraordinaires ;
d) des faits fugaces avant tout.

4. Selon le professeur G. Oléron, un sujet retient mieux les mots
a) s'ils sont présentés à la cadence d'un par seconde ;
b) s'ils sont présentés toutes les six secondes ;
c) s'ils sont présentés une seule fois chacun ;
d) s'ils sont présentés plusieurs à la fois.

5. Le jeune architecte qui relevait d'encéphalite
a) n'a plus de mémoire à court terme ;
b) n'a plus de souvenirs de sa vie passée ;
c) ne peut pas fixer les événements nouveaux ;
d) est plus vulnérable à l'alcool.

6. Dans le cerveau, le rôle de l'hippocampe est de
a) évoquer les souvenirs anciens ;
b) fixer une information en la réinjectant dans les circuits du cerveau ;
c) effacer les souvenirs inutiles ;
d) donner plus de poids à la mémoire.

7. Où est stockée l'information dans la mémoire à long terme ?
a) dans un réseau de circuits qui reflètent l'expression du moment ;
b) dans les molécules d'A.R.N. qui transmettent l'hérédité ;
c) dans une partie limitée du cerveau, appelée centre de la mémoire ;
d) dans des acides nucléiques à la façon des tores de ferrite de l'électronique.

8. Selon le professeur Harlow, les singes isolés dans le noir dès leur naissance
a) ont une mémoire aussi bonne que les autres singes ;
b) ont une partie du cerveau qui fonctionne moins bien, mais le reste est intact ;
c) sont bons pour les souvenirs à long terme, mais pas pour ceux à court terme ;
d) ont la quasi-totalité du cerveau qui fonctionne moins bien.

9. Comment se fait l'oubli ?
a) par un processus chimique défini ;
b) le cerveau se désintéresse de l'information qui ne rencontre pas de connexion significative ;
c) le cerveau possède un centre chargé d'effacer certaines informations ;
d) quand il y a surabondance de souvenirs, certains sont éliminés.

10. Selon le professeur Daniel Bovet, résoudra-t-on le difficile problème de la mémoire ?
a) en cherchant des crédits internationaux ;
b) en fondant de nouveaux centres d'études ;
c) en approfondissant les théories

moléculaires ;
d) en obtenant la collaboration des physiologistes, psychologues et biochimistes.

BONNES REPONSES
1 c, 2 d, 3 b, 4 b, 5 c, 6 b, 7 a, 8 d, 9 b, 10 d

Votre temps de lecture en minutes et en secondes	Votre vitesse en signes par heure	Votre nombre de bonnes réponses	Votre taux de compréhension
1	451 000	1	10 %
1,30	300 000	2	20 %
2	225 000	3	30 %
2,30	180 000	4	40 %
3	150 000	5	50 %
3,30	129 000	6	60 %
4	113 000	7	70 %
5	90 000	8	80 %
6	75 000	9	90 %
7	65 000	10	100 %
8	56 000		
9	50 000		

Ce texte comprenait 7 515 signes

Avez-vous répondu correctement à 7 questions sur 10, ou plus ? Si c'est le cas, votre taux de compréhension-mémoire est très satisfaisant. Moins de 5 réponses justes sur 10 n'est pas un bon résultat : ou vous avez été trop vite, ou vous n'étiez pas encore bien concentré dans votre lecture.

Lecture intégrale : texte n° 2

Vous allez lire maintenant le second texte. En fonction des résultats obtenus en vitesse et compréhension-mémoire dans le premier, vous pourrez peut-être déjà opérer certains ajustements. Si vous avez lu très lentement et que vous ayez tout retenu, vous pourrez vous forcer à lire un peu plus vite. Si vous avez lu rapidement et n'avez pas compris grand-chose, vous aurez intérêt à modérer un peu votre ardeur et à soigner votre concentration. Signalons toutefois que le second texte est un peu plus difficile que le premier.
Votre œil et votre cerveau sont-ils ouverts à la lecture ? Votre index est-il posé sur le déclencheur de votre chronomètre ? Oui. Alors, allez-y !

UNE SCENE DE LA VIE PARISIENNE

Le hasard a fait un ouvrier économe, le hasard l'a gratifié d'une pensée, il a pu jeter les yeux sur l'avenir, il a rencontré une femme, il s'est trouvé père, et après quelques années de privations dures il entreprend un petit commerce de mercerie, loue une boutique. Si ni la maladie ni le vice ne l'arrêtent en sa voie, s'il a prospéré, voici le croquis de cette vie normale.

Et, d'abord, saluez ce roi du mouvement parisien, qui s'est soumis le temps et l'espace. Oui, saluez cette créature composée de salpêtre et de gaz qui donne des enfants à la France pendant ses nuits laborieuses, et remultiplie pendant le jour son individu pour le service, la gloire et le plaisir de ses concitoyens. Cet homme résout le problème de suffire, à la fois, à une femme aimable, à son ménage, au *Constitutionnel,* à son bureau, à la Garde nationale, à l'Opéra, à Dieu ; mais pour transformer en écus *le Constitutionnel,* le Bureau, l'Opéra, la Garde nationale, la femme et Dieu. Enfin, saluez un irréprochable cumulard. Levé tous les jours à cinq heures, il a franchi comme un oiseau l'espace qui sépare son domicile de la rue Montmartre. Qu'il vente ou tonne, pleuve ou neige, il est au *Constitutionnel* et y attend la charge de journaux dont il a soumissionné la distribution. Il reçoit ce pain politique avec avidité, le prend et le porte. A neuf heures, il est au sein de son ménage, débite un calembour à sa femme, lui dérobe un gros baiser, déguste une tasse de café ou gronde ses enfants. A dix heures moins un quart, il apparaît à la Mairie. Là, posé sur un fauteuil, comme un perroquet sur son bâton, chauffé par la ville de Paris, il inscrit jusqu'à quatre heures, sans leur donner une larme ou un sourire, les décès et les naissances de tout un arrondissement. Le bonheur, le malheur du quartier passe par le bec de sa plume, comme l'esprit du *Constitutionnel* voyageait naguère sur ses épaules. Rien ne lui pèse ! Il va toujours droit devant lui, prend son patriotisme tout fait dans le journal, ne contredit personne, crie ou applaudit avec tout le monde, et vit en hirondelle. A deux pas de sa paroisse, il peut, en cas d'une cérémonie importante, laisser sa place à un surnuméraire, et aller chanter un *requiem* au lutrin de l'église, dont il est, le dimanche et les jours de fête, le plus bel ornement, la voix la plus imposante, où il tord avec énergie sa large bouche en faisant tonner un joyeux *Amen*. Il est chantre. Libéré à quatre heures de son service officiel, il apparaît pour répandre la joie et la gaieté au sein de la boutique la plus célèbre qui soit en la Cité. Heureuse est sa femme, il n'a pas le temps d'être jaloux ; il est plutôt homme d'action que de sentiment. Aussi, dès qu'il arrive, agace-t-il les demoiselles de comptoir, dont les yeux vifs attirent force chalands ; se gaudit au sein des parures, des fichus, de la mousseline façonnée par ces habiles ouvrières ; ou, plus souvent encore, avant de dîner, il sert une pratique, copie une page du journal ou porte chez l'huissier quelque effet en retard. A six heures, tous les deux jours, il est fidèle à son poste. Inamovible basse-taille des chœurs, il se trouve à l'Opéra, prêt à y devenir soldat, Arabe, prisonnier, sauvage, paysan, ombre, patte de chameau, lion, diable, génie esclave, eunuque noir ou blanc, toujours expert à produire de la joie, de la douleur, de la pitié, de l'étonnement, à pousser d'invariables cris, à se taire, à chasser, à se battre, à représenter Rome ou l'Egypte, mais toujours *in petto*, mercier. A minuit, il redevient bon mari, homme, tendre père, il se glisse dans le lit conjugal, l'imagination encore tendue par les formes décevantes des nymphes de l'Opéra, et fait ainsi tourner, au profit de l'amour conjugal, les dépravations du monde et les voluptueux ronds de jambe de la Taglioni. Enfin, s'il dort, il dort vite, et dépêche son sommeil comme il a dépêché sa vie. N'est-ce pas le mouvement fait homme, l'espace incarné, le protée de la civilisation ? Cet homme résume tout : histoire, littérature, politique, gouvernement, religion, art militaire. N'est-ce pas une encyclopédie vivante, un atlas grotesque, sans cesse en marche comme Paris et qui jamais ne repose ? En lui tout est jambes. Aucune physionomie ne saurait se conserver pure en de tels travaux. Peut-être l'ouvrier qui meurt vieux à trente ans, l'estomac tanné par les doses progressives de son eau-de-vie, sera-t-il trouvé, au dire de quelques philosophes bien rentés, plus heureux que ne l'est le mercier. L'un périt d'un seul coup et l'autre en détail. De ses huit industries, de ses épaules, de son gosier, de ses mains, de sa femme et de son commerce, celui-ci retire, comme d'autant de fermes, des enfants, quelque mille francs et le plus laborieux bonheur qui ait jamais récréé cœur d'homme. Cette fortune et ces enfants, ou les enfants qui résument tout pour lui, deviennent la proie du monde supérieur, auquel il porte ses écus et sa fille, ou son fils élevé au collège, qui, plus instruit que ne l'est son père, jette plus haut ses regards ambitieux. Souvent le cadet d'un petit détaillant veut être quelque chose dans l'Etat.

H. de Balzac, Scènes de la vie parisienne.

Inscrivez ici la durée de votre lecture : ... minutes   ... secondes

Ce texte comprenait 5 043 signes. Sachant le temps que vous avez mis à le lire vous trouverez dans le tableau de la page 17 votre vitesse en signes par heure.

Nombre de signes lus à l'heure : ......
Taux de compréhension-mémoire : ......

COMPREHENSION — MEMOIRE

1. Quel genre de commerce l'ouvrier a-t-il ouvert après quelques années de privation ?
a) boulangerie ;
b) mercerie ;
c) boucherie ;
d) nourrisseur de bestiaux.

2. Quelle est la première chose qu'il fait tous les matins après s'être levé ?
a) il prend son petit déjeuner ;
b) il porte des journaux ;
c) il embrasse sa femme ;
d) il compte sa recette de la veille.

3. Comment s'appelle le journal du matin cité par Balzac ?
a) l'*Ami du Peuple* ;
b) le *Moniteur* ;
c) le *Père Duchesne* ;
d) le *Constitutionnel*.

4. Que fait l'ouvrier à la mairie ?
a) il fait le ménage ;
b) il passe son temps à bavarder ;
c) il inscrit les décès et les naissances ;
d) il est portier.

5. Pourquoi laisse-t-il parfois sa place à un surnuméraire ?
a) pour regagner son commerce ;
b) pour se reposer un peu ;
c) pour tromper sa femme ;
d) pour chanter un requiem à l'église.

6. A six heures du soir, il est fidèle à son poste ;

a) à agacer ses demoiselles de comptoir ;
b) à souper ;
c) à l'Opéra ;
d) à la Comédie-Française.

7. Quelle est la partie du corps qui, chez cet ouvrier, travaille le plus ?
a) les jambes ;
b) les bras ;
c) la tête ;
d) les yeux.

8. A quelle heure se couche-t-il ?
a) à minuit ;
b) à huit heures ;
c) au petit matin ;
d) jamais à la même heure.

9. Que fait-il quand il apparaît dans sa boutique ?
a) il crie après tout le monde ;
b) il fait une scène de jalousie à sa femme ;
c) il met du désordre partout ;
d) il répand la joie et la gaieté.

10. Quelle est l'ambition fréquente du fils cadet d'un petit détaillant ?
a) reprendre le commerce de son père ;
b) renier ses humbles parents ;
c) devenir quelque chose dans l'Etat ;
d) partir chercher l'aventure au-delà des mers.

BONNES REPONSES
1 *b*, 2 *b*, 3 *d*, 4 *c*, 5 *d*, 6 *c*, 7 *a*, 8 *a*, 9 *d*, 10 *c*

Votre temps de lecture en minutes et secondes	Votre vitesse en signes par heure	Votre nombre de bonnes réponses	Votre taux de compréhension
0,45	450 000	1	10 %
1	303 000	2	20 %
1,30	201 000	3	30 %
2	151 000	4	40 %
2,30	121 000	5	50 %
3	100 000	6	60 %
3,30	86 000	7	70 %
4	76 000	8	80 %
5	60 000	9	90 %
6	50 000	10	100 %

Ce texte comprenait 5 043 signes

Où en êtes-vous ?

Vos résultats en vitesse et en compréhension-mémoire ont-ils varié du premier texte au second ? Peut-être avez-vous mieux réussi le premier, qui est dans l'ensemble plus facile que le second. A moins que, mis en train par la première expérience, vous ayez mieux réussi la seconde.

Pour égaliser les chances, vous allez additionner vos résultats et les diviser par deux. Cela vous donnera une valeur moyenne, aussi bien pour la vitesse que pour la compréhension-mémoire, qui fixera votre point de départ. Par exemple, si vous avez lu à 100 000 signes-heure, puis à 120 000 signes-heure, votre vitesse est de 110 000 signes-heure. En compréhension-mémoire, si vous avez obtenu 70 %, puis 80 %, vous avez retenu 75 % du texte.

A présent, vous pouvez vous fixer un but. Quelle que soit votre habileté actuelle, vous *devez* vous améliorer en vous entraînant assidûment. Votre but sera de doubler au moins votre vitesse de lecture. Quant à la compréhension-mémoire, vous devriez parvenir à l'améliorer au moins de 10 à 20 %. Vous n'obtiendrez pas ces résultats en lisant superficiellement ce cours. Vous ne les obtiendrez que si vous pratiquez les exercices, qui vous sont offerts dans cette méthode de lecture, avec constance et concentration dans l'effort.

Comment lire vite et mieux

Pourquoi lire vite

Nous vivons à l'ère de l'« audio-visuel ».

Pendant des siècles : le livre — d'abord manuscrit puis, après Gutenberg, imprimé — a constitué le seul moyen d'enregistrement, de conservation et de transmission de la connaissance.

Mais, depuis quelques dizaines d'années, la radio, le disque, le magnétophone, le film, le micro-film, la télévision remplissent le même office.

Et ils nous transmettent les messages sous une forme plus facile et plus séduisante que ne le faisait l'austère imprimé ; par exemple, il semble plus reposant d'écouter un brillant journaliste radiophonique que de lire un quotidien ; nous prenons plus d'intérêt à la vision d'un documentaire télévisé qu'à la lecture d'un livre sur le même sujet.

Or, à la surprise générale, et contrairement aux prévisions émises il y a quelques décades par les spécialistes, la production de textes imprimés n'a pas baissé face à cette redoutable concurrence.

C'est même le contraire qui s'est produit : la quantité de livres imprimés chaque année croît dans tous les pays du monde : en France, par exemple, elle double tous les dix ans, ce qui correspond à un rythme de croissance des plus remarquables[1].

La raison de cette supériorité du texte imprimé sur le langage sonore, sur l'image animée et parlante, est si évidente qu'elle a été méconnue par les spécialistes modernes de l'information, éblouis par une vérité trop élémentaire.

Tandis que l'auditeur d'un conférencier, d'un disque, de la radio, le spectateur d'un film, d'une émission de télévision perçoivent le message à la vitesse d'articulation orale du « speaker » au rythme moyen de <u>9 000 mots</u> à l'heure, un lecteur moyen lit <u>27 000</u> mots à l'heure. Si ce même lecteur, habitué à la technique « d'écrémage », sélectionne les seules informations du texte qui l'intéressent plus spécialement, (méthode évidemment inapplicable en information orale), il peut tripler sa vitesse effective de lecture. Un lecteur rapide peut doubler ces rythmes. Un lecteur phénomène peut même, comme Jacques Bergier, les décupler.

<u>Conclusion : Si la lecture reste le moyen primordial d'acquisition de la connaissance, c'est simplement parce qu'elle est plus efficace que les nouvelles techniques audio-visuelles.</u>

Cette supériorité est considérable. Elle s'exprime par les rapports de 3 à 1 dans le cas le plus défavorable (lecteur moyen lisant le texte intégralement), de 18 à 1 dans le cas courant le plus favorable (lecteur rapide « écrémant » un texte) ; elle atteint même le rapport de 200 à 1 dans le cas exceptionnel du lecteur prodige.

En outre, l'imprimé moderne : livre, journal, constitue, sous un encombrement réduit, la « machine à informer » la plus souple. L'utilisateur averti, le lecteur expérimenté peut choisir sa vitesse de lecture, la faire varier en fonction des sujets, l'inverser et revenir en arrière, survoler de longs développements ou « sauter » des chapitres, rechercher les seules références qui le concernent, annoter les marges ou intercaler des notes...

Quel autre matériel audio-visuel permet de telles performances ?

Et l'avantage de l'information écrite sur l'information orale

---

1. Selon la statistique du Syndicat national des Editeurs depuis dix ans, le tonnage des livres produits en France est passé de 41 000 tonnes à 83 000 tonnes.

sera durable. Les progrès de l'électronique, des techniques de miniaturisation, des télécommunications ne changeront rien au rythme de nos paroles qui est fonction des structures de notre langage, structures qui sont quasi définitives. En revanche, il n'est pas impossible que le livre évolue, que sa typographie devienne plus fonctionnelle, que la page soit remplacée par une bobine ou une fiche, ou l'écran d'un téléviseur branché sur un centre planétaire d'archivage de la connaissance.

Mais peu de choses seront changées pour le « récepteur », l'homme qui devra lire les mots composés avec les signes de notre alphabet et qui devra les lire de plus en plus vite, pour apprendre de plus en plus de choses.

Et il devra apprendre « de plus en plus de choses », non pas durant sa période scolaire et universitaire, mais durant toute sa vie.

Nous sommes tous des étudiants perpétuels

Il y a quelques siècles, quelques décades même, une très faible proportion d'adultes, par curiosité intellectuelle ou par ambition professionnelle, poursuivaient des études après leur période scolaire.

La majorité croyait plus normal (et sans doute trouvait plus facile) de consacrer le temps des loisirs aux activités sociales et familiales ; des parties de cartes aux réunions de chasse, de l'éducation des enfants à la gestion du patrimoine familial et à la politique locale.

Aujourd'hui, un quadragénaire bachelier doué d'une mémoire infaillible, se souvenant avec précision du contenu de tous ses cours est incapable, sans travail préalable, d'orienter son fils préparant le baccalauréat de mathématiques élémentaires. Les manuels d'algèbre, par exemple, font intervenir des raisonnements déduits de la théorie des ensembles ; le mot « ensemble » lui-même était ignoré des programmes il y a vingt-cinq ans. Et que dire des leçons de physique basées sur les structures atomique et nucléaire de la matière...

Ce qui est vrai à l'échelon de l'enseignement secondaire l'est davantage à celui de l'enseignement supérieur, et plus encore dans toutes nos activités professionnelles. Par exemple, le directeur technique, ou même le chef de l'atelier d'entretien de l'imprimerie qui a fabriqué le présent ouvrage, doivent, pour diriger ou réparer les presses de l'imprimerie, posséder de sérieuses connaissances pratiques d'électronique, matière qui était ignorée jusque dans le programme de l'Ecole polytechnique il y a seulement vingt ans.

Et comment comprendre la réaction des jeunes générations sans avoir lu les philosophes de l'existentialisme ou de la contestation, absents dans les anciens programmes de philosophie ; comment juger l'évolution de la pensée de la Chine sans avoir lu, même partiellement, Marx, Engels, Lénine, Mao Tsé-Toung, absents également de ces mêmes programmes ?

L'accélération du progrès dans les domaines culturel, scientifique et technique est l'un des faits dominants de notre époque. Le savant atomiste et philosophe Robert Oppenheimer nous apprend que la moitié des savants en sciences appliquées apparus depuis le début de l'humanité sont nos contemporains.

L'accumulation des connaissances, la rapidité de leurs progrès rendent insuffisant et périmé pour tout « honnête homme » son bagage universitaire. Nous sommes tous condamnés si nous voulons rester des « contemporains du présent », sur le plan de la culture générale comme sur celui de nos connaissances professionnelles, à devenir d'éternels étudiants. Et, comme nos possibilités de stages, de cycles d'étude, de séminaires, de périodes universitaires seront toujours limitées, c'est par la lecture des ouvrages de la nouvelle culture et de la nouvelle technique que nous participerons à cette nouvelle université parallèle et permanente.

Le processus d'accélération des connaissances mondiales s'explique mathématiquement par le phénomène d'accumulation. Chaque nouvelle découverte de la science ou de la technique, d'une part, constitue un facteur de progrès propre, et, d'autre part, est incorporé au fond général, à la plate-forme commune des connaissances, à la mémoire planétaire. L'élargissement de cette plate-forme augmente le nombre des éléments susceptibles de progresser.

Et chaque nouvelle progression de chacun de ces éléments (en nombre croissant) concourt de la même façon à un progrès général dont le rythme s'amplifie conformément à la courbe mathématique de la fonction exponentielle.

Sur ce thème, Pierre Teilhard de Chardin écrit : « Entre l'action des gens du premier siècle et la nôtre, il y a la même différence, et au-delà, qu'entre celle d'un enfant de quinze ans et celle d'un homme de quarante ans. Pourquoi cela ?

« Parce que, grâce aux progrès de la science et de la pensée, notre action moderne part, pour le bien comme pour le mal, d'une base absolue incomparablement plus élevée que celle des humains qui nous ont frayé la voie vers la lumière. »

Le même phénomène d'accumulation génératrice de progressions, elle-même en progrès, est valable à l'échelon individuel. L'adulte, « étudiant permanent » qui réussira à apprendre *un peu plus* (en sachant sélectionner ses nouvelles acquisitions dans une direction positive) que ne l'exige le strict renouvellement de son bagage scientifique et professionnel périmé, élargira très vite l'éventail de son savoir. Il sera l'objet de véritables mutations intellectuelles qui en feront un nouvel homme, ô combien supérieur à l'ancien, et cela sur tous les plans : social, professionnel, spirituel.

Lecteurs prodiges et grands hommes

C'est ce qui explique que, très souvent, les « grands hommes » sont en même temps des lecteurs rapides ou prodiges.

On sait que John F. Kennedy remplissait d'étonnement son entourage par ses facultés exceptionnelles de lecture, parcourant en moins de vingt minutes jusqu'à quatre journaux.

Il en était de même pour un autre président des U.S.A. : Théodore Roosevelt ; et l'un de nos plus grands écrivains de langue française, Honoré de Balzac, était, André Maurois nous le confirme dans sa magistrale biographie *Prométhée ou la vie de Balzac*, un lecteur prodige.

Voici comment Balzac, dans un roman autobiographique *Louis Lambert* se décrit en train de lire :

« Il dévorait des livres de tout genre, et se repaissait indistinctement d'œuvres religieuses, d'histoire, de philosophie, de physique... Son œil embrassait sept à huit lignes d'un coup et son esprit en appréciait le sens avec une vélocité pareille à celle de son regard, souvent même un mot dans la phrase suffisait pour lui en faire saisir le suc... »

Il fallait cette faculté exceptionnelle de prise de connaissance de la chose imprimée, associée à des qualités peu communes d'observation, à une mémoire infaillible (nous verrons plus loin que vitesse de lecture et mémoire ne sont nullement incompatibles, bien au contraire), pour réunir les innombrables matériaux qui, triés, retaillés, assemblés par son génie imaginatif, ont permis la construction de ce monument unique dans la littérature mondiale qu'est la *Comédie humaine*.

Un apprentissage de la lecture qui a mille ans de retard

Pourquoi la majorité d'entre nous lit-elle lentement ? Parce qu'on ne nous a jamais appris à « lire vraiment », à bien « lire ».

Quelques schémas, inspirés des principes de la théorie moderne de l'information, nous aideront pour expliquer cette thèse, qui pourrait surprendre certains lecteurs.

Avant l'invention de l'écriture, la communication orale était l'unique moyen de transmission entre les hommes : les cordes vocales d'un homme émettaient des sons articulés qui étaient perçus par l'ouïe de son interlocuteur.

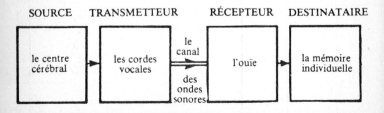

Fig. 1 : La communication orale

Puis l'écriture fut inventée ; les premiers hiéroglyphes furent dessinés probablement il y a environ 5 000 ans, et les premières lettres alphabétiques il y a 3 500 ans.

Mais, dans l'antiquité gréco-romaine et il y a encore 1 000 ans, dans la France du Moyen Age, les mots étaient écrits, sur les feuilles de parchemin, les uns à la suite des autres, sans blancs ni ponctuation pour les séparer, et parfois en abréviation.

Par suite, la lecture d'un texte était malaisée et nécessitait « d'épeler » chaque syllabe — des lecteurs professionnels lisant à haute voix étaient couramment utilisés dans l'antiquité ; les moines du haut Moyen Age lisaient à voix haute comme l'explique Marshall Mac Luhan dans son ouvrage : *La Galaxie Gutenberg*[1].

La vitesse de lecture était donc nécessairement égale à la vitesse de la transmission orale.

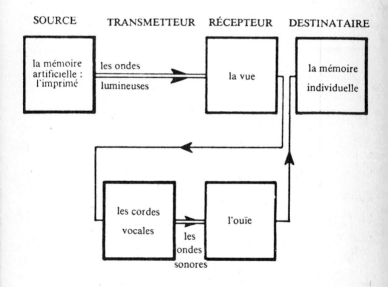

Fig. 2 : La lecture orale

1. Editions Mame.

C'est, semble-t-il, un peu avant la fin du premier millénaire que le progrès dans l'écriture et dans la mise en pages : blancs, ponctuation, retour à la ligne..., permit à un nombre croissant de lecteurs évolués de lire vraiment avec les yeux, ceux-ci transmettant directement les informations lues sur le texte aux centres cérébraux.

Mais pendant longtemps encore, la force de l'habitude aidant, des lecteurs continueront soit de lire à haute voix, soit de chuchoter, soit simplement de faire vibrer imperceptiblement les cordes vocales.

Le circuit : œil — cordes vocales — ouïe (en traits pointillés) est devenu inutile, mais il est aussi parasitaire, car sa vitesse de propagation étant très inférieure à celle du circuit visuel (dans la proportion, nous l'avons vu, de 1 à 3) freine ce dernier (en traits gras) et réduit la vitesse de lecture théoriquement possible.

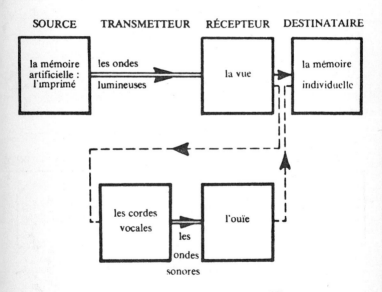

Fig. 3 : La lecture subvocalisée

Or, l'apprentissage scolaire s'arrête précisément au stade de la lecture orale, c'est-à-dire à un stade vieux de 1 000 années ; une fois que le bambin est capable de déchiffrer lentement à haute voix un livre d'écriture, l'instituteur passe à d'autres matières : écriture, calcul, etc.

Comment, devenus adultes, rédigerions-nous si l'on s'était borné, durant nos années d'apprentissage scolaire et universitaire, à nous apprendre à dessiner chaque lettre de l'alphabet ou chaque groupe de lettres constituant une syllabe.

Mais on nous a ensuite enseigné pendant de nombreuses années :

    - a écrire des mots, groupement de syllabes ;

    - à assembler ces mots au sein des phrases ;

    - à combiner ces phrases en des textes cohérents ;

    - à adapter ces règles en fonction de la nature des textes littéraires, informatifs, utilitaires, etc.

En lecture l'enseignement s'est arrêté au déchiffrement <u>oral</u> de la syllabe, correspondant au <u>dessin</u> (et non pas à l'écriture) de cette même syllabe. Si bien que nous sommes, dans le domaine de la lecture visuelle et silencieuse, <u>tous des autodidactes</u>.

Si l'on supprime sur la figure 3 les circuits inutiles, on obtient alors le schéma de la figure 4, plus simple et beaucoup plus rapide que ceux des figures 2 et 3 et même que celui de la figure 1 qui correspondait à la transmission orale du langage.

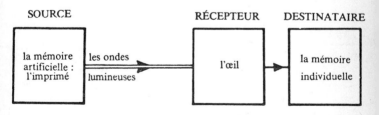

Fig. 4 : La lecture visuelle

Le laboratoire
révèle les secrets des lecteurs rapides

Le processus de lecture visuelle a été étudié en laboratoire pour la première fois aux environs de 1900 par un chercheur français, Emile Javal, directeur du laboratoire d'ophtalmologie de la Sorbonne, membre de l'Institut.

Emile Javal a montré que l'œil du lecteur ne progresse pas le long de la ligne d'un texte d'une façon régulière, continue, mais procède par saccades : pendant un quart de seconde, l'œil est immobile et fixe un ensemble de lettres ou de mots, puis il pivote en un quarantième de seconde, puis fixe à nouveau un ensemble de lettres ou de mots pendant un quarantième de seconde. ... et ainsi de suite.

Dans un laboratoire créé à Lille, par le Centre d'Etude et de Promotion de la Lecture, nous avons analysé les mécanismes de lecture de plus d'une centaine de sujets de profession et de culture très variées, depuis le simple employé de bureau jusqu'à l'universitaire, depuis les lecteurs très lents jusqu'au lecteur prodige.

Les légendes des figures 5 et 6 donnent quelques indications sur les méthodes employées.

Quelles différences avons-nous constatées entre les comportements oculaires et mentaux des lecteurs lents et rapides :

1° L'œil du lecteur rapide ne se déplace pas plus rapidement que celui du lecteur lent : le temps par arrêt, par point de fixation est le même : de l'ordre, nous l'avons déjà dit, du quart de seconde.

Peut-être même l'œil du lecteur rapide se déplacerait-il un peu plus lentement, ce qui peut réduire la fatigue oculaire de nature musculaire.

2° Mais pendant ce quart de seconde l'œil du lecteur rapide perçoit plus de signes que le lecteur lent.

Alors que ce dernier « fixe » 5 à 10 lettres (soit 1 ou 2 mots) le lecteur rapide « fixe » plusieurs dizaines de lettres (soit 5 à 10 mots) et cela, répétons-le, pendant la même période de temps :

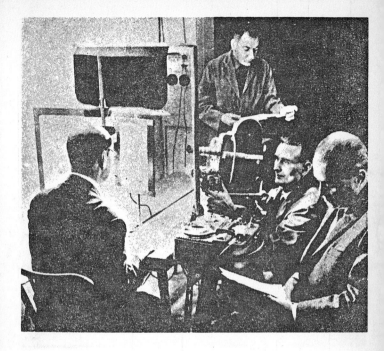

**Fig. 5 : Une séance de prises de vues
dans le laboratoire de Lille.**

Le sujet est assis, le front immobilisé par une butée, devant la table de lecture. Celle-ci comprend une glissière sur laquelle coulisse le porte-document qui reçoit le texte à lire ; un volant permet de régler la distance optimum entre l'œil du lecteur et ce texte. Une caméra à vitesse accélérée et à objectif spécial est braquée sur l'œil du lecteur. Un chronométreur note les temps de lecture, calcule instantanément les vitesses de lecture pour chaque test et en informe le chef de laboratoire. Celui-ci dirige l'ensemble des opérations, choisit l'ordre des tests compte tenu, éventuellement, des variations dans les vitesses de lecture ; après chaque texte lu, il demande au sujet de résumer sa lecture, puis lui pose des questions précises afin de définir le degré de mémorisation.

Questions et réponses sont enregistrées sur un magnétophone.

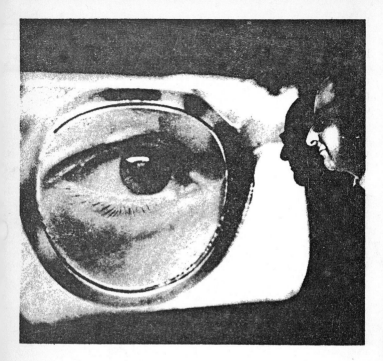

Fig. 6 : Projection sur écran, au ralenti, de l'œil du lecteur et analyse de ses mouvements.

La caméra projette à la vitesse normale le film pris à une vitesse accélérée de l'œil du lecteur ; il apparaît très grossi sur l'écran mesurant 1 m de long. La projection analyse avec une très grande précision les processus de mouvements de l'œil : arrêt pour une fixation visuelle, léger saut de gauche à droite, puis nouvel arrêt pour une nouvelle fixation visuelle, puis, en fin de ligne, saut plus important de droite à gauche. Mais on note aussi certains mouvements moins réguliers : retours en arrière ou même parfois, dans le cas d'un lecteur rapide pratiquant « écrémage », trajet en diagonale, boucles, etc.

le quart de seconde.

L'œil du lecteur prodige, pendant ce même temps, fixe et perçoit plus de cent lettres, soit plusieurs dizaines de mots.

3° L'œil du lecteur rapide se propulse régulièrement, le long d'une ligne : de gauche à droite, de « fixation » en « fixation », puis d'une ligne supérieure à la ligne immédiatement inférieure, de droite à gauche.

4° L'œil du lecteur lent se propulse irrégulièrement, il est affecté de fréquents retours en arrière qui rompent son rythme de progression ; il a tendance à ce que les spécialistes de la lecture appellent la dyslexie.

La légende de la figure 7 montre comment ces différences de comportement entre lecteurs lents et rapides sont mises en évidence sur les graphiques obtenus dans notre laboratoire de lecture.

5° Un lecteur lent ne retient pas mieux qu'un lecteur rapide, comme le croient beaucoup de gens.

Nos expériences, et celles de nombreux chercheurs anglo-saxons, ont prouvé que c'était le contraire : ce sont les lecteurs rapides qui en moyenne font preuve de la meilleure mémorisation des textes lus.

Le philosophe Alain, qui s'était passionné pour la lecture rapide, écrivait à ce sujet :

« Ils [les lecteurs lents] lisent comme une bêche ; une motte de terre après l'autre et tout l'esprit est au tranchant de la pelle[1]. »

Essayez, lecteur de ce livre, de déchiffrer la citation d'Alain, à la cadence d'une lettre par seconde :

I...l...s......l...i...s...e...n...t......c...o...m...m...e...

La lenteur extrême du déchiffrement vous empêche de retenir et de comprendre le texte d'Alain.

Les psychologues et neurologues modernes admettent que chacun d'entre nous dispose de deux types, de deux niveaux de mémoire :

- le premier, dit « mémoire immédiate », « phosphorescente », conserve nos souvenirs quelques secondes. C'est elle qui nous permet d'achever le geste ébauché quelques dizaines de secondes plus tôt, selon un programme cohérent ; c'est encore elle qui

1. Alain, *Propos sur l'éducation*, P.U.F.

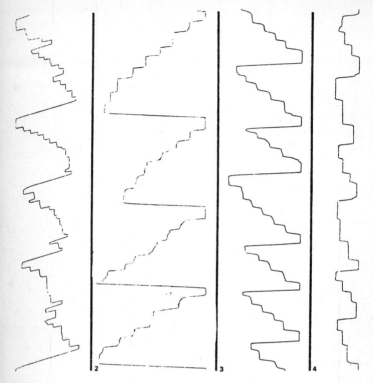

Fig. 7 : Graphiques de lecture

Ils ont été obtenus à partir des analyses cinématographiques des mouvements oculaires de lecture, transférées sur un tambour à stylet. Les traits horizontaux de grande amplitude, orientés de gauche à droite, traduisent les mouvements de l'œil passant d'une ligne à une autre. Les traits horizontaux de moindre amplitude correspondent à chacun des points de fixation.

1. Graphique des mouvements des yeux d'un lecteur lent ayant tendance à la dyslexie, ce défaut oblige à des retours en arrière visibles sur le tracé.

2. Graphique d'un lecteur lent mais régulier.

3. Graphique d'un lecteur assez rapide, le nombre de points de fixation moyen par ligne est inférieur à ceux des graphiques 1 et 2.

4. Graphique d'un lecteur rapide, le nombre de points de fixation entre chaque ligne est encore plus réduit, de 2 à 3.

nous permet de trouver la page d'un article dans un périodique, en fonction des indications du sommaire examiné peu avant, de composer un numéro de téléphone peu après avoir consulté l'annuaire des P.T.T.

- le second, sorte de « mémoire à moyen et long terme », fonctionne sur des durées beaucoup plus longues : de quelques heures à une vie entière.

C'est notre « mémoire immédiate » qui nous permet, déchiffrant la fin d'une phrase, de nous souvenir encore des premiers mots de cette même phrase, opération indispensable pour en saisir le « sens ».

Puis le souvenir du « mot à mot » est oublié, et seul ce « sens », cette signification, est transféré dans notre « mémoire à long terme ».

Un lecteur trop lent qui ne peut conserver en « mémoire immédiate » tous les mots d'une phrase, trébuche mentalement, revient en arrière, lit encore plus lentement et retient mal.

De nombreux relevés de laboratoire nous ont montré que la capacité de mémoire immédiate des sujets testés était liée à la vitesse de lecture : les lecteurs lents ont en moyenne une mémoire immédiate, inférieure à celle des lecteurs rapides. Et il en est de même pour la mémoire à long terme qui ne peut fonctionner correctement en processus de lecture, que si le premier relais entre l'œil et le souvenir durable, la mémoire immédiate, travaille correctement[1].

6° Le lecteur lent lit les textes, quelle que soit leur nature : journal, roman, livre de vulgarisation, étude scientifique à la même vitesse.

Le lecteur rapide procède avec « flexibilité », il adapte sa vitesse à la difficulté ou à l'intérêt du livre ; il lui arrive même de ne pas lire intégralement la totalité des mots de certains textes d'information, de pratiquer une lecture sélective ou « d'écrémage ».

C'est Francis Bacon qui a écrit : « Certains livres ont besoin d'être dégustés, d'autres d'être avalés, quelques-uns ont besoin

1. Lire sur ce sujet l'ouvrage de Françoise Gauquelin *Développer sa mémoire* ; les exercices pratiques permettent un entraînement de la mémoire.

d'être médités et mûris. »

Qu'entendait le philosophe anglais par l'expression « avaler » ? Peut-être lire tous les mots des phrases du texte très vite ; mais peut-être aussi survoler, lire partiellement, déchiffrer les seuls mots utiles en éliminant les mots « parasites », ou même déchiffrer les seuls mots utiles des seules phrases utiles et éliminer et les mots et les phrases d'intérêt secondaire.

Il est incontestable que dans de nombreux cas, recherche d'un renseignement dans un annuaire ; consultation d'un ouvrage technique dont certains articles ou certains paragraphes d'articles, ou même certains membres de phrases de ces paragraphes, nous intéressent seulement ; lecture d'un quotidien, où seuls certains faits ou commentaires nous concernent, la lecture intégrale constitue une perte de temps pour le lecteur. D'où l'utilité d'une lecture sélective de survol, d'écrémage. C'est volontairement que dans cet ouvrage nous n'abordons l'enseignement des techniques de lecture sélective que dans son second tiers. Il serait dangereux d'apprendre trop tôt à l'élève à « sauter » certains mots alors que son nouveau processus de lecture globale intégrale n'est pas encore devenu une habitude, un automatisme inconscient. Nous évoquerons les multiples cas de sélection depuis la recherche de mots-signaux dans une page, la sélection des parties de phrases essentielles d'un texte, l'analyse rapide de la page d'un quotidien, etc.

Nous nous efforcerons de vous faire saisir la vraie nature du livre et de toute la « chose imprimée » : un instrument, un agent de transmission de la pensée humaine, qui doit s'adapter aux caractéristiques, aux besoins de son utilisateur, le lecteur, nullement un objet sacré dont des rites inchangeables définissent l'utilisation.

Une méthode simplifiée mais efficace

Telles sont quelques-unes des conclusions issues des expériences menées sous l'égide du Centre d'Etude et de Promotion de la Lecture.

C'est à partir de ces travaux expérimentaux qu'a été élaboré. après de multiples contrôles, il y a quelques années, le monumental *Cours de lecture rapide du C.E.P.L.*, testé avec succès par l'Institut pédagogique national de Paris, primé au titre d'ouvrage d'enseignement par le jury des cinquante meilleurs livres de l'année.

Mais son importance même obligeait l'éditeur à le proposer à un prix relativement élevé.

« Qui peut le plus peut le moins » et, dans ce cas, le « moins » pouvait être encore « beaucoup ».

C'est pourquoi nous avons cru nécessaire, de réaliser une édition simplifiée, mais à un prix très accessible, du cours original.

Telle quelle, elle est encore relativement copieuse, elle constitue non seulement une introduction et une initiation à la « lecture rapide » mais aussi une méthode complète. un instrument pratique qui permettra à chaque lecteur d'améliorer de façon très efficace ses performances de lecture.

Et si, en outre, nous avons transmis à ce lecteur la curiosité d'apprendre et de savoir plus sur ce sujet. la bibliographie en fin de volume lui donnera tous renseignements utiles.

F.R.

L'habileté perceptive

La lecture met en jeu deux mécanismes indissolublement liés en nous : la vue et la pensée. Si l'un est en défaut, l'autre ne peut aller de l'avant. Une personne âgée, dont la vue baisse beaucoup, possède un cerveau encore alerte, il lui faut cependant lire à une vitesse réduite afin que ses yeux aient le temps de capter les images des mots. De même, un enfant qui voit parfaitement, mais dont le cerveau ne sait pas encore coordonner correctement ce que ses yeux enregistrent, lit beaucoup plus lentement qu'il ne parle.

Pour lire mieux et plus vite, il nous faut entraîner simultanément nos yeux et notre cerveau. Ainsi s'accroîtra notre habileté perceptive.

Certaines personnes prétendent qu'elles ne peuvent stimuler les performances de leur cerveau. Elles admettent volontiers qu'avec de l'entraînement elles améliorent les performances de leurs yeux. Un des résultats les plus frappants des méthodes de lecture rapide, ce sont les possibilités étonnantes qu'elles ouvrent au-delà de l'accroissement des performances visuelles. Avec de l'exercice, le cerveau devient plus souple, plus alerte. En parcourant davantage d'ouvrages, de textes variés, l'esprit devient plus perceptif, plus ouvert à tous les domaines de la pensée. Il est surprenant de voir à quel point le cerveau devient efficace dès qu'on le met au défi, en lui donnant matière à s'exercer.

Examinons quelles méthodes sont susceptibles d'accroître l'habileté perceptive des yeux et du cerveau, en améliorant leur accord dans l'effort de lecture.

Evitons les reliquats du passé

Pour lire vite, il faut éliminer les habitudes inutiles qui ralentissent le travail des yeux. Souvent elles viennent de l'enfance, quand nous apprenions à lire en épelant, en syllabant, en suivant lentement le texte du doigt pour ne pas perdre la ligne. De tels automatismes ne devraient pas subsister. S'il en reste quelque chose, il faut au plus tôt s'exercer à les faire disparaître. Quelques exemples vont nous permettre de détailler les freins qui ralentissent le travail des yeux.

Autrefois voici comment un scribe rédigeait un texte important :

    d i c i t a d m o y s e n e t a a r o n
    e t u t e d u c e r e n t f i l i o s
    i s r a e l i s d e t e r r a a e g y p t i

(Manuscrit de la Bible, VIIIe siècle, Bibliothèque de Tours.)

Si nous suivons ce texte lettre à lettre, nous reconnaissons les mots :

dicit ad Moïsen et Aaron, ut educerent filios Israelis de terra Aegypti

ce qui signifie : « Il dit à Moïse et Aaron d'emmener les fils d'Israël hors de la terre d'Egypte. »

La lecture lettre à lettre est extrêmement lente et malaisée. C'est pourquoi on n'écrit plus ainsi. On sépare les mots par un intervalle qui permet de les identifier en un seul bloc. La lecture lettre à lettre ou syllabe à syllabe ne peut donc plus nous servir que dans les cas très rares où nous rencontrons un mot tout à fait nouveau, qu'il est nécessaire d'épeler pour en assimiler le contenu, comme par exemple : acide <u>désoxyribonucléique</u>, un des constituants de la cellule vivante qui a été découvert récemment. Certains lecteurs s'arrêtent ainsi trop souvent sur des mots qu'ils ont l'impression de ne pas reconnaître. Ils cherchent à identifier ces mots en les décomposant lettre à lettre, ou en les répétant à mi-voix. De telles habitudes risquent de ralentir beaucoup la lecture.

Voici un test qui vous permettra de vérifier si cela vous arrive.

Pour faire ce test, vous aurez besoin d'un cache. Il vous sera nécessaire aussi pour beaucoup des exercices qui suivent. Voici comment vous pouvez confectionner ce cache. Dans un carré de carton assez rigide, de 7 cm sur 7 cm environ, vous découperez une ouverture de 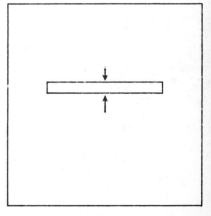 **40 mm sur 5 mm, comme l'indique le schéma : un trait vertical tracé finement au centre, de part et d'autre de l'ouverture, vous permettra de centrer correctement votre cache sur les colonnes de lecture que vous aurez à parcourir. Une carte de visite ou une fiche cartonnée de format standard (125/75 mm) conviennent parfaitement pour confectionner votre cache.**

LECTURE PAR LETTRES OU PAR MOTS ?

Prenez votre cache et appliquez-le à la première colonne. Le cache, en glissant le long de la colonne, de haut en bas, laissera apparaître chaque groupe de lettres une fraction de seconde pendant laquelle vous devez l'identifier. Faites avancer le cache le plus vite possible. Puis passez de la première colonne à la seconde. Assurez-vous de bien reconnaître ce qui apparaît dans l'ouverture du cache.

sib	bis
nso	son
ocr	cor
evr	ver
lcei	ciel
miae	amie
sobi	bois
prue	peur
fniri	finir
linpe	plein
tejer	jeter
tuise	suite
pseroe	repose
gnarge	gagner
hacueq	chaque
svioni	voisin

Que vous a fait voir ce test ?

Dans la première colonne, vous avez dû probablement ralentir un peu, au fur et à mesure que le nombre de lettres augmentait. Mais vous a-t-il été nécessaire de ralentir dans la seconde colonne ? Non. Si vous ne lisez pas lettre par lettre, vous avez capté le mot « voisin » aussi vite que le mot « bis ». Pourtant il comprenait le double de lettres.

Un groupe de caractères n'est pas lu de la même façon si ces caractères sont pris dans un ensemble familier, qui a un sens pour nous, ou s'ils se suivent sans lien entre eux. On lit beaucoup plus vite <u>m a i s o n</u> que = + % & ⁰ ", et pourtant ces deux assemblages de signes comportent le même nombre de caractères. Mais l'un nous est connu, il a pour nous un sens. L'autre doit être examiné signe par signe.

Perception instantanée du mot par sa forme

Les premières écritures connues représentaient chaque mot par un dessin faisant image. En Egypte ancienne, par exemple, œil s'écrit ◁●▷ , eau s'écrit ━━━ , bouche s'écrit ◁▷ . Aujourd'hui encore en Extrême-Orient on utilise des idéogrammes.

Dans nos régions, un autre système s'est imposé, il attribue un signe différent à chaque son prononcé. C'est l'écriture phonétique. Elle a l'avantage d'indiquer la façon dont un mot se dit, même si on ne l'a jamais entendu prononcer.

A force de lire l'écriture phonétique, ses assemblages de signes deviennent pour nous non plus des assemblages de sons, mais des images, comme dans les premières écritures. La forme du mot nous devient aussi familière que si nous apercevions l'objet qu'il représente. Quand les yeux lisent <u>chameau</u>, l'esprit voit aussitôt l'animal en question. Si le c disparaît, l'œil lit <u>hameau</u>. Aussitôt l'esprit remplace l'image de l'animal par l'image d'un village.

Par contre, si la forme habituelle d'un mot est dénaturée par inadvertance, les mêmes signes ne peuvent plus éveiller en nous la moindre image. Voyez par exemple l'effet que vous fait le mot

<u>c h a t</u>

si vous le rencontrez écrit à l'envers :

<u>t a h c</u>

ce mot n'évoque plus rien. Pourtant les lettres sont les mêmes. Il faut un lent travail de l'esprit pour reconstituer, en allant d'arrière en avant, l'image qu'il doit représenter pour l'esprit.

Il est important de réaliser que c'est par leur silhouette familière que nous identifions les mots écrits. La reconnaissance des mots par leur forme permet de lire infiniment plus vite que si nous les épelions. L'exercice suivant permet de le vérifier.

Préparez votre chronomètre et un crayon pour noter votre temps de lecture. Prenez votre cache, appliquez-le au premier mot de la première colonne. Déclenchez votre chronomètre et lisez tous les mots de cette colonne aussi vite que vous le pourrez, en prenant juste le temps de reconnaître le sens de chaque mot quand il apparaît dans l'ouverture du cache. Quand vous avez fini une colonne, passez aussitôt à la suivante. A la fin de la première page, notez le temps indiqué par votre chronomètre à la place réservée à cet effet. Tournez la page et commencez à lire de la même façon la page suivante. N'oubliez pas de remettre votre chronomètre à zéro avant de le déclencher à nouveau. Notez à la fin de la seconde page également votre temps de lecture. Etes-vous prêt ? Alors, allez-y !

dire	chien	aussi
coin	voici	robe
lieu	mais	lilas
sous	voix	rue
bois	aller	coup
tous	suite	vite
fêté	hiver	jouet
vert	sorte	six
bras	assez	autre
toit	vie	sans
lire	gris	fois
tout	rouge	reine
ami	alors	bien
jeune	noir	par
très	seul	rien
long	léger	mur
ainsi	air	aimer
sage	repas	puis
jeter	homme	monde

Temps de lecture .. ... minutes ......secondes.

fatiguer	plusieurs	préparer
silence	vouloir	marchand
malheureux	hirondelle	heureux
commencer	entendre	cependant
violette	sourire	soudain
printemps	raconter	arriver
s'asseoir	devenir	passage
village	travail	traverser
tandis que	compagnon	ensuite
visiter	insecte	partout
monsieur	lendemain	instant
original	religion	appareil
bientôt	cheveux	derrière
toujours	souffrir	tableaux
voiture	dernière	acheteur
après-midi	montrer	pourtant
pourquoi	préférer	nombreux
travailler	domaine	promenade
république	tradition	ministre

Temps de lecture ...... minutes ...... secondes.

La première page comportait des mots courants de quatre ou cinq lettres. Les mots de la deuxième page étaient deux fois plus longs en moyenne. Comparez les temps qu'il vous a fallu pour lire chacune de ces pages. Si vous avez lu aussi rapidement la seconde page que la première, vous identifiez facilement les mots par leur forme. Si votre temps de lecture était plus long pour la seconde page, la forme des mots ne vous suffit pas toujours pour les identifier. Vous avez besoin de faire beaucoup d'exercices d'identification de mots.

Vous trouverez de tels exercices dans les gammes à la fin de ce volume. Ces gammes comportent trois types d'exercices : lecture en un point de fixation, lecture en deux points de fixation et identification de mots ou de phrases. Tous les trois vous seront utiles. Faites-les fréquemment[1].

Les dangers de confusion

L'œil humain a une habileté diabolique pour identifier en un éclair chaque mot par sa forme. Des tests scientifiques ont montré que des yeux entraînés peuvent capter ce qu'ils voient en un centième de seconde. Cette habileté perceptive est déterminante dans la lecture rapide. Votre entraînement renforcera votre habileté. Non seulement il faut que vous reconnaissiez instantanément les mots très usuels comme oui, alors, pourquoi, mais votre œil doit s'accoutumer à saisir les plus infimes nuances des caractères écrits, pour ne pas confondre les mots dont la silhouette est semblable.

Comparons le mot disperser avec le mot dispenser. La différence entre ces deux mots réside dans le jambage qui pour la 6e lettre transforme r en n. Il est remarquable que l'œil sache distinguer deux mots d'aspect aussi semblable. Naturellement, il est aidé en cela par la phrase dans laquelle les mots viennent normalement s'insérer.

Mais il suffit d'un petit moment de distraction du cerveau ou d'une légère défaillance de l'attention visuelle pour que d'aussi petites différences entre deux mots passent inaperçues. Un mot est confondu avec un autre. La phrase n'a plus de sens. Et le lecteur, obligé de la reprendre à son début, disperse son attention.

Pour vérifier si vous êtes sujet à ce genre de défaillance, lisez attentivement les phrases qui suivent. Elles sont pleines de guets-apens. Notez combien de fois il vous a fallu revenir sur un mot

---

1. Le *Cours de lecture rapide* de François Richaudeau et Michel et Françoise Gauquelin (2 volumes, éd. C.E.P.L., Paris 1966) donne des exercices plus nombreux et plus approfondis, aussi bien dans ce domaine que dans les suivants que nous serons amenés à traiter. Le lecteur qui voudrait plus de documents pour améliorer sa capacité de lecture peut recourir à cette publication. Elle forme une suite et un complément à l'ouvrage présent, assez condensé.

avant de le distinguer de son voisin. Si cela vous arrive plusieurs fois, vous êtes affligé d'une légère dyslexie, c'est-à-dire que vous confondez facilement un mot avec un autre. Vous avez intérêt à pratiquer assidûment les exercices destinés à vous faire éviter les confusions de mots. Peu à peu vous améliorerez votre habileté à distinguer les mots qui se ressemblent.

MOTS QUE L'ON PEUT CONFONDRE

Lisez à vive allure les phrases suivantes. Elles n'ont pas beaucoup de sens. Cela n'a pas d'importance ici. Ce qui compte, c'est que vous identifiiez très vite chaque mot sans le confondre avec ses voisins. Soulignez les endroits où il vous a fallu revenir sur un mot pour parvenir à le distinguer d'un autre. Notez aussi les endroits où vous avez failli le faire.

Ceci disperse l'attention et dispense de penser mais dépense notre argent.

Il est absurde qu'elle absorbe ce sorbet de la sorte.

Au-delà du virage, le mirage rétrécit ses pupilles et ses papilles frémirent.

C'est un homme comme il faut.

Il adopte la coutume du costume de cérémonie.

La dame aux guiches m'aguiche par ses quiches cuites au four tout le jour.

Je t'assure que j'assume ce devoir avec joie.

A cette altitude l'attitude la plus prudente est nécessaire.

J'ai fait l'achat d'un chat pour ta distraction et la destruction des souris.

Mon amie a la manie de garder la mie du pain à la main.

Nous nous rassemblerons et ressemblerons à nos aînés pour leur courage.

Il n'a pu se retenir de revenir sur les lieux.

Pourquoi remarquer les poncifs du pontife ?

Il va lui fournir de quoi fourbir ses armes.

La veille la vieille bielle se rompit.

L'orang-outan mange l'orange de façon dégoûtante.

Nombre de cas où il vous a fallu revenir sur un mot pour l'identifier : .... fois.
Nombre de cas où vous avez eu tendance à le faire : .... fois.

Combien de fois au total avez-vous été retenu dans votre lecture par des confusions de mots ?

Si cela vous est arrivé deux fois ou moins, vous avez une bonne perception des mots. Si vous êtes revenu sur certains mots plus souvent, vous avez un petit défaut qu'il faudra éliminer en travaillant beaucoup sur les exercices destinés à vous faire éviter les confusions de mots. Ces confusions sont très fâcheuses. Elles empêchent une lecture rapide et efficace. En effet, elles obligent le lecteur à revenir en arrière et à lire deux fois la même phrase avant de la comprendre. Beaucoup d'élèves doublent leur vitesse de lecture en éliminant ce défaut.

Nous vous recommandons un exercice que l'on pourrait intituler « la gymnastique des yeux ». Il consiste à parcourir des textes en lisant le premier et le dernier mot de chaque ligne seulement. Votre œil prend ainsi l'habitude de parcourir très vite les lignes de gauche à droite et de droite à gauche, sans en sauter une seule. C'est pour lui un véritable entraînement athlétique, qui améliore sa souplesse. C'est en même temps un très bon entraînement de l'attention pour votre cerveau.

Cette gymnastique peut être pratiquée sur tous les textes que vous avez à votre disposition. Pratiquez tous les jours, pendant cinq minutes, cette gymnastique d'assouplissement.

Améliorez votre perception du mot

Dans une nouvelle intitulée *Comment ne pas devenir journaliste*, le grand humoriste Courteline raconte les mésaventures d'un jeune écrivain qui se réjouissait de voir sa prose publiée dans un journal. Or il la trouve défigurée par de nombreuses fautes de frappe.

Vous trouverez ci-après le texte de ce jeune écrivain, d'abord sans fautes, tel qu'il l'a envoyé au journal, puis avec les coquilles qui s'y sont glissées lors de sa publication. A vous de cocher chacune des coquilles. Un corrigé, à la fin du texte, vous indiquera si votre œil a saisi au passage tout ou partie des mots mal imprimés.

PAGE D'AMOUR

Malade du doux mal d'aimer, las des vaines attentes et des espoirs stériles, je décidai d'aller demander aux tristesses de l'exil l'oubli de tristesses plus grandes. Je rentrai chez moi faire ma malle.

Sous ma porte, un petit bleu. Je l'ouvre. Ciel! J'ai reconnu les fines pattes de mouche de l'aimée. Oh! les deux chères lignes que je baisai cent fois :

« Je vous envoie ce petit mot pour vous dire que mon mari vient de partir en voyage et que je serai seule toute la semaine.

« Je vous attends et ne demande qu'à vous croire.

Jeanne. »

« P.S. — Déchirez ce petit mot. »

Dire, alors, ce qui se passa en moi, non! Ce fut une transformation à croire qu'une fée bienfaisante m'avait touché de sa baguette. Tour à tour je riais et pleurais, ivre, allant et venant comme un fou dans mon humble logement de garçon. Que d'heures cruelles payées en un instant, que de larmes séchées à jamais, tombées dans la nuit de l'oubli !

Je passai une nuit atroce et délicieuse, mais quand vint l'aube j'étais sur pied. Vêtu en deux temps, je partis ; et comme le froid vif du matin me mordait de ses dents de dogue, je pris le galop pour me réchauffer. Un crépuscule indécis de beau temps baignait d'un mystère de rêve les rues encore endormies. A sept heures, je frappai chez elle.

Elle vint m'ouvrir.

« Déjà debout ! » fis-je.

Elle répondit :

« Je comptais sur votre impatience, alors je me suis levée matin. »

Du vaste peignoir azuré enveloppant son jeune corps de nymphe émergeait, nu, son cou de cygne, tandis que de ses cheveux d'ardente Vénitienne émanait un parfum qui me grisait comme un vin : l'âcre et troublant parfum des rousses ! Je l'avais suivie en sa chambre. J'enlevai mes gants, je jetai mon chapeau sur un meuble, puis :

« O vous, que j'aime plus que tout au monde ! m'écriai-je, l'heure est enfin venue de parler. C'est à vous de juger si j'ai assez souffert, assez pleuré et assez combattu, et lequel des deux je dois être, du plus fortuné des mortels ou du plus inconsolable... »

Une violente émotion me gagnait, et j'avais des pleurs dans la voix.

Mais, elle, simplement :

« Je vous aime », dit-elle.

Elle m'ouvrit ses bras. Quelle minute !... J'avais clos d'un muet baiser les bords frangés de ses longues paupières, et je priais Dieu tout bas de nous faire mourir ensemble dans l'ivresse extasiée de cette première étreinte.

PAGE D'AMOUR

Malade du doux mal de mer, las des vaines attentes et des espoirs stériles, je décidai d'aller demander aux tristesses de l'exil l'oubli de tristesses plus grandes. Je rentrai chez moi faire ma poire.

Sous ma porte, un petit bleu. Je l'ouvre. Ciel ! j'ai reconnu les fines pattes de mouche de l'aimée. Oh ! les deux chères lignes que je baisai cent fois :

« Je vous envoie ce petit pot pour vous dire que mon mari vient de partir en voyage et que je serai soule toute la semaine.

« Je vous attends et ne demande qu'à vous croire.

Jeanne. »

« P.S. — Déchirez ce petit mot. » .

Dire, alors, ce qui se passa en moi, non ! Ce fut une transformation à croire qu'une fée bienfaisante m'avait touché de sa braguette. Tour à tour je riais et pleurais, ivre, allant et venant comme un pou dans mon humble logement de garçon.

Que d'heures cruelles payées en un instant : que de larmes séchées à jamais, tombées dans la nuit de l'oubli !

Je passai une nuit atroce et délicieuse, mais quand vint l'aube j'étais un pied. Vêtu en deux temps, je partis : et comme le froid vif du matin me mordait de ses dents de dogue, je pris le salop pour me réchauffer. Un crépusculule indécis de beau temps baignait d'un mystère de rêve les rues encore endormies. A sept heures, je frappai chez elle.

Elle vint m'ouvrir.

« Déjà debout ! » fis-je.

Elle répondit :

« Je comptais sur votre impatience, alors je me suis levée catin. »

Du vaste peignoir azuré enveloppant son jeune corps de nymphe, émergeait, nu, son cou de cygne, tandis que de ses cheveux d'ardente Vénitienne émanait un parfum qui me frisait comme un vin : l'âcre et troublant parfum des gousses ! Je l'avais suivie en sa chambre. J'enlevau mes gants, je jetai mon chameau sur un meuble, puis :

« O veau, que j'aime plus que tout au monde ! m'écriai-je, l'heure est enfin venue de parler. C'est à vous de juger si j'ai assez souffert, assez pleuré et assez combattu, et lequel des deux je dois être, du plus fortuné des mortels ou du plus inconsolable... »

Une violente émotion me gagnait, et j'avais des pelures dans la voix.

Mais elle, simplement :

« Je vous aime », dit-elle.

Elle m'ouvrit ses bras. Quelle minute !... J'avais clos d'un muet baiser les bords frangés de ses longues soupières, et je priais Dieu, tout bas, de nous faire pourir ensemble dans l'ivresse extasiée de cette première étreinte.

Hugues-Gontran-Ogier-Roboald.
Luberne des Hautes Futaies.

Georges Courteline, *Comment ne pas devenir journaliste*, éd. Flammarion.

Nombre de fautes de frappe que vous avez trouvées ....

CORRIGÉ DES FAUTES DE FRAPPE

au lieu de	*lire*
mal de mer	mal d'aimer
faire ma poire	faire ma malle
ce petit pot	ce petit mot
je serai soule	je serai seule
de sa braguette	de sa baguette
comme un pou	comme un fou
j'étais un pied	j'étais sur pied
je pris le salop	je pris le galop
crépesulcule	crépuscule
levée catin	levée matin
envelppant	enveloppant
qui me frisait	qui me grisait
parfum des gousses	parfum des rousses
J'enlevau	J'enlevai
mon chameau	mon chapeau
O veau	O vous
des pelures	des pleurs
ses longues soupières	ses longues paupières
nous faire pourir	nous faire mourir

Organisez votre entraînement

Les exercices qui suivent cet exposé vont vous permettre de vous entraîner à éviter les confusions entre deux mots qui se ressemblent. Ensuite, vous passerez aux gammes placées à la fin de ce volume. La première partie de ces gammes vous entraînera à identifier instantanément chaque mot par sa forme.

Prenez la bonne habitude de consacrer régulièrement un certain temps aux exercices. Pas de progrès sans travail. Seule une pratique assidue permet d'obtenir de bons résultats. N'en faites pas trop en une fois. Cela vous fatiguerait l'œil et le cerveau. Il faut s'entraîner progressivement, comme un sportif qui se prépare à l'effort. Mais prenez des habitudes régulières. Un peu chaque jour, ou tous les deux ou trois jours. N'abandonnez jamais votre entraînement pendant une semaine entière.

Pensez-y aussi en dehors de ce cours. Certains des exercices peuvent se faire sur vos lectures habituelles. La « gymnastique de l'œil », décrite dans le texte ci-dessous, par exemple. peut très bien se faire en lisant un journal. N'omettez donc jamais de faire vos exercices d'assouplissement.

La tendance à faire fréquemment des confusions de mots est appelée « dyslexie » par les spécialistes. Selon Mme Borel-Maisonny, un tiers de la population montre cette tendance dès les premières années scolaires. Il est important de la corriger par des exercices appropriés dès qu'on s'en aperçoit ; car elle ralentit la lecture et empêche une bonne compréhension du texte.

EXERCICE POUR EVITER LES CONFUSIONS DE MOTS

La confusion de mots oblige l'œil à des retours en arrière qui font perdre du temps. Car, alors, la phrase n'a pas de sens, et nous devons la relire. De telles confusions peuvent arriver. Cependant, en s'exerçant, on apprend à identifier d'un seul coup d'œil la différence qu'il y a entre deux mots qui se ressemblent. Nous vous soumettons ici des phrases contenant chacune deux mots qui se ressemblent. Par exemple, dans la première phrase : « donne » et « bonne ». Lisez ces phrases aussi vite que possible, en vous chronométrant. Si vos yeux ont besoin de revenir en arrière sur une phrase, cochez-la d'un trait dans la marge de gauche. Totalisez à la fin le nombre de lignes cochées ainsi, et comparez votre résultat à celui que l'on peut attendre d'un lecteur moyen.

donne la bonne carte !
ce lien est bien serré
ta sœur est en sueur
la bouteille vide sera vite emplie
dis ces dix mots sans t'arrêter !
le meilleur fût fut mis en perce
point de potin sans médisance
aimes-tu ma robe de moire noire ?
ce jeune jeûne trop souvent
le blé est rare mais le maïs l'est moins
il fallut user de ruse
le paon saisit les pans de son habit
cet homme se nomme comme moi
divers hivers furent aussi froids
quand vous saurez, sauvez-vous !
les patrons dirent : partons !
les gars de la gare sont robustes
il y a des odeurs d'ail dans l'air
le vol et le viol seront sévèrement punis
un homme de sa trempe ne se trompe pas
cet objet de valeur peut tenter un voleur
La neige tombe dans la combe
ces liens lient ma vie à la tienne
tout le monde monte à l'assaut

puis la houle de la foule s'écoula
Les fidèles suivent en masse la messe
frappe la trappe du pied pour la refermer
j'ai bu du rhum contre mon rhume
la mante monte le long de la tige d'une fleur
il ne faut pas qu'il se vante de sa vente du jour
des foules de poules s'assemblent dans l'enclos
quel coquet jeu de croquet !
ne touche pas au coussin de mon cousin
jamais il n'a fait rien de bien
ils firent toute la route ensemble
prends ton café bien calé dans ce fauteuil
comment aimer cet amer devoir ?
ta veste est trop vaste
bourre ta bourse de billets neufs !
le long du chenal un cheval broute
il mâche son foin avec soin
les chiens qui aboient avaient faim
c'est un abri pour son cabri
il fit signe au singe qui accourut
j'ai pris cette pêche rêche dans la main
il faut qu'il nous montre le monstre
que ces câpres sont âpres !
il vogue sur la vague
mais son navire chavire
le rameur fait grande rumeur
cette bisque risque de s'abîmer
as-tu mangé les deux paires de poires ?
il a eu un drôle de rôle dans l'affaire
sa haine pour la laine est injustifiée
ta robe bâille à la taille
rentre au centre d'accueil !
le cocher devrait cacher sa mauvaise humeur
il prit le peigne d'une poigne rageuse
qu'il parte par la porte, non par la fenêtre !
là se trouvait la place de la glace
elle a raison pour la maison
il faudrait ranger avant de manger
un objet qui crisse déclenche sa crise
as-tu lu la fable de la Table ronde ?

le moutard du motard a passé par là
y a-t-il des garages dans ces parages ?
sa bonne humeur est pleine d'humour
on peut discuter sans se disputer
le préposé a proposé un changement
sais-tu que le dentier du rentier s'est cassé ?
pour hériter, il faudra mériter mon affection
s'agit-il d'une opération binaire ou linéaire ?
je m'oppose à ce qu'il appose sa signature
il y a de la crasse sur cette crosse
serait-il capable d'être coupable ?
pourquoi y a-t-il une orange dans la grange ?
j'ai toujours du courage à l'ouvrage
la dernière balise est dans cette valise
ceux qui montent mentent en disant cela
la force de cet animal féroce est effrayante
oui, mes sandales ont fait scandale
son accueil fut un écueil à notre entente
alors le juge infligea l'amende au voleur d'amande
chez les souris, certains manques causent une perte de poids et
de poils
il souffre d'un souffle au cœur
faites une deuxième mouture de cette monture
les potirons pâtiront du froid
elle était malingre mais maligne
voici le contexte contesté par eux
bien sûr, il admira notre amiral
je me demande ce qui me démange tant
il dessina une double croche sur la cruche
sa compagne aime la campagne
il publie pour un public très vaste
la photo de cette montagne est un montage réussi
le boulanger fournit son fournil d'accessoires utiles
je vous assure que ces histoires de sonnettes sont des sornettes
cela m'embarrasse qu'il m'embrasse si souvent
il est devenu un bon lecteur en lecture rapide
j'ai des gammes de gommes variées
ce ratelier sort de l'atelier du batelier
l'autre artiste nous attriste
nos cœurs battaient en chœur

ce député fut déporté durant la guerre

approche et accroche là ton manteau !

sa capacité de rapacité est surprenante

une telle confession montre sa confusion

la préparation ne doit pas être découverte et recouverte

nous cocherons puis cacherons les documents précieux

il attend la ratification de sa gratification

ton évanouissement contredit ton épanouissement antérieur

l'économie et l'ergonomie sont deux disciplines savantes

j'ai entendu des hurlements et des hululements sinistres

après le déménagement, l'emménagement l'a beaucoup fatiguée

après l'habitude de l'hébétude dans laquelle il vit constamment

adapte ta lecture au texte adopté

pendant sa couture elle s'est fait une coupure

les élections se feront après sélection des candidats

ils savent que le savant n'est pas fautif

j'ai mis de l'acharnement à compléter mon harnachement

son collègue du collège est décédé

plein d'admiration, il caresse le carrosse doré

le formage du fromage est un stade important

il est aussi incapable qu'implacable

ce n'est pas être humanitaire que d'être humaniste

les ruses des Russes me font peur

il entretenait tout ce qu'il entreprenait à cette époque

c'était un soldat raide et rude

cet homme solitaire était pourtant solidaire des autres

le labour est un labeur épuisant

Hitler, enragé, encagé, donnait des ordres délirants

il m'a fait les promesses de prouesses inouïes

j'étais intimidé par cette intimité

c'était la vertu de ma verte jeunesse

comment la faire taire ?

leurs bagues et leurs blagues nous étonnent

quelle est la raison des saisons ?

Je trouve ce cours très court

As-tu vu le magot de Margot ?

Temps de lecture : ...... minutes ...... secondes
Nombre de lignes cochées parce que vos yeux
ont besoin de faire un retour en arrière : ......

Si vous avez lu cet exercice en moins de 2 minutes et si vous avez fait moins de 4 retours en arrière, vous avez un œil qui fait bien la distinction entre les mots qui se ressemblent. De 4 à 8 retours en arrière, votre résultat est moyen, et vous avez intérêt à tendre votre attention, lorsque vous lisez vite, de façon à améliorer votre discernement des mots et éviter les confusions, Si vous avez fait plus de 8 retours en arrière, vous devez entraîner votre œil au moyen de cet exercice pour qu'il apprenne à mieux discerner les mots.

Les fixations

Quand nous lisons. nous avons l'impression que nos yeux se déplacent de façon continue le long de la ligne de texte. Mais cette impression est fallacieuse. Nos yeux avancent par bonds.

POINT DE FIXATION

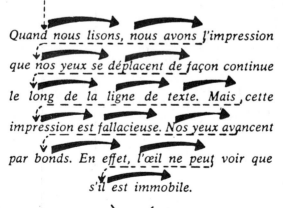

EVENTAIL DE VISION

En effet, l'œil ne peut voir que s'il est immobile. Il s'arrête donc pour enregistrer une portion de la ligne, puis il saute plus loin et s'arrête à nouveau, enregistrant la portion suivante, etc. En somme, quand on observe une personne en train de lire, on s'aperçoit qu'elle dévore le texte à petits coups, comme on mange un biscuit. Le processus est saccadé.

Vous pourrez le vérifier sur votre propre lecture. Pour cela il vous faut un partenaire. Vous tiendrez à deux mains, verticalement, devant vous, une feuille de journal au centre de laquelle vous aurez préalablement découpé un carré de trois centimètres de côté. Pendant que vous lirez un article sur cette feuille de journal, votre partenaire suivra le mouvement de vos yeux à travers l'orifice au centre de la feuille. Il pourra vous dire approximativement combien d'arrêts vous faites à chaque ligne.

Ainsi la lecture peut être comparée au cinéma. Nos yeux agissent comme la caméra qui enregistre des images immobiles, puis les transmet en assez grand nombre pour que leur passage rapide sur l'écran donne l'impression d'un mouvement continu. Cette impression de continuité s'obtient grâce à une particularité de l'œil sans laquelle ni le cinéma ni la télévision n'existeraient : la persistance des images rétiniennes. Fixez une source de lumière, puis fermez les yeux ; son image persistera un moment sur votre rétine. Cette persistance nous permet d'enchaîner et d'animer deux images fixes aperçues rapidement à la suite l'une de l'autre.

Au début du cinéma, l'enregistrement des images par la caméra était encore assez lent. Les films de cette époque nous paraissent comiques, parce que les mouvements de leurs personnages sont trop sautillants. En effet, la caméra n'enregistrait pas assez d'images. Les films d'alors nous apparaissent plus ou moins en pièces détachées. C'est le défaut des lecteurs dont l'œil n'est pas assez mobile. Il faut une bonne habileté perceptive pour enchaîner de façon rapide et rythmée les différents arrêts de l'œil. Ces arrêts ont été appelés par le grand ophtalmologiste Javal les points de fixation[1].

1. Emile Javal, *Physiologie de la lecture et de l'écriture*, Félix Alcan, Paris, 1905 ; Retz, 1978.

Ce qu'on voit pendant une fixation

Faisons un peu d'introspection, comme disent les philosophes. Examinons ce qui se passe en nous pendant une fixation. Pour cela, regardons le mot ci-dessous en centrant les yeux sur le point noir.

froid
●

Quand vous regardez ce mot, vous pouvez voir uniquement le <u>o</u> central. Ou bien vous pouvez essayer de voir les trois lettres du milieu : <u>roi.</u> Ou encore, vous pouvez lire l'ensemble du mot en un coup d'œil : <u>froid</u>. Maintenant faites la même chose avec un mot plus long :

refroidir
●

Il vous sera plus difficile d'embrasser tout le mot d'un regard. Voyons maintenant un texte plus long :

j'ai un refroidissement
●

Cette fois, il est vraiment difficile d'embrasser tout l'espace occupé par ces mots en un seul regard. Votre œil a ses limites. Il a peut être dû s'y prendre à deux fois pour enregistrer l'ensemble, parce que votre éventail de vision n'y suffisait pas. S'il faut à l'œil deux arrêts pour lire un mot, il met deux fois plus de temps à le lire. Pour devenir un lecteur rapide, vous devez agrandir votre champ de fixation. De nombreux exercices de la seconde partie de ce volume vous y aideront.

Essayez d'abord une petite gymnastique qui va vous indiquer comment vous y prendre pour faire mieux. Centrez bien vos yeux sur le point noir qui est placé sous <u>j'ai un refroidissement</u>, en maintenant le visage à une distance raisonnable de la page. Puis fermez les yeux pendant quelques secondes, et décidez de voir le plus loin possible de chaque côté du point central quand vous le fixerez à nouveau. Ouvrez alors les yeux pour un rapide coup d'œil, et fermez-les à nouveau. Recommencez quatre ou cinq fois, en vous efforçant de voir chaque fois plus de détails de part et d'autre du point central. N'avez-vous pas l'impression que vous avez la possibilité, en vous exerçant ainsi, d'augmenter votre champ de fixation ?

Quel est votre éventail de vision ?

Voici un petit exercice qui va vous permettre de juger quel est votre éventail de vision. Le mieux est de faire cet exercice à deux, l'un assis en face de l'autre et surveillant attentivement le mouvement des yeux. Pour cela, il faut que les yeux de celui qui lit soient éclairés. Le texte sera posé à plat, et vous utiliserez votre cache.

Centrez le premier mot au milieu de l'ouverture du cache. Vous le lirez facilement d'un coup d'œil, car il n'est pas long : port. Descendez le cache d'un cran. Lisez-vous aussi d'un coup d'œil le mot suivant : apporter ? Et que se passe-t-il à la ligne au-dessous : ils apporteront ? Votre partenaire, en train de surveiller le mouvement de vos yeux, vous dira si vous l'appréhendez d'un coup d'œil, ou s'il vous faut deux arrêts pour la lire.

Nombre de signes lus d'un coup d'œil :		
	4	**port**
	8	**apporter**
	15	**ils apporteront**
	3	**roi**
	5	**crois**
	9	**accroisse**
	15	**l'accroissement**

4	**goût**
8	**dégoûter**
13	**tu dégoûteras**
20	**t'en dégoûteras-tu ?**

2	**tu**
6	**tituti**
15	**constitutionnel**
25	**anticonstitutionnellement**

Notez ici quels ont été vos meilleurs résultats dans chaque série.

Nombre de signes lus en un seul coup d'œil :

Séries 1 ......,
      2 ......,
      3 ......,
      4 ....

A la fin de ce volume, vous trouvez, sous le titre « Lecture en un point de fixation », des colonnes de mots de plus en plus larges. En parcourant ces colonnes de haut en bas, à une bonne vitesse, vous habituez vos yeux à saisir d'emblée des mots de plus en plus larges. Faites cet exercice régulièrement pour agrandir votre éventail de vision.

Utilité d'accroître l'éventail de vision

L'exercice suivant va vous permettre de vous rendre compte de l'utilité de posséder un éventail de vision aussi large que possible. Vous lirez trois colonnes l'une après l'autre, en vous servant de votre cache, et en allant le plus vite possible. Vous noterez en bas de chaque colonne le temps qu'il vous a fallu pour la lire.

Quelle est l'utilité de la fixation ?

Votre chronomètre en main, vous allez lire rapidement, l'une après l'autre, ces trois colonnes de mots.
Quand vous aurez fini la première, vous noterez le
temps, puis passerez à la deuxième, noterez le temps,
ainsi que pour la troisième colonne. Allez-y !

I	II	III
chat	région	rien à faire
plat	succès	quadruple
vif	lecture	à prix d'or
très	toujours	blé germé
elle	semaine	considération
bas	lampe	deux par deux
prix	maison	délabrement
haut	village	il est bien
au	crayon	éléments
loin	voiture	pour le plaisir
sain	herbe	faire la queue
eau	planète	réservation
fer	poste	ces beaux yeux
lit	pêche	cent à l'heure
or	diable	morte-saison
art	clocher	responsable
vue	détail	petite annonce
toit	vérité	c'est selon
œil	désir	j'avais tort
car	évasion	bien entendu
peu	route	peu de temps
voix	étang	difficulté
bien	grange	clopin-clopant
bar	fumée	constellation
ode	nuage	entraînement

Temps de lecture : ...... *secondes* ...... *secondes* ...... *secondes*

Que remarquez-vous en comparant vos temps de lecture ?

Le temps qu'il vous a fallu pour lire chacune des trois colonnes était presque identique. Tout au plus avez-vous lu peut-être un peu plus lentement la troisième colonne. Mais elle comprenait quatre fois plus de signes que la première. Il est remarquable que l'œil puisse ainsi embrasser en un seul faisceau de dix à vingt signes, ce qui lui permet d'enregistrer trois ou quatre mots à la fois. Voilà l'utilité d'un large éventail de vision. Il permet d'augmenter la rapidité de lecture.

L'œil a la possibilité de se comporter comme un champion cycliste. Sur une route bien plate, il peut passer, grâce à son dérailleur, à un grand développement qui lui permet de parcourir une plus grande fraction de route à chaque coup de pédale. Cet accroissement de la vitesse est-il sans contrepartie ? Il faut que ses jambes aient la force nécessaire pour pédaler ainsi. Un grand développement est dur à tirer, disent les champions. Pour nous, lecteurs, acquérir un large éventail de vision demande aussi de l'entraînement et des efforts. Des efforts visuels d'abord. Mais également des efforts intellectuels. Nous l'avons dit, le cerveau compte autant que l'œil dans la lecture rapide. Notre éventail de vision ne s'élargira qu'au prix d'efforts de concentration soutenus et répétés.

Que se passe-t-il entre les fixations ?

Lisez avec attention le court texte suivant. Il est facile et amusant. En le parcourant, essayez de vous repré- senter ce qui se passe dans votre esprit, pendant que votre œil saute d'un point de fixation au suivant.

L'ASCENSEUR DU PEUPLE

Je ne sais si vous êtes comme moi, comme dit Sarcey, mais je n'ai jamais compris pourquoi les propriétaires louaient leur sixième étage moins cher que le premier.

Un sixième étage coûte autant à construire qu'un premier,

et même davantage, car les matériaux doivent être grimpés plus haut et la main-d'œuvre est d'autant plus dispendieuse qu'elle s'exerce sur un chantier plus loin du sol. (Demandez plutôt aux entrepreneurs de Chicago qui construisent des maisons de vingt-deux étages.)

Donc, le raisonnement qui pousse les propriétaires à louer leurs appartements moins cher dès qu'ils se rapprochent du ciel est aussi faux que celui de ces imbéciles de marchands d'œufs qui, au lieu de vendre un bon prix leur marchandise au sortir du cul de la poule, préfèrent attendre quelques jours pour en tirer un bénéfice moindre.

Ce bas prix des logements haut situés les désigne tout naturellement au choix des ménages pauvres ou des personnes avares.
Dans les immeubles dotés d'un ascenseur (*lift*), le mal n'est que mi, mais l'ascenseur (*lift*) est rare dans nos bâtisses françaises, surtout dans celles où s'abritent le prolétariat, la menue bourgeoisie et la toute petite administration.

Pauvres gens qui trimez tout le jour, c'est votre lot à vous, chaque soir, accomplie la rude besogne, de grimper, à l'exemple du divin Sauveur, votre quotidien calvaire, cependant que de gras oisifs, d'opulents exploiteurs n'ont qu'un bouton à pousser pour regagner, mollement assis, leurs somptueux entresols !

La voilà bien la justice sociale ! La voilà bien !
… On m'a présenté, dernièrement, un monsieur qui a trouvé un moyen fort ingénieux pour remédier à ce déplorable état de choses.

Simple employé dans la *Compagnie générale d'assurance contre la Moisissure*, cet individu, auquel ses appointements ne permettent qu'un humble sixième étage, est atteint d'une vive répulsion pour les escaliers ; tellement vive, cette répulsion, qu'elle frise la *phobie !*

Alors, notre homme a imaginé un truc fort ingénieux pour s'éviter la formalité de ses quatre-vingts marches.

Avec l'assentiment du propriétaire, il a organisé à l'une de ses fenêtres un appareil assez semblable à celui dont on se sert pour tirer l'eau du puits : une forte poulie, une solide corde, et, aux bouts de la solide corde, deux robustes paniers pouvant contenir chacun une personne.

Sur le coup de sept heures et demie ou huit heures, selon qu'il a bu deux ou trois absinthes, l'employé de la *Compagnie générale d'assurance contre la Moisissure* arrive au pied de sa maison.

Un coup de sifflet ! Une fenêtre s'ouvre ; au bout d'une corde, un panier descend jusqu'au sol.

L'homme s'installe dans le panier.

Second coup de sifflet ! C'est alors au tour de la bourgeoise d'enjamber le balcon et de s'installer dans l'autre panier.

Comme le poids de la dame est inférieur à celui du monsieur, il ne se passe rien tant que l'aîné des garçons n'a pas ajouté à sa maman un poids supplémentaire.

Ce poids est représenté par une lourde pendule Empire, qui suffit à rompre l'équilibre.

Dès lors, le panier de la dame descend, cependant que monte celui du monsieur.

Ce dernier peut ainsi regagner son appartement sans la moindre fatigue.

La femme n'a plus qu'à remonter les six étages, par l'escalier, tenant dans ses bras la pendule Empire, à laquelle elle doit faire bien attention, car son mari y tient énormément.

Alphonse Allais, *L'Ascenseur du Peuple*, éd. Plon.

Avez-vous ressenti, en lisant ce texte, à quel point le cerveau, contrairement aux yeux, reste toujours en action ? Entre deux fixations, l'œil se meut, mais il ne voit pas ; pendant les fixations, il enregistre, mais il ne peut avancer. Le cerveau, lui, est toujours en mouvement. Pour lui, le processus de lecture est continu, et se poursuit sans interruption. Le cerveau intègre et comprend ce que l'œil a enregistré. C'est grâce à son travail que le texte d'Alphonse Allais nous fait rire. Entre les fixations visuelles, l'esprit prend le relais et donne le courant de pensée à la lecture. Il ne se contente d'ailleurs pas d'analyser le passage qui est sous les yeux. Il relie ce que vous venez de lire à ce que vous allez lire. Il se souvient ; il prévoit ; il relie le présent au passé et au futur. Cette activité continue et prospective du cerveau est de première importance dans la lecture rapide. Il lui donne son efficacité. On l'oublie trop souvent. C'est pourquoi nous consacrerons un cours entier, le quatrième, au courant de la pensée.

N'en restons pas au mot à mot

Dans le chapitre précédent, nous vous avons mis en garde contre le ralentissement de la lecture provoqué par le lettre à lettre, ou le syllabage. Nous allons voir à présent que la lecture mot à mot est également à éliminer Sauf dans quelques rares cas, elle représente une perte de temps et une gêne pour la compréhension du texte.

Pensons aux journaux lumineux qui donnent parfois les dernières nouvelles au public dans les agences de presse. Des ampoules allumées tracent des mots qui défilent le long d'une bande lumineuse assez rapidement et régulièrement. Pourtant l'impact des mots dans notre cerveau est saccadé et désagréable. C'est parce que, dans ce cas, les yeux sont contraints de lire mot à mot. Pendant ce temps, le cerveau, plus agile, essaie de prévoir ce qui va suivre. Il n'aime pas attendre. Lire mot à mot ne le satisfait pas. Plus nous élargirons notre éventail de vision, plus nos yeux pourront capter de mots à la fois, et plus notre cerveau sera satisfait. Le langage n'est pas seulement un assemblage de mots. Il est fait avant tout de tournures de phrases. On s'en aperçoit bien quand on essaie de traduire une langue étrangère mot à mot ; on risque perpétuellement de faire des contresens. Pour ceux qui lisent mot à mot, leur propre langue est comme une langue étrangère mot à mot ; on risque perpétuellement de faire des contresens. Pour ceux qui lisent mot à mot, leur propre langue est comme une langue étrangère qu'ils n'auraient pas maîtrisée.

Pour contrôler si vous lisez parfois mot à mot, nous vous soumettons un texte sous deux formes : dans la première, le texte se présente en colonnes où les mots se lisent un à un, en partant de la gauche, et en allant de haut en bas ; puis, dans la deuxième, le texte prend son aspect habituel. Dans les deux cas, lisez-le le plus vite possible en vous chronométrant.

PREMIÈRE PARTIE : Essayez de lire aussi vite que possible, chronomètre en main. Allez-y !

Oh ! ces journées de neige, quelle transformation subite elles opéraient en nous, autour de nous !... Et quel frémissement courait sur les bancs de la classe dès les premiers flocons ! La lumière se retirait. Tout devenait terne : le plâtre des façades prenait une couleur grise, fanée, les arbres paraissaient plus noirs. Par un inexplicable phénomène, la craie elle-même perdait, entre nos doigts, son éclat, son rayonnement. Nous avions l'impression de toucher à une minute solennelle. Dehors, quand nous levions la tête, c'était presque une ivresse de recevoir sur la figure, sans savoir où elles se poseraient, ces mille petites abeilles blanches dont le froid nous piquait le visage, avec une si furtive, une si délicate précision qu'elles semblaient avoir choisi, tout en tourbillonnant, la place où elles nous atteindraient. Le ciel n'était plus gris ; il était roux, opaque.

Temps de lecture : ...... minutes ......secondes.

Notez le temps qu'il vous a fallu pour lire ce texte. Puis passez à la seconde partie de l'exercice.

DEUXIEME PARTIE : Voici maintenant le même texte que vous allez lire dans sa forme ordinaire. Avez-vous votre chronomètre en main ? Etes-vous prêt ? Allez-y !

Oh ! ces journées de neige, quelle transformation subite elles opéraient en nous, autour de nous !... Et quel frémissement courait sur les bancs de la classe dès les premiers flocons ! La lumière se retirait. Tout devenait terne : le plâtre des façades prenait une couleur grise, fanée, les arbres paraissaient plus noirs. Par un inexplicable phénomène, la craie elle-même perdait, entre nos doigts, son éclat, son rayonnement. Nous avions l'impression de toucher à une minute solennelle. Dehors, quand nous levions la tête, c'était presque une ivresse de recevoir sur la figure, sans savoir où elles se poseraient, ces mille petites abeilles blanches dont le froid nous piquait le visage, avec une si furtive, une si délicate précision qu'elles semblaient avoir choisi, tout en tourbillonnant, la place où elles nous atteindraient. Le ciel n'était plus gris ; il était roux, opaque.

Francis Carco, *A voix basse*, éd. Albin Michel.

Temps de lecture : ...... minutes .. ...secondes.

Vous avez noté vos deux temps de lecture. Comparez-les maintenant. Si vous avez lu la seconde présentation du texte beaucoup plus vite que la première, tout va bien. Si vous l'avez lue à une vitesse égale ou seulement un peu supérieure, vous avez tendance à attacher trop d'importance à chaque mot séparé. Il vous faudra lutter contre le défaut de lire mot à mot.
Les gammes, à la fin de ce volume, contiennent des exercices destinés à lutter contre ce défaut : c'est la lecture en deux

points de fixation. Elle est graduée de telle façon que vous
passerez insensiblement de la lecture par mots séparés à la
lecture par groupes de mots de plus en plus importants.

Consacrez-leur assez de temps pour acquérir de bons automatismes dans ce domaine. Si vous avez le sentiment que vous
auriez besoin d'exercices plus abondants pour vous améliorer réellement, il vous faut recourir à la *Méthode de lecture rapide* de
François Richaudeau et Michel et Françoise Gauquelin. C'est une
publication du Centre d'Etude et de Promotion de la Lecture
(éd. Denoël, Paris, 1966). Parmi les nombreux exercices qu'elle
vous offre, vous trouverez des gammes en deux, puis en trois
points de fixation, qui vous permettront de progresser de 10 signes
par point de fixation (un à deux mots en moyenne) jusqu'à 30
signes par point de fixation (cinq à six mots en moyenne).

Les dangers de la subvocalisation

On apprend à lire en prononçant à haute voix les mots, au fur et
à mesure que l'on reconnaît leur forme écrite. Nombre de lecteurs ont tendance à reprendre cette vieille habitude s'ils sont
aux prises avec un texte qui leur paraît difficile. Ils ont gardé
le besoin d'avoir un support auditif pour comprendre ce qu'ils
lisent. Mais l'articulation d'un mot est beaucoup plus longue que
sa simple perception ; elle prend environ quatre fois plus de temps.
Les yeux et la voix ont tendance à se séparer, les uns courant
de l'avant, et l'autre traînant par-derrière. C'est pourquoi les lecteurs qui ont tendance à articuler les mots qu'ils lisent, suivent-ils
souvent le texte du bout du doigt, pour retenir les yeux au mot
qu'ils sont en train d'articuler intérieurement. Ce sont là des
défauts dont le lecteur efficace doit à tout prix se débarrasser.
Qu'il s'agisse de vocalisation ou de subvocalisation (c'est-à-dire
d'une articulation du mot en esprit seulement, sans que le larynx
soit en mouvement), le besoin d'écouter la prononciation des
mots qu'on lit est tout à fait inutile. Il incite au mot à mot et
complique la compréhension du sens général du texte. De même,

suivre les lignes du bout du doigt freine l'impulsion des yeux à foncer en avant et la recherche des idées contenues dans la phrase. Il faut apprendre à chercher le sens des phrases sans soutien auditif ou digital.

Vérifiez si vous avez tendance à subvocaliser inutilement, en appuyant légèrement le pouce et l'index sur votre gorge, pendant que vous suivez des yeux les lignes du texte. Il ne faut pas qu'elle remue. Pour vérifier également si vos lèvres ont tendance à bouger pendant la lecture, placez la pointe d'un mouchoir entre vos lèvres. Il ne faut pas qu'il bouge ou tombe pendant la lecture.

Surveillez-vous de cette manière en effectuant l'exercice qui suit. Il contient des phrases aux nombreuses allitérations qui incitent à la subvocalisation. Cherchez à les lire sans donner libre cours à cette tendance.

Si vous avez du mal à ne pas subvocaliser, voici encore un conseil : essayez de faire les exercices pendant que la radio diffuse doucement une musique reposante. Peut-être la musique, en détournant votre attention du son des mots, vous permettra-t-elle de mieux suivre ces phrases des yeux seulement, et non plus des lèvres.

Voici un exercice qui vous permettra de vérifier si vous subvocalisez en lisant. Lisez-le plusieurs fois, de plus en plus vite, en tenant la main sur votre gorge, pour surveiller ses mouvements. Si elle remue ou émet des sons pendant votre lecture, vous avez tendance à subvocaliser.

Ciel, si ceci se sait !
Tonton Toto, ton thé t'a-t-il ôté ta toux ?
Didon dîna, dit-on, du dos d'un dodu dindon.
Voici six chasseurs se séchant, sachant chasser sans chien.

— Bonjour, Monsieur Sans-Soucis. Combien ces six saucissons-ci ?
— Six sous ces six saucissons-ci !
— Six sous, ces six saucissons-ci ? C'est trop cher, Monsieur Sans-Soucis !

Il était une fois une dame de foi qui vendait du foie dans la ville de Foix. Elle se dit : — Ma foi, c'est la première et la dernière fois que je vends du foie dans la ville de Foix.

Un jour, un vieux fat aborda Bassompierre en disant :
— Bonjour, gros gras gris !
Bassompierre répondit :
— Bonjour, peint teint feint !

Voici le refrain de Kalevala, épopée finlandaise :
On se mit à chercher un chanteur,
un bon chanteur, capable de chanter habilement,
capable d'entamer un chant solennel.

Bravo pour les orateurs :
Remarquons la corrélation entre la proportion des consommations et les différents groupes de population.

Avez-vous eu plusieurs fois tendance à subvocaliser durant cet exercice ? Si c'est le cas, il faut absolument vous exercer à ne plus le faire, avec l'exercice qui commence page 72. Faites-le régulièrement tous les jours pendant dix minutes, jusqu'à ce que vous vous sentiez débarrassé de ce frein.

EXERCICE DESTINE A SUPPRIMER LA SUBVOCALISATION

Lisez les phrases de cet exercice en tenant le pouce sur votre larynx, pour veiller à ce qu'il reste immobile, pendant que vous parcourez le texte des yeux. Surveillez aussi vos lèvres. Il ne faut pas qu'elles remuent. Essayez de lire de plus en plus vite, sans sauter un seul mot.

Quatre cartes écornées furent sa perte

Ce vin vermeille m'émerveille

Six sous de saucisson sec salé, s'il vous plaît !

Le riz tenta le rat : le rat tenté tâta le riz

Voici des réminiscences rémanentes en Rhénanie

Il veut vivre sans livre, ivre de suivre sa libre guise

J'ai photographié le phonographe du photographe farfelu

Les mésaventures du misanthrope m'inspirent

La philosophie de la psychologie et de la philologie est logique

Adieu ! j'ai donné les derniers deniers à Dieu !

La description de destruction des constructions est sa distraction

De sa place, la glace du palace agace

Comte, contez ce conte comme il vous plaira

Suzette saisit sa serviette sans se soucier du reste

Bigre, les beaux gros bras gras blancs !

Regardez Gigolette en goguette à la guinguette de Gustave

Monsieur Miche murmura : — C'est moche ! et se moucha méchamment

Que fit le fils de Phiphi ? Voici ce qu'il fit : il fit des fredaines

Le beau bambin blond prend un bon bain

Bourdons et frelons fredonnent et bourdonnent tout le jour

Pendant que le pédant pédale les pieds pendants...

Devant l'auvent on vend du vent

Connais-tu les distractions des chauffeurs des dix tractions ?

Tout cet été les petits ont été téter leur mère nourricière

Les voiles s'envolent dans le vent violent

Pour prévoir, il faut savoir voir

Nous voici dans la division des malades du duodénum

Le préposé a proposé de protester sous ce prétexte

Sa fille a failli faire une camomille à Camille

Voici quelques titres de romans dont les allitérations font fureur :

Banco à Bangkok
Un milliard dans un billard
Une poule et des poulets
Alerte à Orly
Une sacrée sarbacane
Chignole qui vole
Pannam' Annam
Coup bas à Cuba
Ballet bleu
Du corps et du coffre
Bergère en colère
Le totem tue
Ses frères de la terre
Bal à Bâle
Le rat qui rit
Personne pour pleurer
Juré jugé
En long et en large
Du brut pour les brutes
Furia à Bahia
Délire en Iran
Métamorphose à Formose
Cache-cache au Cachemire
Arizona zone A
Moche coup à Moscou
Tactique arctique
Agonie en Patagonie

Du lest à l'Est
Cinq gars pour Singapour
Le sbire de Birmanie
Gâchis à Karachi
De l'ombre et des aimants

Et cela ne date pas d'aujourd'hui :

La belle et la bête
Passant par Paris…
L'amant salamandre

Ensuite quelques slogans pleins de guet-apens :

Le chausseur sachant chausser
Eleska, c'est exquis
Du beau, du bon, Dubonnet
Pilules Pink pour personnes pâles
Les délices de chez Clérice

Et quelques proverbes réussis :

La nuit, tous les chats sont gris
Rira bien qui rira le dernier
Qui a bu boira
Tout est bien qui finit bien
A malin, malin et demi
Qui dort dîne
Un poisson sans boisson est un poison
A bon chat, bon rat
Qui terre a, guerre a
Cœur content soupire souvent
A force de forger, on devient forgeron
Qui se ressemble s'assemble
Pierre qui roule n'amasse pas mousse
Qui vivra verra

Essayez aussi de lire ces quelques comptines sans subvocaliser :
Pic-et-pic-et-colegram
Bourre-et-bourre-et-ratatam
Am-stram-gram !

Tchimoua matchatchaba tchimouïne
Tchimoua matchatchaba tchimouâ !
Le chameau est un animal utile
Qui nous porte jusqu'en Indochine.
Tchimoua matchatchaba tchimouïne
Tchimoua matchatchaba tchimouâ !

Une poule sur un mur
Qui picotait du pain dur,
Picoti, picota,
Lève la patte et saute en bas !

Pomme de reinette et pomme d'api,
Tapis, tapis rouge,
Pomme de reinette et pomme d'api,
Tapis, tapis gris !

Pie a haut nid,
Caille a bas nid,
Ver n'a pas d'os,
Rat en a, chat en a, taupe aussi !

Utilisation
du faisceau actif de vision

Un des principes fondamentaux de la lecture rapide est, nous l'avons vu, d'augmenter le champ de chaque fixation de l'œil de manière à absorber le texte par sections aussi larges que possible.

Il m'avait conduit à la porte de sa tente...

Mais plutôt :

Il m'avait conduit à la porte de sa tente...

Ou encore mieux :

Il m'avait cnduit à la porte de sa tente...

Il ne suffit pas d'avoir un éventail de vision assez large, il faut savoir s'en servir. Les spécialistes de la lecture rapide, Manya et Eric De Leeuw, font remarquer un fait vraiment curieux : la durée d'une fixation et de son enregistrement dans le cerveau varie en général assez peu d'un lecteur à l'autre. Il y a donc autre chose qui explique qu'il y ait des lecteurs lents et des lecteurs rapides. C'est le nombre des arrêts de l'œil par ligne de texte.
Considérons les deux diagrammes suivants :

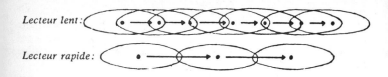

Dans ces diagrammes, chaque fixation, où les yeux du lecteur s'arrêtent pour enregistrer les mots, est représentée par un point ; les bonds successifs des yeux d'un point à l'autre sont représentés par des flèches ; le faisceau actif de vision est figuré par des ellipses aplaties.

Chez le lecteur rapide, ces ellipses sont harmonieusement disposées. Elles se recouvrent juste un peu aux deux bouts, là où la vision des mots est la moins précise. Chez le lecteur lent, au contraire, les ellipses du faisceau actif de vision se recouvrent abondamment ; si bien que, sans s'en rendre compte, il repasse plusieurs fois sur le même mot. Son anxiété l'empêche d'aller de l'avant et de faire un plein usage de son éventail visuel.

La rapidité de la lecture est donc fortement liée à une répartition judicieuse des points de fixation sans que l'efficacité doive en souffrir.

Quel est le nombre idéal de fixations par ligne ?

Le grand spécialiste, Emile Javal, de l'Académie de médecine, le disait il y a plus de cinquante ans. Sous sa direction, le professeur Lamare avait étudié scientifiquement les mouvements des yeux pendant la lecture. Il avait constaté qu'après le premier temps d'échauffement, la plupart des lecteurs habiles embrassent en moyenne 15 à 20 signes par point de fixation. Les mots ayant en moyenne 5 à 6 signes, il y a donc 3 à 4 mots par point de fixation[1].

Savez-vous lire trois ou quatre mots à la fois ? Evidemment, cela dépend du texte, de votre concentration d'esprit, de vos capacités visuelles, et de bien d'autres facteurs. Nous en reparlerons d'ailleurs dans les derniers cours de cette méthode. Pour les

1. Lamare, *Des mouvements des yeux pendant la lecture*. Compte rendu de la Société Française d'Ophtalmologie.

lectures courantes, cette moyenne de trois ou quatre mots par point de fixation n'a rien d'excessif, elle est même habituelle pour un lecteur entraîné. Néanmoins, si vous n'y êtes pas encore parvenu, vous pouvez l'atteindre en pratiquant les exercices destinés à élargir votre champ visuel.

Entraînez-vous à adopter un bon rythme

Il ne suffit pas d'avoir un large éventail visuel, il faut en faire un bon usage. Pour utiliser au mieux vos capacités visuelles, habituez votre œil à aller de l'avant avec vivacité. Pensez à adopter un rythme régulier. Non seulement il vous aidera à profiter au maximum de votre faisceau actif de vision, mais il donnera aussi à votre cerveau l'habitude d'enregistrer avec dynamisme et régularité le matériel que l'œil lui soumet. Ainsi votre esprit sera moins porté à la distraction et aux retours en arrière.

Les travaux de François Richaudeau montrent à ce jour que, chez un lecteur, d'un test à l'autre, il y a des écarts maximaux de 35 % dans la durée moyenne de fixation. Ils montrent également qu'il existe une forte liaison entre la vitesse de lecture et le champ couvert par cette fixation.

La lecture des colonnes étroites

De nos jours, de plus en plus de textes sont imprimés en colonnes étroites. On en rencontre dans les journaux, dans les magazines et dans un grand nombre de revues. Ces colonnes comportent en moyenne trente signes qui forment de cinq à sept mots. Elles encouragent la lecture rapide, car elles paraissent plus faciles à parcourir que de larges colonnes nécessitant un grand va-et-vient de l'œil. La lecture de haut en bas soutient mieux l'attention.

Les colonnes étroites exigent en général deux fixations par ligne, ou, plus rarement, une seule fixation. Il est bon de s'entraîner à ce rythme particulier puisqu'il est d'un usage courant. Les exercices suivants vous aideront à y parvenir. Pour vérifier si vos yeux suivent bien le rythme indiqué, il serait bon que vous vous fassiez aider par un partenaire qui, placé en face de vous, surveillerait les mouvements de vos yeux.

PREMIER EXERCICE

**Vous allez vous entraîner à lire, en deux fixations par
ligne, les textes rédigés en colonnes étroites. Pour vous
aider à prendre ce rythme, le texte qui suit est écrit
en deux groupes de mots par ligne. Chaque groupe est
marqué d'un point qui vous indique où votre œil doit
se fixer. Lisez ce texte le plus vite possible.**

Pour moi,
•

des déserts affreux ;
•

des sables brûlants
•

Des neiges
•

jamais font un
•

sur le sommet
•

et on trouve
•

nourrir les
•

des pâturages
•

vers le milieu
•

de ces montagnes
•

les vallées y sont
•

qu'à peine
•

y peut faire
•

Je ne trouvai
•

dans ce pays
•

aussi sauvages que
•

j'arrivai dans
•

on y voit
•

au milieu des plaines.
•

qui ne se fondent
•

hiver perpétuel
•

des montagnes ;
•

seulement pour
•

troupeaux
•

parmi des rochers,
•

du penchant
•

escarpées ;
•

si profondes
•

le soleil
•

luire ses rayons.
•

d'autres hommes
•

que des bergers
•

le pays même.
•

Ayant ainsi parlé,
flûte si douce
de ces montagnes
entendre de tous
bientôt autour
bergers voisins.
harmonie divine ;
ému et comme hors
pour chanter les
nature a orné
Nous passions les
et une partie des
ensemble. Tous les
leurs cabanes et
étaient suspendus
autour de moi
leur donnais des
que ces déserts
rien de sauvage ;
doux et riant ;
habitants semblait

il me donna une
que les échos
qui la firent
côtés, attirèrent
de nous tous les
Ma voix avait une
je me sentais
de moi-même
grâces dont la
la campagne.
jours entiers
nuits à chanter
bergers, oubliant
leurs troupeaux,
et immobiles
pendant que je
leçons ; il semblait
n'eussent plus
tout y était devenu
la politesse des
adoucir la terre.

Mais ce qui acheva de me rendre
fameux parmi nos bergers,
c'est qu'un jour un lion affamé
vint se jeter sur mon troupeau :
déjà il commençait un carnage affreux ;
je n'avais en main que ma houlette ;
je m'avance hardiment. Le lion
hérisse sa crinière, me montre
ses dents et ses griffes, ouvre
une gueule sèche et enflammée ;
ses yeux paraissaient pleins
de sang et de feu ; il bat ses
flancs avec sa longue queue.
Je le terrasse: la petite cotte
de mailles dont j'étais revêtu,
selon la coutume des bergers,
l'empêcha de me déchirer.
Trois fois il se releva.

FÉNELON, *Les Aventures de Télémaque*.

DEUXIEME EXERCICE

A présent, vous ne serez plus guidé par un point noir sous chaque groupe de mots. Continuez cependant à lire chaque ligne en deux fixations centrées au milieu de chaque groupe de mots. Ces groupes se rapprochent peu à peu, et finissent par former les lignes continues habituelles. Lisez-les en gardant le rythme acquis.

Pour mieux   supporter
l'ennui de la   captivité et
de la solitude,   je cherchai
des livres,   et j'étais
accablé   d'ennui,
faute de   quelque
instruction   qui pût nourrir
mon esprit   et le soutenir.
    « Heureux,   disais-je,
ceux qui se   dégoûtent
des plaisirs   violents et
qui savent   se contenter
    des douceurs   d'une vie
    innocente !   Heureux
ceux qui se divertissent
en s'instruisant et qui se
plaisent   cultiver   leur
esprit par les sciences !
En quelque endroit que
la fortune ennemie les
jette, ils portent toujours
avec eux de quoi
s'entretenir, et l'ennui,
qui dévore les autres
hommes au milieu même
des délices, est inconnu
à ceux qui savent s'occuper
par quelque lecture.
Heureux ceux qui aiment
à lire et qui ne sont
point, comme moi, privés
de la lecture !

Avez-vous bien maintenu le rythme de deux fixations par ligne dans ces deux textes en Y ? Le premier était moins difficile que le second. Il ne contenait que vingt à vingt-cinq signes par ligne. Le second en contenait trente en moyenne. Il va falloir que vous perfectionniez votre habileté dans ces largeurs, et que vous lisiez sans peine des colonnes de quarante-cinq signes en deux fixations seulement. A cet effet, des exercices progressifs vous sont offerts à la fin de ce volume.

En outre, il serait utile que vous fassiez de temps à autre un essai de lecture en deux fixations dans votre journal habituel. Cela vous donnera l'habitude de passer sans difficulté des exercices rythmés par avance à la lecture courante des colonnes étroites en deux fixations.

Abordez d'abord des articles faciles. Quand vous vous sentirez sûr de vous, vous passerez aux textes plus difficiles : sujets scientifiques, économiques, politiques... Vous serez étonné de vos progrès.

La lecture des pages de livres

Les livres ne se présentent pas en colonnes comme les journaux et les magazines. Dans un ouvrage standard (romans, nouvelles, etc.), le nombre de signes par ligne est de soixante en moyenne pour une dizaine de mots. Il ressort des travaux du professeur Lamare que, si l'œil fait trois fixations dans une telle ligne, il embrasse environ trois mots à la fois. Essayez d'y parvenir vous aussi dans les exercices suivants.

Le premier se présente en lignes divisées en trois groupes de mots afin de vous entraîner à faire trois fixations. Sous chaque groupe de mots, un point noir indique l'endroit où votre œil devrait s'arrêter pour bien embrasser l'ensemble du groupe de mots. Vous voyez qu'il n'est pas indiqué d'arrêter l'œil tout au début de la ligne pour le premier groupe, ni à la fin de la ligne pour le dernier groupe ; cette façon de faire vous empêcherait d'utiliser l'ensemble de votre faisceau actif de vision. L'œil doit apprendre à se poser un peu en retrait du début du groupe de mots, afin d'avoir autant de signes à gauche qu'à droite du point de fixation. Ainsi le faisceau visuel trouve son plein emploi.

PREMIER EXERCICE
Dans le texte suivant de Conan Doyle, les lignes sont
divisées en groupes de mots. Chaque groupe est marqué
d'un point qui vous dique où votre œil doit se fixer.
Entraînez-vous à lire de cette façon.

De toutes les	glorieuses armées	françaises, un officier
et un seul	s'attira des Anglais	de l'armée de
Wellington	une haine solide,	profonde, inaltérable.
Certes il y avait	chez les Français	des pillards,
des brutes,	des bretteurs,	des roués.
Les Anglais	leur pardonnaient	d'autant plus
volontiers que	les mêmes vices	fleurissaient
dans leur armée.	Mais un officier	de Masséna
commit une fois	un crime inqualifiable,	extraordinaire,
inexpiable,	auxquels ils ne	faisaient allusion
que pour le maudire,	tard dans la nuit,	lorsqu'une
deuxième bouteille	avait délié	leurs langues.
Ils en portèrent	la nouvelle	en Angleterre.
En ville, des	gentilshommes qui	se souciaient fort peu
des détails de	la guerre manquèrent	s'étouffer de rage
en l'apprenant.	Dans les comtés,	des petits fermiers
levèrent vers	le ciel des mains	impuissantes.

DEUXIEME EXERCICE

Dans le premier exercice, vous avez été guidé par un point noir sous les groupes de mots. Cette fois, le texte est présenté de la même façon pour vous guider dans vos fixations, mais nous n'avons plus placé de point noir sous les groupes.
Lisez ce texte assez facile du « Journal de Cléry », le valet de chambre de Louis XVI. Les mots ont été groupés de façon à vous offrir trois fixations par ligne de texte. Lisez-les ainsi le plus vite que vous le pourrez.

J'ai servi   pendant cinq   mois le roi
et son auguste   famille dans   la tour du
Temple ; et,   malgré la   surveillance
des officiers   municipaux   qui en étaient
les gardiens,   j'ai pu   cependant,
soit par écrit   soit par   d'autres moyens,
prendre quelques   notes sur   les principaux
événements   qui se sont   passés dans
l'intérieur de   cette prison.   En classant
ces notes en   forme de journal,   mon intention
est plutôt   de fournir   des matériaux
à ceux qui   écriront   l'histoire de la
fin malheureuse   de l'infortuné   Louis XVI,
que de composer   moi-même   des Mémoires :
je n'en ai   ni le talent   ni la prétention.
Seul témoin   continuel des   traitements
injurieux   qu'on a fait   souffrir au roi
et à sa famille,   je puis seul   les écrire et
en attester   l'exacte vérité.   Je me bornerai
donc à présenter   les faits dans   tous leurs
détails, avec   simplicité,   sans aucune
réflexion. et   sans partialité.   Je commencerai
ce journal   à l'époque   du 10 août 1792,
jour affreux, où   quelques hommes   renversèrent
un trône de   quatorze siècles,   mirent leur roi
dans les fers,   et précipitèrent   la France dans
un abîme   de malheurs.   J'étais de
service auprès   de Monsieur le Dauphin   à l'époque.

TROISIEME EXERCICE

Dans l'exercice suivant, les trois groupes de mots par ligne vont peu à peu se rapprocher, pour former, à partir du milieu de la page, les lignes continues habituelles. Lisez tout le texte en gardant le rythme de trois fixations par ligne acquis dès le début de l'exercice.

La pomme de terre sera-t-elle
un jour utilisée en météorologie ?
on peut aujourd'hui se poser
la question. En effet, le professeur
Frank A. Brown, du département
des sciences biologiques de l'université
d'Evanston, Illinois, a montré que
la pomme de terre était capable de
prévoir le temps qu'il ferait deux
journées à l'avance. Ce féculent
étant placé dans des containers
hermétiquement clos, Brown a mesuré les
variations de consommation journalière
d'oxygène, grâce à un dispositif
extrêmement sensible. Or ces variations
suivent celles de la pression barométrique
mais... avec deux jours d'avance.
Ayant observé que cette capacité
« météorologique » de la pomme de terre
était partagée par un grand nombre
d'autres espèces vivantes dans le
règne animal aussi bien que végétal
Brown conclut, non sans humour,
qu'il serait intéressant d'envisager
le cas où, à la place de la pomme
de terre, on enfermerait le
météorologiste lui-même dans un
local hermétiquement clos pour
des semaines ou des mois :
deviendrait-il aussi capable
que la pomme de terre de donner
des prédictions exactes sur le
temps deux jours à l'avance.

Il y a chaque
mille visiteurs
en est bien peu
gigantesque
qui déroule ses
les prie-Dieu. Ce
l'une des plus
Dame de Chartres.
Lorsqu'on sait
à certains rites
voit sur certains
on est en droit
dans un temple
expliquent
considéraient
une réduction
Ceux qui ne
parcouraient
et les mêmes
Selon d'autres

année, à Chartres,
attentifs et
qui remarquent
serpentin de
méandres sous
dessin mystérieux
passionnantes
Il s'agit en effet
que cette étrange
initiatiques de
mégalithes bretons
de trouver sa
chrétien. Les
qu'à Chartres
que ce chemin de
du pèlerinage en
pouvaient aller
à genoux, car les
indulgences y
auteurs, ce labyrinthe

près de cent
respectueux. Il
dans la nef le
dalles blanches
les chaises et
constitue pourtant
énigmes de Notre-
d'un labyrinthe.
figure était liée
Crète et qu'on la
et irlandais,
présence insolite
historiens
les fidèles
pierre représentait
Terre sainte.
à Jérusalem le
mêmes grâces
étaient attachées.
figurait la voie

douloureuse suivie par le Christ de la maison de
Pilate au Calvaire. Mais, dans les deux cas,
pourquoi avoir donné à cette croisade en miniature
ou à ce chemin de croix la forme d'un « jeu de
l'oie » ? Pourquoi, enfin, la pierre centrale du
labyrinthe de Chartres ne représente-t-elle pas le
tombeau du Christ ou le calvaire, mais *Thésée et
le Minotaure* ? Devons-nous donc considérer les
labyrinthes inscrits dans les dalles de certaines
de nos cathédrales comme d'étranges liens qui
rattachent le christianisme aux plus anciennes
religions connues ? Sans doute. Comme nous
devons y voir un symbole alchimique. Qui sait à
quelles pratiques secrètes, à quels enseignements
ésotériques étaient destinées ces déconcertantes
figures ? Aujourd'hui, les fidèles les considèrent
avec un sourire amusé, et les touristes les
ignorent.

Guy Breton, *Le labyrinthe de la cathédrale de Chartres*. Planète 22.

COMMENT S'EXERCER

Avez-vous bien maintenu le rythme de trois fixations par ligne dans ces deux textes ? Le second était plus difficile que le premier, car il contenait plus de signes par ligne. Exercez-vous à faire de la sorte trois fixations par ligne dans des textes de votre choix. Commencez par des textes aux lignes courtes : une trentaine de signes pour commencer, comme dans le texte de la page 87, par exemple. Puis augmentez votre champ de fixation en passant à des textes plus larges. Lisez-les toujours en trois fixations par ligne. De temps à autre, demandez à un partenaire de surveiller les déplacements de vos yeux, en s'asseyant en face de vous, de façon à vous assurer qu'ils ne font pas plus de haltes que nécessaire[1].

Les livres standards contiennent soixante signes en moyenne par ligne, c'est-à-dire dix à douze mots. Mais certains ouvrages ont des lignes nettement plus longues. En vous exerçant, vous arriverez aussi à les lire en trois fixations seulement. Ainsi vous apprendrez à utiliser à plein votre faisceau actif de vision.

La régression

Le défaut majeur qui risque de retarder vos progrès dans l'adoption d'un bon rythme des fixations est l'habitude de revenir en arrière à tout propos pour vérifier un mot, une phrase, un nom. Ce défaut provoque de grandes pertes de temps. Non seulement il gaspille de l'énergie en obligeant à lire plusieurs fois la même chose, mais il rompt le rythme des fixations. L'œil perd d'abord du temps à revenir en arrière, ensuite à retrouver l'endroit du texte d'où il était parti pour régresser.

L'impulsion à régresser est causée par les motifs les plus variés. Certains sont valables et on ne peut toujours les éviter. D'autres le sont beaucoup moins, et la lutte contre eux doit être sévère.

1. Département de formation du C.E.P.L. 2, rue du Roule, Paris, fournit de nombreux exercices en tridents, du type de ceux que vous trouverez dans le présent ouvrage. Vous pouvez y recourir pour vous exercer plus facilement à agrandir votre faisceau actif de vision.

Passons en revue ces motifs : en partant de ceux qui sont valables pour aboutir à ceux qui ne sont pas justifiés.

1) <u>Texte difficile</u> : quand un texte est embrouillé, quand il comporte des mots nouveaux, des locutions techniques inhabituelles, non seulement il est utile de l'aborder avec une lenteur prudente, pour en comprendre le sens, mais il est parfois nécessaire de faire des retours en arrière sur certains paragraphes, certaines explications, certains mots nouveaux. On établit ainsi des comparaisons qui éclairent l'esprit. De telles régressions sont admissibles. Cependant, il faut éviter d'en faire un tic, une manie. Parfois, c'est, au contraire, une première lecture très rapide qui permet de débrouiller les subtilités d'un texte en fournissant une vue d'ensemble de ses raisonnements.

2) <u>Confusions</u> : depuis le deuxième cours, nous avons entrepris de lutter contre les confusions de mots. Les mots ne sont d'ailleurs pas seuls en cause. Des tournures de phrase peuvent aussi être confondues. Vous avez dû améliorer depuis votre habileté perceptive, qui vous évite de faire de telles confusions.

Mais quand elles se produisent, ou quand vous passez trop vite sur un mot ou une pensée importante, sans les remarquer, vous perdez le fil du texte. Alors, vous êtes obligé de revenir en arrière, de régresser jusqu'à l'endroit où le fil de la pensée s'est rompu, pour reprendre la lecture à cet endroit. Prenez garde aux confusions de mots et aux confusions de sens qui obligent l'œil à revenir en arrière. Elles font perdre beaucoup de temps.

3) <u>Mauvaise habitude</u> : certains lecteurs n'osent pas aller de l'avant. Ils font preuve d'une prudence excessive. Ils aiment à jeter sans cesse un regard en arrière pour vérifier un point ou un autre. Ceux-là sont atteints de cette pernicieuse habitude qu'est la régression sans utilité, pour le plaisir. Il faut qu'ils se débarrassent de ce défaut qui risque de les empêcher d'être jamais des lecteurs rapides et efficaces.

Chez eux, la régression nuit au courant de pensée. On les entend souvent se plaindre : C'est curieux, j'ai beau être attentif à ce que je lis, je n'arrive pas à le retenir.

En apprenant à aller de l'avant avec plus de dynamisme, ils s'apercevront qu'il est plus facile de retenir ce qu'on lit quand on en prend une vue d'ensemble rapide et active.

TESTEZ VOS IMPULSIONS A REGRESSER

Voici un texte qui va vous permettre de mesurer vos impulsions à régresser. Parcourez-le à une vitesse plus grande que la vitesse confortable. Essayez de travailler en moins de deux minutes. Mais il vous faut retenir aussi ce qu'ils contiennent. Deux questions de compréhension vous seront posées à la fin du texte. Pendant votre lecture, dépistez attentivement vos impulsions à régresser. Chaque fois que vos yeux ont le désir de revenir en arrière sur un mot ou une phrase, marquez une croix en face de la ligne que vous lisez.

LES BIOLOGISTES ENVISAGENT LA GUERRE NUCLEAIRE ET CHERCHENT A GUERIR LE MAL DES RADIATIONS

Il y a vingt ans, à Hiroshima, une nouvelle maladie terrifiante faisait son apparition, une maladie créée par l'homme : le « mal des rayons ». Depuis, il cherche le moyen de combattre ce fléau qu'il a libéré. Aux U.S.A., en Angleterre, en U.R.S.S., en France, des drogues « anti-radiations » ont été découvertes. Mais toutes ont un grave défaut : elles n'agissent que préventivement, et encore faut-il qu'elles soient absorbées très peu de temps avant l'irradiation.

Une fois le mal fait, n'y a-t-il aucun moyen de le réparer ? C'est ce que cherche à découvrir un biologiste anglais, Bevan E.B. Moseley, de Cambridge, en étudiant une bactérie particulièrement résistante aux radiations. Celle-ci, le *Micrococcus radiodurans*, fut découverte il y a environ dix ans dans des conserves de viande pourtant irradiées à 3 000 krads[1]. C'est dire qu'elle supporte des doses particulièrement élevées, puisque la plupart des mammifères succombent à 500 rads, voire moins.

Depuis quelques années, plusieurs recherches ont été menées sur les bactéries. Celles-ci présentent plusieurs avantages : organismes unicellulaires, elles permettent d'étudier les effets des radiations au niveau le plus simple, celui de la cellule. En outre, elles permettent d'obtenir des résultats statistiquement probants : un millième de litre de bouillon de culture renferme 10^{10}

---

1. Le rad est une unité de dose utilisée par les biologistes. Il mesure le montant d'énergie absorbée par l'organisme irradié plutôt que la radiation elle-même. Un krad = 1 000 rads.

bactéries, soit beaucoup plus d'individus que n'en compte la population mondiale. Quand Moseley commença ses travaux, les recherches anglaises et américaines menées sur les bactéries avaient déjà donné quelques résultats. La partie de la cellule qui semble la plus menacée par les radiations est l'A.D.N. des chromosomes : interversions de segments, cassures, hydratation des bases, les effets sont multiples et n'ont pas encore été tous précisés. Mais, en 1962, Richard et Jane Setlow, du laboratoire national d'Oak Ridge, ont précisé l'effet des rayons ultraviolets : ils provoquent la dimérisation, c'est-à-dire la soudure de deux bases voisines. Et ce bouleversement empêche la replication de l'A.D.N.[2], bloquant du même coup la division cellulaire indispensable à la vie. Mais cette sensibilité de l'A.D.N. paraît varier en fonction de la proportion des quatre bases qui le composent. Si le couple cytosine-guanine domine, la résistance est plus faible, mais s'il ne représente que 34 % des bases (66 % étant représentés par le couple thymine-adénine), la résistance est élevée. Du moins à l'égard des radiations ionisantes (rayons X, rayons gamma), car c'est l'inverse qui se produit vis-à-vis des rayons ultraviolets : une abondance de cytosine-guanine donne une grande résistance à l'égard de ces rayons. C'est dire que la résistance aux radiations ionisantes et la résistance aux ultraviolets ne sauraient coexister dans le même organisme.

Claude Giraud

Temps de lecture : .... *minutes* .... *secondes.*

Nombre de tendances à régresser : ....

Test de compréhension :

1. Pour guérir le mal des radiations, les biologistes travaillent sur :

a) les drogues chimiques ;
b) les anticoagulants ;
c) les bactéries ;
d) les virus filtrants.

2. Quelles sont les initiales de l'acide des chromosomes qui est le plus menacé par les radiations ?

a) R.A.U.
b) A.D.N.
c) B.C.G.
d) A.T.P.

Bonnes réponses : 1c, 2b.

2.–Lors de la replication, la molécule en double hélice de l'A.D.N. se scinde en deux et chaque moitié régénère celle qui lui manque. Ce phénomène d'auto-fabrication, qui se produit lors de la division cellulaire permet à chacune des deux nouvelles cellules d'avoir son compte d'A.D.N.

Avez-vous su répondre aux questions de compréhension ? Vous avez saisi l'essentiel du texte si vous avez répondu correctement. Dans le cas contraire, relisez le texte plus lentement, en notant comme la première fois votre temps de lecture et le nombre de tendances à régresser.

Où se situaient vos tendances à régresser ? Peut-être à *Micrococcus radio-durans*, qui est un terme de spécialistes. Ou bien à *Bevan E. B. Moseley*, le nom du biologiste anglais. Ce ne serait pas grave. Dans ce texte difficile, votre résultat est satisfaisant jusqu'à trois tendances à régresser. Mais, au-dessus, il vous faut envisager sérieusement de lutter contre ce défaut.

> Lisez attentivement la première partie de l'exercice suivant. Ensuite, dans la deuxième partie, vous trouverez le même texte présenté dans une largeur normale. Lisez très vite le texte sous cette deuxième forme, sans faire la moindre régression. Vous y serez préparé par votre première lecture en colonne, qui vous permettra d'aller nettement plus vite. Notez dans la marge vos tendance à régresser.

LUTTEZ
CONTRE VOS TENDANCES A REGRESSER

Première partie (temps imparti : 15 secondes maximum).

Ne craignez pas
de créer,
au sein de
votre entreprise,
une protection
complémentaire à celle
de la Sécurité sociale.
Elle sera toujours
appréciée par
votre personnel.
Vous renforcerez
leur cohésion

en leur donnant
un avantage social
qu'ils apprécient.
Ils le prouvent
d'ailleurs
en faisant adhérer
individuellement
les membres
de leur famille.
Vous avez la possibilité,
auprès de notre société,
de garantir
l'ensemble de
votre personnel
à la fois
contre les risques
du « ticket modérateur »
non pris en charge
par la Sécurité sociale,
et contre les risques
d'accidents qui,
à notre époque
d'intense circulation,
revêtent une
importance capitale.
En étudiant
sérieusement
cette éventualité,
vous pourrez résoudre,
au sein de
votre entreprise,
un certain nombre
de problèmes.

Temps de lecture : .... secondes ....

Deuxième partie (temps imparti : 10 secondes maximum).

Ne craignez pas de créer, au sein de votre entreprise, une protection complémentaire à celle de la Sécurité sociale. Elle sera toujours appréciée par votre personnel. Vous renforcerez leur cohésion en leur donnant un avantage social qu'ils apprécient. Ils le prouvent d'ailleurs en faisant adhérer individuellement les membres de leur famille.

Vous avez la possibilité, auprès de notre société, de garantir l'ensemble de votre personnel à la fois contre les risques du « ticket modérateur » non pris en charge par la Sécurité sociale, et contre les risques d'accidents qui, à notre époque d'intense circulation, revêtent une importance capitale. En étudiant sérieusement cette éventualité, vous pourrez résoudre, au sein de votre entreprise, un certain nombre de problèmes.

Le Courrier Mutualiste de la Seine,
3 février 1966

Temps de lecture : .... *secondes* ....

Le courant de pensée et la concentration

Le travail des précédents chapitres, amélioration de l'habileté perceptive et augmentation de l'éventail visuel, vous a préparé à aborder avec succès ce qui est la clef de la lecture rapide intégrale : comprendre plus vite, c'est comprendre mieux.

Dans tous les exercices, vous avez entraîné autant les yeux que le cerveau à une identification rapide du contenu des lignes parcourues. Ensemble, l'œil et l'esprit volent au-dessus des lignes, saisissant avec agilité les silhouettes familières des mots et des phrases, dans un accord mutuel bien rythmé.

Le cerveau alerte pousse les yeux...

Le lecteur entraîné mobilise plus facilement son énergie. Il devient avide d'apprendre ce que le texte lui dira. L'entraînement à la lecture rapide est également un entraînement à comprendre plus, savoir plus. Pour le lecteur efficace, les lignes imprimées n'apparaissent plus sous la forme de mots séparés, mais sous la forme de lignes de pensée continues.

Ce qui importe ici, ce n'est plus tel ou tel mot. Ce sont les idées portées par les mots. Le cerveau les relie avec une grande rapidité. Plus l'œil peut absorber de mots en une minute, plus le champ des idées devient vaste et intéressant pour l'esprit. C'est comme si, au lieu de rester piéton empêché d'avancer dans une foule dense, il s'élevait en hélicoptère au-dessus d'elle captant d'un coup d'œil circulaire tous les mouvements qui l'animent.

... le regard entraîne la pensée

Voyez par exemple combien le texte suivant perd de son charme lorsque vous êtes contraint à le lire par petits bouts. Ce n'est qu'en le reprenant écrit en lignes normales que vous pouvez apprécier sa drôlerie, parce que le courant de pensée suit alors librement son cours.

« Un homme	de	— Je
buvait	bon	le
à table	vin,	sais,
d'excellent	dit	reprit
vin,	le buveur	le convive.
sans	silencieux.	Aussi
le	— C'est	ne
louer.	du vin	l'ai-je
Le maître	à	pas
de la maison	dix	loué.
lui	sols,	C'est
en	dit	celui-ci
fit	le maître,	qui
servir	et	a
de	l'autre	besoin
fort	est	de
médiocre.	un vin	recommandation. »
— Voilà	des dieux	

« Un homme buvait à table d'excellent vin, sans le louer. Le maître de la maison lui en fit servir de fort médiocre.

— Voilà de bon vin, dit le buveur silencieux.

— C'est du vin à dix sols, dit le maître, et l'autre est un vin des dieux.

— Je le sais, reprit le convive. Aussi ne l'ai-je pas loué. C'est celui-ci qui a besoin de recommandation. »

Mot d'esprit de Chamfort.

L'esprit maintient l'initiative

Retenez bien ceci : dans la lecture rapide, il faut que ce soit le cerveau qui maintienne l'initiative. Il n'est pas seulement occupé par le segment de ligne qui est sous les yeux. Il se préoccupe aussi de ce qu'il y avait avant et de ce qui suivra. L'esprit porte la pensée, la suit, la précède. L'enseignement classique n'insiste pas toujours assez sur cet élément essentiel de la lecture, et certains lecteurs ne pensent jamais à augmenter suffisamment leur rapidité de perception afin que l'esprit obtienne une vue d'ensemble. Ils ne lui donnent pas la joie d'anticiper sur ce qui va suivre. Alors le cerveau renonce à guider, à précéder les yeux. Les yeux vont plus vite que la compréhension. Vous commencez à chercher l'écho des mots perçus. Vous perdez le fil de la pensée de l'auteur. Votre lecture ne sert plus à rien.

La souplesse dans la lecture

Quand le texte a un sens facile à suivre, qu'il est écrit clairement, la lecture peut être extrêmement rapide sans que le cerveau perde de son sens. Quand un passage est moins clair, quand la pensée de l'auteur se complique, le cerveau a besoin de plus de temps pour ordonner et interpréter les informations qu'il enregistre. Il ralentit le rythme des yeux.

C'est cela qu'on appelle la lecture flexible. Le bon lecteur s'adapte aux difficultés de sa lecture, comme un bon conducteur au volant de sa voiture s'adapte aux difficultés du trajet. Tant qu'il se trouve sur une autoroute, il peut appuyer à fond sur l'accélérateur. Mais sur une voie secondaire, il ralentit quand la visibilité est mauvaise ou quand il rencontre des agglomérations. Et, s'il aborde une route de montagne étroite et tortueuse, il choisit une allure assez lente pour garder toujours le contrôle de son véhicule. Vous allez, vous aussi, vous exercer à choisir votre vitesse en fonction des difficultés rencontrées. Avant de lire les quatre textes qui suivent, vous y jetterez un coup d'œil, et déciderez de quelle façon vous en prendrez connaissance : à une très grande vitesse, à une allure rapide, modérée ou lente. Après les avoir lus, vous vérifierez si votre choix a donné de bons résultats, et s'il était conforme à l'allure normale indiquée à la fin de l'exercice.

LECTURE FLEXIBLE

Voici quatre textes courts, mais de difficulté variée. Avant de les lire, jetez un regard de 10 secondes (pas plus) sur chaque cas. Vous déciderez alors du genre de lecture que chacun exige : lecture très rapide, rapide, modérée, ou lente. Cochez votre décision en bas de textes.
Puis lisez-les selon la vitesse choisie.
Vos réponses au questionnaire qui suit ces textes vous montreront si vous avez fait un bon choix.

Texte 1 :

LE SENAT AMELIORE SENSIBLEMENT LE PROJET DE REFORME DES SOCIETES COMMERCIALES

Le Sénat a poursuivi mercredi, jusqu'à une heure avancée de la nuit, l'examen du projet de réforme des sociétés commerciales, qu'il devra achever la semaine prochaine. Il a sensiblement amélioré, sur la proposition de sa commission des lois, le texte qui avait été adopé par les députés, lui apportant notamment une clarté et une logique qu'il était loin d'avoir auparavant.

En dehors de corrections de forme qui avaient souvent pour objet d'alléger le texte (ou simplement de le mettre en accord avec la syntaxe !), les sénateurs ont introduit, généralement avec l'approbation du gouvernement, un certain nombre de modifications, dont les principales sont les suivantes :

ART. 167. — Le texte voté par l'Assemblée nationale dit expressément que les fonctions de « commissaire aux comptes » pourront être exercées par des personnes physiques « *ou par des sociétés* ». Le Sénat, sur amendement de M. Etienne Dailly (gauche démocratique), rapporteur de la commission des Lois, et avec l'accord du gouvernement, a précisé que ces personnes morales ne pourront pas être des « *sociétés commerciales* », comme le prévoyait le texte initial. Elles devront se constituer sous forme de « *sociétés civiles professionnelles* ».

ART. 174. — L'Assemblée nationale avait fixé que les commissaires aux comptes désignés en justice sur la demande d'une minorité d'actionnaires exerceraient leurs fonctions « *concurremment* » avec les commissaires aux comptes désignés par l'assemblée générale. Le Sénat est revenu à la rédaction du gouvernement, selon laquelle les « *commissaires de minorité* » se substitueront à ceux de l'assemblée des actionnaires.

Alain Guichard
Le Monde, 9 avril 1966

Type de lecture choisi : très rapide — rapide — modéré — lent.

Texte 2 :

L'ADOLESCENT ETAIT COMPLICE DE SON PRETENDU RAVISSEUR

Après avoir tenté d'extorquer aux parents commerçants à Colombes une rançon de 100 000 F, ils ont été tous les deux arrêtés Une singulière affaire de chantage à la disparition d'enfant a connu, hier, son épilogue grâce à l'intervention de la Brigade criminelle qui a envoyé le « racketteur » au Dépôt et déférera l'adolescent au Parquet de la Seine.

Le 8 février dernier, Max, 15 ans et demi, disparaissait du domicile de ses parents, commerçants à Colombes, non sans leur avoir dérobé 200 francs. Cinq jours plus tard, ces derniers recevaient un appel téléphonique : « *Je suis au commissariat de Colombes. Venez me chercher.* »

Les parents de l'adolescent fermèrent boutique et accoururent. Ne trouvant personne, ils retournèrent chez eux… pour constater qu'une nouvelle somme d'argent avait été volée pendant leur absence.

Lundi : pneumatique. Sur une feuille de papier, en caractères d'imprimerie découpés dans des hebdomadaires, une rançon de 100 000 francs était exigée. Dans l'après-midi, plusieurs coups de fil parvinrent à la boutique s'enquérant de la constitution de la somme et précisant les conditions de sa remise.

Les policiers du Quai des Orfèvres laissèrent la mère de Max aller au rendez-vous hier matin, une boîte sous le bras, en gare de Colombes, mais surveillèrent discrètement la scène.

Les allées et venues suspectes d'un jeune homme attirèrent leur attention. Interpellé, Jacques Cusco, 21 ans, déjà connu de la police pour avoir commis naguère de menus larcins, se troubla. Une perquisition à son domicile, 21, boulevard Henri-Barbusse à Montreuil-sous-Bois, où il vit avec sa femme et son fils, permit non seulement de découvrir les hebdomadaires où avait été découpé le texte du pneumatique, mais de retrouver l'adolescent qui s'était fait teindre les cheveux.

« *J'étais depuis quelque temps sans travail,* a expliqué Cusco. *Il y a trois semaines, j'ai rencontré Max dans un café de Saint-Lazare. Il m'a raconté sa fugue. Je l'ai amené à la maison. J'ai imaginé ce chantage pour sortir ma famille de la misère.* »

L'enfant a reconnu, comme on l'avait aussitôt supposé, avoir cambriolé le domicile de ses parents pendant qu'ils étaient au commissariat.

Gilbert Allan.
Le Figaro, 2 mars 1966.

Type de lecture choisi : très rapide — rapide — modéré — lent.

Texte 3 :

POUR UNE ASSURANCE AUTOMOBILE PLUS HUMAINE

Les compagnies d'assurances ont un pouvoir contradictoire : celui de rendre muets les avocats naturels des automobilistes et celui de faire parler les statistiques. Qu'à l'annonce des augmentations de primes projetées pour le 15 mars et non encore approuvées officiellement dans leur ensemble aucune voix ne se soit encore élevée pour protester — ou tout au moins pour demander à comprendre — voilà qui prouve à quel point les assurances ont su inspirer de la sympathie parmi les mandataires des automobilistes. Pour ma part, je ne suis d'abord nullement certain que les jeunes conducteurs doivent être plus dangereux que les moins jeunes. Et je m'explique en dehors des statistiques, des pourcentages, des diagrammes et de tout ce carcan technocratique qui ne doit servir qu'à aider le raisonnement et non pas, comme trop souvent maintenant, à empêcher le libre examen. Si les jeunes provoquent trop d'accidents, c'est parce que toute notre attitude à l'égard de la conduite automobile, de la responsabilité dans la circulation, est fausse. Tant que trop d'adultes, de pères de famille, d'hommes qui devraient être de bon sens — et le sont dans la vie courante — se conduiront sur la route et dans les villes comme des « hors-le-code », tant que les générations anciennes ne donneront que de bons conseils et de mauvais exemples, on ne pourra exiger des nouvelles couches un respect des règles de circulation compatible avec la plus grande sécurité publique possible.

Dans ces conditions, augmenter les primes d'assurances pour les jeunes de moins de 25 ans procède du simple matérialisme, et l'on s'attaque aux conséquences non à la cause. De plus, on maintient ainsi dans la dépendance des aînés, plus souvent solvables, toute une génération qui a au contraire besoin d'être émancipée. Nul ne peut nier qu'avec des réflexes neufs, une rapidité de perception et une simultanéité des perceptions d'ensemble, tels qu'elle en est douée, une jeunesse bien éduquée, bien informée de ses responsabilités, doive être au moins aussi sûre que ceux chez qui, en principe, l'expérience et la sagesse remplacent progressivement les dons naturels. Mais la surprime des jeunes n'est pas aussi surprenante que les critères qui serviraient, si j'ai bien compris, à cataloguer les conducteurs « dangereux ». C'est le nombre de « sinistres » déclarés — indépendamment de la responsabilité — qui déterminerait le classement. Alors là, non, mille fois non ! Halte à la mécanographie, aux décisions électroniques. S'il est légitime peut-être qu'un conducteur roulant cent mille kilomètres par an paye plus qu'un autre qui en parcourt dix mille, l'égale augmentation frappe responsable et non responsable, auteur d'un accident corporel ou simple « accrocheur » contrevient au sens de la justice.

Dans une discussion, nul n'a jamais entièrement raison, entièrement tort. Si cet argument peut tomber sous les yeux d'un « cerveau » (humain) de l'assurance avant le 15 mars, on lui demande de laisser de côté les rapports chiffrés et de réfléchir tout de même à l'aspect moral de toute entreprise séculière.

Didier Merlin.
Le Figaro, 2 mars 1966.

Type de lecture choisi : très rapide — rapide — modéré — lent.

Texte 4 :

LA REVANCHE DE DE GAULLE

Le général de Gaulle est réélu président de la République pour sept ans. Mis en ballottage le 5 décembre, il a pris sa revanche le 19, distançant son adversaire, M. François Mitterrand, de plus de deux millions de voix.

Contrairement aux prévisions, les abstentions ont été aussi peu nombreuses qu'au premier tour de scrutin. Quant aux bulletins blancs ou nuls, s'ils ont doublé, ils n'atteignent pas un pourcentage suffisant pour avoir une signification. Les citoyens ont voté en obéissant à des tendances profondes. Les sondages d'opinion qui, depuis cette consultation, ont enfin acquis droit de cité en France, prouvent que la campagne du second tour n'a que très peu influencé les électeurs. Déjà, chacun avait pris l'habitude de la controverse télévisée.

L'éventail. Par qui le général de Gaulle a-t-il été élu ? Selon une enquête réalisée par la SOFRES, ce sont les électeurs de plus de 45 ans et, surtout, de plus de 65 ans (69 %), et les femmes (62 %) qui ont apporté leurs suffrages au candidat sortant. Si l'on passe à l'analyse du scrutin par catégories socio-professionnelles, on constate que M. Mitterand ne l'emporte que dans un seul secteur, celui des ouvriers (65 %).

Cette même enquête, portant sur les préférences politiques, démontre que seuls les électeurs du P.C. et de l'U.N.R. ont suivi, avec une grande discipline, les premiers M. Mitterrand, les seconds le général de Gaulle. En parcourant l'éventail de la gauche à la droite, les voix du candidat sortant augmentent au fur et à mesure que diminuent celles du candidat de l'opposition. Les anomalies mêmes se compensent : si 70 % des électeurs de M. Tixier-Vignancour ont, par haine du Général, voté pour l'adversaire de celui-ci, il manque à M. Mitterand environ 15 % des suffrages socialistes et 36 % des suffrages radicaux.

Les Français restent, enfin, fidèles à leurs traditions régionales, quelque peu troublées au premier tour. Le pays se trouve, en gros, partagé en deux : le Nord a voté de Gaulle ; le Sud, Mitterrand.

Les deux candidats avaient à se partager environ 24 % des suffrages recueillis le 5 décembre par MM. Jean Lecanuet, Jean-Louis Tixier-Vignancour, Pierre Marcilhacy et Marcel Barbu. M. Mitterrand en a attiré plus que son concurrent (13 % contre 11 %), mais cet appoint n'a pas suffi. L'enquête de la SOFRES indique que chacun d'eux a conservé presque tous ses électeurs du premier tour. La décision dépendait donc, pour l'essentiel, des voix de M. Lecanuet, qui avait donné pour consigne : ne pas voter de Gaulle.

Certes, quelques-uns de ces « gaullistes du second tour » avaient simplement voulu, le 5 décembre, « donner une leçon » au Général et manifester leur mauvaise humeur. Ceux-là sont revenus tout naturellement au bercail. Plus nombreux sont ceux qui, dans l'Est et dans l'Ouest notamment, ont obéi à un très vieux réflexe : la peur du communisme. Il suffit que M. Mitterrand, depuis le début de sa campagne, soit soutenu par le P.C. pour qu'un nombre important d'électeurs centristes lui refusent leurs voix.

Jean Ferniot.
L'Express, n° 757.

Type de lecture choisi : très rapide — rapide — modéré — lent.

TEST DE COMPREHENSION

Avez-vous compris l'essentiel de ces quatre textes ? Essayez de répondre aux deux questions posées sur chacun d'eux. Les bonnes réponses à ces questions sont indiquées dans le texte qui se trouve à la fin du questionnaire.

Texte 1 :

1. Sur quel sujet portait le projet de réforme du Sénat ?
. . . .

2. Les fonctions de quels personnages sont-elles révisées par les deux articles cités : 167 et 174 ?
. . . .
. . . .

Texte 2 :

1. Quelle était la véritable explication de la disparition de Max ?
. . . .

2. Quel a été le rôle de Jacques Cusco, 21 ans, dans cette affaire ?
. . . .

Texte 3 :

1. Quels désavantages y a-t-il pour les jeunes de moins de 25 ans dans les nouvelles lois concernant l'assurance automobile ?
. . . .

2. Quelle est la nouvelle disposition proposée qui est le plus vivement critiquée par l'auteur de l'article ?
. . . .

Texte 4 :

1. Si l'on divise la France en deux, quelle attitude des électeurs apparaît nettement ?
. . . .

2. Quelle influence la peur du communisme a-t-elle eue sur les élections ?
. . . .

BONNES REPONSES

Texte 1 :

1. Sur les sociétés commerciales.
2. Les fonctions des commissaires aux comptes.

Texte 2 :

1. Il avait fait une fugue.
2. Il avait imaginé le chantage en rencontrant le fugueur dans un café.

Texte 3 :

1. On propose d'augmenter les primes d'assurance pour eux.
2. Un conducteur serait déclaré « dangereux » d'après le nombre d'accidents déclarés, et indépendamment de sa responsabilité.

Texte 4 :

1. Le Nord a voté de Gaulle ; le Sud a voté Mitterand.
2. Beaucoup d'électeurs centristes, dans l'Est et l'Ouest notamment, ont refusé leurs voix à M. Mitterand, qui était soutenu par le P.C.

Faites à présent votre bilan. Vos vitesses de lecture correspondent-elles bien à ce que vous aviez décidé ? Ont-elles permis de bonnes réponses au test de compréhension ? Voici nos suggestions à ce sujet.

Le texte 1 est difficile. Il traite d'un domaine qui est d'un abord malaisé, mais il peut vous être utile de connaître les nouvelles dispositions juridiques concernant les sociétés commerciales. Donc, l'attitude à adopter était : <u>lecture lente</u>. Si vous n'avez pas répondu de façon satisfaisante aux questions posées, c'est que vous avez lu trop vite ce texte.

Le texte 2 décrit un fait divers assez courant. Son titre indique déjà presque toute l'histoire. Attitude à adopter : <u>lecture très rapide</u>. Si les questions vous ont paru trop faciles, c'est que vous avez accordé trop de temps à cette histoire.

Le texte 3, bien écrit et clair, traite néanmoins d'un sujet important pour tous, et délicat. Il mérite d'être lu avec attention. Mais il ne présente pas de difficultés particulières. Attitude à adopter : <u>lecture à vitesse modérée</u>. Si les deux questions vous ont paru trop difficiles, c'est que votre allure était trop rapide.

Le texte 4 traite d'un sujet qui devait vous être bien connu au moment de sa parution. En raison de l'importance du sujet, traité ici par un chroniqueur politique compétent, il mérite d'être lu avec soin. Néanmoins, puisque le sujet vous était familier, attitude à adopter : <u>lecture rapide</u>.

Avantages de la lecture souple

En lisant avec flexibilité, on évite le défaut que beaucoup reprochent à la lecture rapide : on ne perd jamais de l'information, on comprend tout ce qu'on lit. Et, pourtant, le cerveau n'hésite pas à adopter les vitesses maximales des yeux, quand les circonstances le permettent.

Ainsi on prend plus de plaisir à ce qu'on lit. On a le temps de parcourir beaucoup plus de texte. Par conséquent, on apprend davantage.

La flexibilité de la lecture intégrale vient avec la pratique. L'habitude vous enseignera quelle vitesse vous pouvez adopter pour chacune de vos lectures. Pendant vos exercices, arrangez-vous pour lire à une vitesse un peu supérieure à votre vitesse confortable. Vous ferez plus de progrès. Mais ne négligez cependant jamais la compréhension du texte. Profitez de ce que vous vous êtes réservé une heure particulièrement propice à la lecture, pour lire mieux et plus vite que dans les circonstances ordinaires.

La concentration

Quel est le défaut qui nuit le plus au courant de pensée ? C'est à coup sûr le manque de concentration. Vous pouvez avoir d'excellentes aptitudes pour la lecture mais une mauvaise faculté de concentration. Vous perdez alors la moitié du bénéfice de votre rapidité. Il ne suffit pas d'exercer les facultés perceptives, il faut en même temps augmenter les capacités de concentration pour que vos lectures ne soient pas du temps perdu.

Après la lecture d'un passage, vous constatez quelquefois que vous ne l'avez pas retenu. Mais il ne faut pas que cela se reproduise souvent. Interrogez-vous : quand cela vous arrive-t-il ? Combien de fois ? Pourquoi ?

Bien entendu, cela vous arrive plus souvent quand le texte que vous devez lire vous paraît ennuyeux. Alors réfléchissez. Quel genre de lecture vous attire ? Et quel genre vous rebute ? Avez-vous déjà tenté de rendre votre esprit disponible pour autre chose que les domaines qui vous amusent ?

C'est une faculté que les bons lecteurs ont su acquérir. A vous de faire de même. Un peu de curiosité d'esprit, quelques questions stimulantes sur le texte à lire, et votre esprit s'ouvrira à des domaines qui jusque-là le rendaient maussade. Au lieu de chercher à esquiver les nouveautés, parce qu'elles paraissent plus difficiles, il faut les attaquer vaillamment.

Mais, pour cela, mieux vaut bien vous connaître vous-même. Vous allez tester votre aptitude à la concentration en lisant les textes suivants. Ils ne sont pas faciles. Etudiez quelles difficultés vous arrêtent. Quel est votre rythme ? Etes-vous attentif pendant les premières lignes seulement, négligez-vous la suite ? Savez-vous discerner si c'est le début ou si c'est la fin du texte qui contient l'idée principale ? Etes-vous facilement découragé quand des détails viennent compliquer le courant de pensée ? Il vous faut devenir conscient de ce qui rend votre esprit paresseux, pour apprendre à le stimuler dans les moments difficiles.

Les textes que nous vous soumettons portent sur des domaines variés :

1. Histoire de l'art ;
2. Statistiques juridiques ;
3. Préhistoire.

Selon vos intérêts spontanés, certains de ces sujets vous plairont mieux que d'autres. Essayez de ne pas tenir compte de vos goûts. Dites-vous que chacun de ces textes vous apporte des informations qu'il est utile de connaître. Exercez donc votre concentration sur chacun d'eux, sans pour cela ralentir votre vitesse de lecture. Un questionnaire sanctionnera l'intensité de votre attention. Selon la valeur de vos réponses, vous saurez dans quels domaines votre concentration s'exerce avec le plus d'efficacité... et dans quels domaines il vous reste des efforts à fournir.

ESTIMEZ VOTRE CONCENTRATION

Vous indiquerez en marge quels passages de chaque texte vous ont donné le plus de difficulté.
Encore une recommandation avant la lecture : concentrez-vous tout particulièrement sur :
Texte 1 (art) : les noms propres ;
Texte 2 (statistique) : les chiffres ;
Texte 3 (science) : les faits.

Texte 1 : Histoire de l'art

L'ART HONGROIS DU Xᵉ AU XXᵉ SIECLE

Le panorama de l'art hongrois qu'il nous est offert de voir aujourd'hui au Petit Palais s'étend de la conquête « arpadienne » venue du Danube jusqu'à nos jours. Mais l'histoire artistique elle-même, celle d'un art florissant, libre, se ramène en fait à des fragments d'époques tant ce pays d'Europe centrale fut sujet, dès ses débuts, à de multiples invasions. La plus désastreuse se situant en 1525, avec la grande offensive turque, suivie, en 1686, par la reconquête du pays par les Habsbourg, reconquête qui ne rapportera jamais cependant à la Hongrie l'autonomie arpadienne.

A cette époque la plus reculée de l'histoire hongroise correspond un art exclusivement d'ornementation d'objets usuels, fierté des nobles dans un régime féodal. On admire le luxe des ornements militaires tels que ces plaques de « sabre-tache » dont certaines richesses de motifs ne sont pas sans évoquer une influence orientale, byzantine ou persane. Des bijoux, des disques témoignent de la finesse du métier de ces artistes-artisans et du goût du décor hérité de l'Orient.

Avec le Moyen Age et la Renaissance apparaissent les premiers panneaux peints. Ceux-ci illustrent, avec leurs thèmes religieux, le règne de saint Etienne, fondateur du royaume chrétien de Hongrie, et, plus tard, le règne de Sigismond, empereur, dernier représentant d'un empire riche où l'on pouvait encore couler les « ciboires » et les « reliquaires » dans de l'or.

Parmi les panneaux peints, retenons ceux du maître P.N., d'expression assez lyrique, mais surtout du maître M.S., à la merveilleuse finesse des détails de robe, de paysages très romantiques, de fonds dorés.

Trois tableaux expliquent le talent du maître M.S. A côté de la *Visitation* et de la *Crucifixion* figure l'*Adoration des mages* appartenant au musée de Lille et dont cette unique confrontation permet une authentification maintenant certaine. Le *Cérès trônant* de Michele Pannonio est un nouvel exemple frappant de l'étendue de l'influence de la Renaissance italienne, il montre aussi l'intérêt et l'ouverture de la Hongrie à l'art de l'Europe occidentale. La plupart des enluminures prêtées par notre Bibliothèque nationale témoignent aussi de cette influence.

Cette époque marque aussi, comme dans toute l'Europe, les débuts de la sculpture tout d'abord architecturale, comme dans les chapiteaux aux remarquables compositions, puis, statuaire, aux proportions monumentales comme dans les lignes sobres de la *Tête d'un roi* (XIIᵉ) en marbre rouge.

L'art du bronze mérite une mention spéciale avec des *aquamaniles* à formes humaines ou animales, ornées d'idées ou de motifs typiquement hongrois. De très élégantes statues en bois peint représentent des madones aux visages doux et humains, presque quotidiens, la richesse du décor des trésors du roi Sigismond, de certains tissus d'ornements d'église nous conduisent sans heurt à l'époque du baroque, marquée en peinture par l'influence de l'art français et occidental. Beaucoup de maîtres ici représentés sont des expatriés de l'occupation ottomane.

Notons en sculpture l'étonnante *apothéose des Trinitaires* due au sculpteur autrichien Maulbertsh, qui exerça en Hongrie. Dominant le XIXᵉ et le XXᵉ siècle, Ronai et son très intéressant *Portrait de Bonnard*, Merse et son *Déjeuner sur l'herbe*, peint en 1873, Derkovits et son style très socialisant donnent, avec les gravures de quelques jeunes artistes, une vision, sinon complète mais vivante, de l'actualité artistique de la Hongrie moderne.

Variée, riche en œuvres de premiers plans, l'exposition qui nous est prêtée dans sa grande majorité par la République populaire hongroise fait partie d'un échange culturel entre nos deux pays. Une exposition sur l'art français se tient en ce moment au musée de Budapest.

Sabine Marchand.
Le Figaro, 27 avril 1966.

TEST DE COMPREHENSION

1. Comment s'appelle l'époque la plus ancienne représentée à l'exposition sur l'art hongrois ?

2. Sous quel régime était la Hongrie à cette époque ?

3. A quelle époque apparaissent en Hongrie les premiers panneaux peints ?

4. Qui est le fondateur du royaume chrétien de Hongrie ?

5. Quel est le nom de l'empereur dont le riche trésor est exposé ?

6. Citez le titre d'un tableau du maître M.S. figurant à l'exposition du Petit Palais.

7. La *Tête d'un roi* en marbre rouge date de quel siècle ?

8. A l'époque du baroque, la peinture hongroise est marquée par quelles influences étrangères ?

9. Citez le nom d'un des peintres hongrois dominant le XIXᵉ et le XXᵉ siècle représentés à cette exposition.

10. Que se passait-il au musée de Budapest au moment de l'exposition sur l'art hongrois au Petit Palais ?

BONNES REPONSES
1. L'époque « arpadienne ».
2. Sous le régime féodal.
3. Au Moyen Age et à la Renaissance.
4. Saint Etienne.
5. Sigismond.
6. *Visitation* ou *Crucifixion* ou *Adoration des mages*.
7. Douzième siècle.
8. Par l'art français et occidental.
9. Ronai, Merse, Derkovits.
10. Une exposition sur l'art français se tenait au musée de Budapest.

Texte 2 : Statistiques juridiques

DETENTION PREVENTIVE... OU ARBITRAIRE ?

« La détention préventive est une mesure exceptionnelle », stipule le Code de procédure pénale.

Il y a eu, en 1963, 63 640 délinquants condamnés à une peine de prison ferme par les tribunaux correctionnels et cours d'appel et 1 195 condamnés à la réclusion ou à la prison par des cours d'assises, ce qui représente au total 64 835 personnes.

Le nombre des condamnés à la prison ferme et celui des détenus en prévention sont pratiquement identiques. On peut donc considérer que la détention préventive n'est plus une mesure ˊexceptionnelle, mais, au mépris de la loi, une règle absolue.

10 916 personnes ont été détenues entre 1 et 5 jours ; 17 226 de 6 jours à un mois ; 21 274 de 1 à 4 mois ; 4 100 de 4 à 6 mois ; 1 928 de 6 à 8 mois et 1 458 plus de 8 mois.

La moitié d'entre elles ont donc été détenues préventivement pendant une durée se situant entre plus d'un mois et plus de huit mois.

Sur ces quelque soixante mille personnes :
- 51 % ont été, lors de leur détention préventive, condamnées à une peine de prison ferme ;
- 18 % ont été mises en liberté provisoire sur leur demande, mais, pour une grande partie d'entre elles, celle-ci était de droit au-delà de cinq jours ;
- 31 % ont été libérées après que le juge d'instruction ou le tribunal eurent finalement reconnu que la détention préventive ne se justifiait nullement.

Plus de 30 % de détentions préventives abusives, c'est là un pourcentage considérable qui, en réalité, est largement supérieur si l'on y ajoute les inculpés, mis en liberté provisoire sur leur demande, finalement jugés et les condamnés à une peine de prison ferme, qui ont été détenus préventivement pendant une durée supérieure à la peine infligée par le tribunal.

La présentation des statistiques ne permet malheureusement pas de faire apparaître leur nombre.

En dépit de la tendance naturelle des juges à infliger au délinquant une peine de prison couvrant au moins la durée de sa détention préventive, on peut cependant constater que 384 condamnés à moins de trois mois de prison ont effectué entre quatre mois et plus de huit mois de détention préventive.

Le « compte général de l'administration de la justice » fait, non sans quelque ingénuité, apparaître certains cas particulièrement anormaux :

o Trente et une personnes ont fait plus de huit mois de prison avant d'être acquittées ou de faire l'objet d'un non-lieu ;

o Deux mille cent quarante-trois jeunes de moins de dix-huit ans sont restés en prison entre un mois et plus de huit mois avant d'être jugés.

Un dernier chiffre : parmi les trente-cinq détenus qui se sont donné la mort en prison durant les années 1963 et 1964, vingt-deux étaient des prévenus. Treize ont mis fin à leurs jours durant la semaine de leur incarcération.

Ce pénible bilan dressé par la justice elle-même conduit à des conclusions inquiétantes :

La détention préventive n'est pas, comme le voudrait la loi, une mesure exceptionnelle, mais un procédé d'utilisation systématique.

**Les dispositions du Code de procédure pénale restent fréquemment lettre morte. La durée de cette détention excède parfois la peine d'emprisonnement infligée finalement par le tribunal.
Un certain nombre d'innocents sont victimes de telles mises sous les verrous. Tout cela dénote de regrettables défaillances ou négligences du Parquet et conduit à infliger aux justiciables un « à valoir » de jours de prison, souvent purement arbitraire. Se résigner à de tels errements serait prendre le contre-pied de la Déclaration des Droits de l'Homme et du Code de procédure pénale et décider que « tout homme est présumé coupable jusqu'à ce qu'il ait été déclaré innocent ».**

Denis Périer-Daville.
Le Figaro, 2 mars 1966.

TEST DE COMPREHENSION :

1. La détention préventive doit-elle être une mesure fréquente, d'après le Code de procédure pénale ?

. . . .

2. Combien de délinquants ont-ils été condamnés à des peines de prison ferme en 1963, en dizaines de milliers ?

3. Le nombre des détenus en prévention est-il très différent du nombre des condamnés à la prison ferme ?

. . . .

4. Quel est le pourcentage des condamnés à la prison ferme qui ont été détenus préventivement ?

. . . .

5. Quel est le pourcentage des détentions préventives abusives, selon l'auteur de l'article ?

. . . .

6. Combien de personnes ont-elles fait plus de huit mois de prison avant d'être acquittées ?

. . . .

7. Environ combien de jeunes de moins de 18 ans sont-ils restés en prison un mois ou plus avant d'être jugés ?

. . . .

8. Combien de détenus se sont-ils donné la mort en prison en 1963 et 1964

9. Existe-t-il d'innocentes victimes de telles mises sous les verrous ?

10. Les procédés critiqués par l'auteur de l'article sont-ils admis par la Déclaration des Droits de l'Homme ?

. . . .

BONNES REPONSES
1. Elle devrait être une mesure exceptionnelle.
2. 60 000.
3. Non. Il est pratiquement le même.
4. 51 %.
5. Plus de 30 %.
6. Trente et une.
7. Plus de deux mille.
8. Trente-cinq.
9. Oui.
10. Ils lui sont opposés.

Texte 3 : Préhistoire

EN PROVENCE :
DES MILLIONS D'ŒUFS DE DINOSAURES

C'est grâce à l'anticonformisme du professeur Raymond Dughi, conservateur du musée d'Histoire naturelle d'Aix-en-Provence, que le mystère de l'extinction des dinosaures a été éclairci. Ne s'embarrassant pas de la doctrine classique selon laquelle les restes de reptiles fossiles ne se trouvent que dans les grès, il adoptait une hypothèse de travail personnelle et découvrait en 1950 un gisement d'œufs de dinosaures unique au monde. De l'avis des paléontologistes qui ont visité le site de Roques-Hautes, dans le bassin d'Aix, les œufs de dinosaures sont enfouis par millions dans la masse des sédiments. Bien que ces œufs soient aujourd'hui mieux connus que les bêtes qui les pondaient, ils ont fourni les premières données positives sur l'hécatombe de dinosaures, à l'extrême fin de l'ère secondaire.

Les premiers fragments de coquilles ont été trouvés en 1869 par le géologue Philippe Matheron dans les grès de Rognac, en basse Provence. Pendant près d'un siècle, cette découverte servira de base à la doctrine classique. Il s'agissait pourtant d'un véritable défi à la logique, et le professeur Dughi s'attacha à le démontrer.

L'œuf des reptiles et des oiseaux se distingue des œufs des poissons et des batraciens par des annexes embryonnaires nouvelles : le chorion, l'amnios empli d'un liquide dans lequel l'embryon flotte et l'allantoïde qui joue le rôle d'un organe respiratoire et d'un organe d'excrétion. Ainsi, l'œuf des reptiles est un organe aérien et terrestre, l'organe même de la conquête et de l'invasion des continents. En vertu de la loi de l'irréversibilité de Dollo, les dinosaures étaient obligés de pondre à l'air libre, sur les berges.

Les sables sont à l'origine des grès. Les limons qui recouvraient les berges au moment des crues sont aujourd'hui transformés en marnes. Donc le professeur Dughi rechercha les fossiles dans les marnes. Mais pour situer les lieux de ponte avec plus de précision, il devait encore repérer les adrets les plus favorables pour l'incubation des œufs par la chaleur solaire — les reptiles ne couvent pas — et retrouver des fossiles végétaux, vestiges des vieux marécages.

Ces fossiles, des rhizomes de cypéracées ou de graminées, furent heureusement découverts dans des terrains du Crétacé supérieur, répondant à d'anciennes berges au pied de la montagne Sainte-Victoire qui se dresse au nord du bassin d'Aix. Au troisième coup de pioche, le premier œuf était dégagé.

Les recherches visaient à enrichir deux lots de fragments de coquilles appartenant au musée d'Histoire naturelle d'Aix. Aujourd'hui, ce musée peut s'enorgueillir de la plus belle collection d'œufs de dinosaures existant au monde. Le professeur Raymond Dughi a distingué dix espèces certaines et ces espèces présentent entre elles de telles discontinuités qu'il soupçonne, sur des indices plus restreints, l'existence d'au moins cinq autres espèces. Comment, après un règne étendu sur plus de cent millions d'années, à partir du Mésotrias, les dinosaures ont-ils pu disparaître brutalement ?

Toutes les hypothèses émises sur les facteurs immédiats de la disparition des dinosaures entraînent l'idée d'un effacement progressif. Or c'est précisément le contraire qui a été constaté dans le bassin d'Aix : la quantité des œufs fossiles va augmentant jusqu'au sommet du Crétacé pour s'arrêter net. Mais comme cette quantité va en augmentant, les coquilles présentent des anomalies fréquentes.

Ces anomalies sont constituées par des strates qui prouvent une interruption de la sécrétion durant l'élaboration de la coquille. Ces interruptions sont brèves, mais la plupart des coquilles sont stratifiées deux ou trois fois, certaines six et sept fois. Il semble donc que l'explication la plus plausible repose sur des oscillations thermiques aggravées par un refroidissement lent du climat. Les pointes de froid suspendaient brutalement le métabolisme des monstres. L'alerte passée, les dinosaures reprenaient leur processus biochimique et poursuivaient l'élaboration de la coquille. Parce que le progrès organique d'un groupe est lié à la protection des germes, le professeur Dughi est personnellement convaincu qu'une ou plusieurs pointes de froid plus rigoureux ont amené dans un temps géologiquement très bref leur extinction. Les conditions exceptionnelles du gisement d'Aix permettront de préciser cette thèse.

Michel Galen.
Planète 27.

TEST DE COMPREHENSION SION :

1. Quel mystère préhistorique le professeur Raymond Dughi a-t-il éclairci ?

2. A quelle époque préhistorique l'hécatombe des dinosaures a-t-elle eu lieu ?

3. Où les dinosaures étaient-ils obligés de pondre ?

4. Quelle matière est à l'origine des grès ?

5. Dans quel genre de terrain le professeur Dughi recherche-t-il des œufs fossiles de dinosaures ?

6. Près de quelle ville française le gisement d'œufs de dinosaures a-t-il été découvert ?

7. Combien d'années a duré, selon les spécialistes, le règne des dinosaures ?

8. Que prouvent les anomalies des coquilles d'œufs de dinosaures trouvées par le professeur Dughi, sur le métabolisme de ces monstres ?

9. Quelle explication climatique est-elle la plus plausible pour expliquer ces anomalies ?

10. Le professeur Dughi estime-t-il que l'extinction des dinosaures a été rapide ou lente ?

BONNES REPONSES

1. Le mystère de l'extinction des dinosaures.
2. A l'extrême fin de l'ère secondaire.
3. A l'air libre, sur les berges des fleuves.
4. Les sables.
5. Dans les marnes.
6. Près d'Aix-en-Provence.
7. Plus de cent millions d'années.
8. Une interruption de sécrétion durant l'élaboration de la coquille.
9. Des oscillations thermiques aggravées par un refroidissement lent du climat.
10. Dans un temps géologiquement très bref.

Avez-vous répondu parfaitement à tous les questionnaires ? Si c'est le cas, vous êtes un champion en matière de concentration. Mais cela est rare. En général un sujet plaît mieux, un autre ennuie d'avance. On se concentre sur l'un et on retient beaucoup, mais on n'est guère attentif pour l'autre. Les amateurs de littérature fuient souvent le moindre chiffre. Les amateurs de science ne craignent pas un graphique compliqué, mais l'histoire de l'art peut leur paraître sans intérêt. Pourtant il est utile de quitter parfois son domaine de prédilection et de jeter un regard sur ce qui se passe ailleurs. Au début de chaque année, même ceux qui détestent les chiffres sont obligés d'étudier la meilleure façon de remplir leur déclaration de revenus. Les scientifiques qui ne se complaisent que dans les tableaux chiffrés, finissent par oublier de s'orner l'esprit.

C'est en abordant des sujets variés dans vos lectures que vous pourrez acquérir une véritable culture. Tout peut être lu avec intérêt. Cela s'apprend. Evidemment, on lit toujours mieux ce qu'on aime. Car alors le cerveau libère plus facilement les énergies disponibles. Mais, si on sait s'y prendre, ces énergies peuvent être étendues à de nouveaux sujets. Pour obtenir toujours une bonne concentration, il faut se poser des questions préalables, aiguiser sa curiosité ne jamais se déclarer battu d'avance. « Je ne suis pas doué pour cela » est une mauvaise excuse. Le don ne fait souvent rien à l'affaire. C'est la volonté de se concentrer qui fait défaut. Mais quand on sait qu'un sujet peut être utile, on peut toujours trouver des questions intéressantes à se poser pour l'aborder vaillamment. Et une fois qu'on l'a attaqué ainsi, on est étonné de tout ce qu'on en retire.

Pour l'entraînement à la lecture intégrale :
Commencez par des textes faciles et courts que vous pourrez lire à très grande vitesse. Ce n'est que peu à peu que vous deviendrez rapide sur des textes plus difficiles. Et n'essayez jamais de lire très vite quand votre esprit n'est pas en repos, quand vous attendez un coup de téléphone important ou une visite.
Alors votre cerveau n'enregistrerait pas.

La lecture sélective

A notre époque de progrès rapide des connaissances, il est indispensable, pour se tenir au courant, de lire de plus en plus. Cependant, le temps dont on dispose n'est pas illimité. Celui consacré aux loisirs augmente ; mais cette constatation optimiste ne s'applique pas à tout le monde. Une enquête, faite en France par l'Ecole des Chefs d'entreprise et des Cadres supérieurs auprès de ses anciens élèves, prouve qu'en 1964 :

11 % travaillent plus de 80 heures par semaine,
20	»	»	70	»	»
34	»	»	60	»	»
30	»	»	50	»	»
6	» moins de 50		»		»

Ainsi, au niveau des chefs d'entreprise, seulement 6 % travaillent moins de 50 heures par semaine. Ces chiffres sont impressionnants. Et les chefs d'entreprise ne sont pas seuls dans ce cas. Un étudiant préparant un examen, une maîtresse de maison chargée de l'entretien de son foyer ont souvent des horaires plus contraignants encore.

C'est pourquoi nous souffrons bien souvent de ne pouvoir lire autant que nous le désirons. Nous trouvons le temps de lire ce qui se rapporte à la routine quotidienne. Mais les lectures enrichissantes pour l'esprit et distrayantes sont perpétuellement remises à plus tard.

Le dilemme paraît insoluble. En fait, il ne l'est pas. Dans ce cours, nous allons aborder les techniques qui permettent de lire le journal du matin en un quart d'heure, de saisir les informations apportées par un ouvrage de 500 pages en une à trois heures selon sa difficulté et cela dans les meilleures conditions de participation avec la pensée des auteurs. Avec ces techniques, le temps que l'on peut consacrer à la lecture devient extensible à volonté. Et la compréhension n'en souffre pas. Au contraire, souvent ainsi elle s'améliore.

Il est inexact de croire que l'on sait lire quand on a appris à reconnaître le sens des mots et à les assembler. Mais l'enseignement scolaire ne porte pas au-delà de ce premier apprentissage. C'est pourquoi beaucoup de lecteurs ne savent pas utiliser efficacement les immenses possibilités de leur cerveau. Certains deviennent efficients et rapides à force de tâtonnements, par nécessité. Considérons votre cas personnel. Depuis les années où vous avez acquis les premiers éléments de la lecture, avez-vous fait de réels progrès ? Avez-vous connu l'ivresse de saisir le sens d'une page entière en un seul regard ? Avez-vous lu mieux et plus vite quand vous avez abordé vos études supérieures ?

Utilité de la lecture sélective

La lecture intégrale, où les yeux et le cerveau enregistrent chaque mot, est la technique de base. Dans les cinq premiers cours, nous avons montré comment l'améliorer, comment atteindre un haut degré de souplesse, d'habileté et de vitesse en lecture intégrale. Cependant, cette technique de base n'est pas la seule.

La lecture fait partie du vaste problème des systèmes de communication. L'auteur d'un livre écrit un message. Le lecteur du livre va s'efforcer de capter ce message à travers les mots écrits. Pour reconstruire la pensée de l'auteur, le lecteur a besoin d'une perspective judicieuse. En étudiant la lecture intégrale, nous

nous sommes contentés de suivre la succession linéaire des mots, qui transmet la pensée de l'auteur par petits fragments successifs, mosaïque chatoyante où l'œil ne distingue pas forcément tout de suite l'essentiel. A présent, nous allons étudier une tactique plus efficace. Elle nous permettra de prendre un peu de distance par rapport aux mots, de façon à saisir l'ensemble de la pensée de l'auteur, avant d'en étudier les détails. Cette tactique se nomme la lecture sélective. Elle comprend des techniques variées, qui feront l'objet de plusieurs cours successifs :

- recherche des mots-signaux,
- analyse globale préalable,
- écrémage,
- repérage,
- anticipation, organisation.

Grâce à ces techniques, judicieusement appliquées, notre esprit connaîtra la stimulation d'aller tout de suite à l'essentiel. Avant d'étudier un texte au microscope, il apprendra à le reconnaître dans son ensemble. Cela se révèle d'une grande utilité dans la pratique.

Montrons, sur deux exemples, quand utiliser ou ne pas utiliser la lecture sélective.

Si vous lisez l'extrait suivant du *Dictionnaire philosophique* de Voltaire, vous prenez plaisir à détailler la souplesse, la beauté du déroulement de la phrase. Chaque mot vous paraît précieux. Votre cerveau ne désire pas en sauter un seul. On est pris sous le charme, quelque opinion qu'on ait sur les écrits de cet auteur. Donc il faut tout lire.

AME

« Ce serait une belle chose de voir son âme. *Connais-toi toi-même* est un excellent précepte, mais il n'appartient qu'à Dieu de le mettre en pratique : quel autre que lui peut connaître son essence ?

Nous appelons âme ce qui anime. Nous n'en savons guère davantage, grâce aux bornes de notre intelligence. Les trois quarts du genre humain ne vont pas plus loin, et ne s'embarrassent pas de l'être pensant ; l'autre quart cherche ; personne n'a trouvé ni ne trouvera.

Pauvre pédant, tu vois une plante qui végète, et tu dis *végétation*, ou même *âme végétative*. Tu remarques que les corps ont et donnent du mouvement, et tu dis *force ;* tu vois ton chien de chasse apprendre sous toi son métier, et tu cries *instinct, âme sensitive ;* tu as des idées combinées, et tu dis *esprit*.

Mais, de grâce, qu'entends-tu par ces mots ? Cette fleur végète, mais y a-t-il un être réel qui s'appelle *végétation* ? Ce corps en pousse un autre, mais possède-t-il en soi un être distinct qui s'appelle *force* ? Ce chien te rapporte une perdrix, mais y a-t-il un être qui s'appelle instinct ? Ne rirais-tu pas d'un raisonneur (eût-il été précepteur d'Alexandre) qui te dirait : « Tous les animaux vivent, donc il y a dans eux un être, une forme substantielle qui est la vie » ?

Si une tulipe pouvait parler, et qu'elle te dît : « Ma végétation et moi nous sommes deux êtres joints évidemment ensemble », ne te moquerais-tu pas de la tulipe ?

Voyons d'abord ce que tu sais, et de quoi tu es certain : que tu marches avec tes pieds ; que tu digères par ton estomac ; que tu sens par tout ton corps, et que tu penses par la tête. »

Par contre, si vous ouvrez un répertoire, afin de savoir si vous pourriez trouver, pas trop loin de votre bureau, un service d'organisation des entreprises, par exemple, pour lui demander des informations, vous n'éprouvez pas le besoin de lire tout le répertoire. Vous sélectionnez dans la table des matières la rubrique qui vous intéresse ; à la page indiquée, vous ne lisez que les titres pour identifier cette rubrique : « Organisation rationnelle des entreprises » ; dès que vous l'avez trouvée, vous cantonnez vos yeux dans la lecture des adresses, négligeant le reste des lignes. Ainsi, on voit dans l'exemple présenté ci-après que si votre bureau se trouve près de la rue Caumartin, vous pouvez répondre presque aussitôt par l'affirmative à la question que vous vous étiez posée.

ORFÈVRES, PIERRES PRÉCIEUSES, PERLES
(Voir aussi : Bijoutiers, Joailliers)

ALEXANIAN V., **Alex fabricant de perles,** 65, r. de Sèvres, Boulogne. Mol. 22-86.
BOUVARD Maxime, **Flaminaire,** 176, r. St-Martin. Arc. 97-23.
DERUE Gaston, **Coutellerie,** 43, r. Delambre. Dan. 10-42.
HENRY René, **Boin-Taburet,** 10, bd Malesherbes. Anj. 51-89.
MARBOT, **Étuis cigarettes,** 3, r. Cunin-Gridaine. Arc. 76-24.
MARIN Georges, 29, rue du Fg-St-Honoré. Anj. 36-91.

ORGANISATIONS PROFESSIONNELLES ET SYNDICALES

HIERONIMUS Roger, **Ch. de Commerce de Paris,** 27, av. Friedland. Ély. 66-93.
NORGUET Jean, **Const. Nat. Pat. Française,** 31, av. P.-Iᵉʳ-de-Serbie. Klé. 67-30.
VILLEBRUN Renée, **Const. Nat. Pat. Franç.,** 31, av. P.-Iᵉʳ-de-Serbie. Klé. 67-30.
VILLEBRUN Jacques, **U.I.M.M.,** 56, av. Wagram. Wag. 89-00.
WITT (de) Robert, **Syndicat National A.S.P.A.,** 70, Champs-Élysées. Bal. 05-50.

ORGANISATION RATIONNELLE DES ENTREPRISES

ASSCHER Bertrand, 62, r. La Fayette. Tai. 80-22.
BOURGERY Christian, **Dpt Marketing Agence Damour,** 15, r. Galvani. Gal. 61-00.
CHOPARD Robert, **Cie d'Ingén. en Organ.,** 43, r. de Courcelles. Wag. 20-41.
GELFMANN Henri, **O.M.C.,** 13, r. Bleue. Tai. 56-19.
GENEVAY Jacques, **Lab. psycho appl. Léone Bourdel,** 32, r. de l'Assomption. Jas. 08-32.
FLEURY Albert, 8, r. Richepanse. Ric. 36-34.
FREY Maurice, **Cie Gale d'Organ.,** 60, av. Hoche. Car. 69-31.
GULLY Lyon, 14, r. des Dardanelles.
JUNG Philippe, **Sté I.G.I., France Organ,** 25, r. d'Astorg. Anj. 50-70.
LAVOEGIE Gabriel, **Organisation et Planning,** 31, r. Mogador. Tri. 89-72.
LEBOULLEUX Pierre, **Com. Générale Organ. Scient.,** 11, sq. Mozart. Bag. 96-02.
LEFEBVRE J.-Baptiste, **J. Lefèbvre frères,** 10, r. St-Augustin. Ric. 50-90.
MENASCHE Pierre, **C.O.R.T.,** 65, av. Kléber. Klé. 37-30.
MONTAGUE Gérard, 11, r. de Rome. Lab. 81-99.
PERRIN J.-François, **Interorgor,** 13, r. Caumartin. Ric. 01-23.
PICHARD du PAGE Roger, **Chambre de Commerce Intern.,** 179, bd St-Germain. Lit. 04-30.
PONS André, 8, r. Léo-Delibes. Klé. 17-14.
RICHARD Pierre, 1, r. de Crillon, St-Cloud. Val. 09-75.
ROLLINDE de BEAUMONT, **Sté Fse de Psychotechnique,** 117, r. Réaumur. Gut. 83-00.
TOUTIN Georges, 93 bis, bd Péreire. Wag. 88-85.
VEYRIER du NURAUD Hubert, **C.O.R.T.,** 65, av. Kléber. Klé 37-30.

PAPIER, CARTONNAGES, CORDERIE

ABADIE Michel, **Papiers Abadie,** 132, av. Malakoff. Pas. 49-00
AUBERT Henri, **Éts H. Aubert,** 66-70, r. Parmentier, Montreuil, **Avr.** 60-85.
AUBERT Jean, **Éts H. Aubert,** 66-70, r. Parmentier, Montreuil. Avr. 60-85.
AUBERT Michel, **Éts H. Aubert,** 66-70, r. Parmentier, Montreuil. Avr. 60-85.
AVOT Philippe, **Avot-Vallée,** 7, quai Le Chatelier, île St-Denis. Pla. 75-00.
BAUDOT André, **Cenpa,** 17, r. Ch.-Graindorge, Bagnolet. Avr. 16-10.
BORDAT Roger, **La Charfa,** 75, r. d'Amsterdam. Pig. 70-94.
BRESSON Pierre, **Éts Ruggieri,** 21, r. Ballu. Tri. 29-16.
BROCHARD Roger, « Le Trèfle », 106, r. des Dames. Eur. 51-59.
CHAMBARLHAC (de) Georges, **Morquin, Muguet, Ladame et Cie,** 16, r. Étienne-Marcel. Gut. 29-93.
DANIEL Albert, 105, r. Villiers-de-l'Isle-Adam. Men. 68-53.
DESAILLOUD Jean-Vital, **Cie Ind. Neuville,** 35, r. Poncelet. Car. 77-41.
DREVET Jean, **E. Drevet S.A.R.L.,** 12, r. du Chemin-Vert, Aubervilliers. FLA. 15-35.
DUPRE André, **Dupré et Cie,** 141, Fg-St-Honoré. Ély. 27-64.
EUDES Suzanne, **Distripa,** 6, r. de Lisbonne. Lab. 63-45.
FOURQUET Jacques, **Sté Auxil Papet.,** 104, Champs-Élysées. Ély. 40-84.
GAUDET Georges, **Papeteries du Nord,** 31, r. des Grands-Champs. Nat. 12-40.

La technique sélective, que nous adoptons d'instinct pour la lecture d'un répertoire, s'applique également à beaucoup de types de lectures de formes variées. Il faut apprendre à bien s'en servir.

Les ornements superflus

L'usage des télégrammes montre que l'abréviation des phrases classiques n'empêche pas la compréhension. Bien sûr, le style télégraphique est dépourvu d'élégance. Mais pouvoir se faire comprendre par un simple : « Arrive demain huit heures », est souvent bien commode. On peut gagner ainsi un temps précieux. On ne risque pas de voir l'attention se relâcher avant que l'essentiel du message ne soit transmis.

Quand il s'agit d'un beau poème, il n'est pas question de passer trop vite sur certains mots. Mais dans un texte utilitaire, il peut être bon de négliger les mots annexes, et de s'arrêter uniquement à ceux qui donnent son sens à la phrase.

Nous allons vous montrer un exemple de cette faculté sélective qui peut rendre de grands services en lecture rapide. Ne croyez pas que ce soit une faculté difficile à acquérir. Tout le monde la possède plus ou moins. Mais tant que vous l'ignorez, vous la laissez en veilleuse. Il s'agit de la développer. A la fin de ce cours et des suivants, de nombreux exercices vous permettront de vous y entraîner. Lisez ce texte dans sa version originale :

**Mode de couverture de la population
par les systèmes sociaux.**

La maladie est un événement qui peut entraîner pour les ménages des dépenses importantes ; pour aider les personnes à faire face à ces dépenses, des organismes de types divers se sont créés et développés dans le dessein de répartir sur un grand nombre d'individus les dépenses de plus en plus coûteuses occasionnées par la maladie de certains d'entre eux.

Ce chapitre se propose d'étudier dans quelle
mesure les Français sont assistés par ces divers
organismes.
A présent en voici une version de style télégraphique. Les
espaces blancs indiquent les endroits où des mots de liaison ont
été omis.

Couverture   population par   systèmes sociaux

Maladie   peut entraîner   dépenses
importantes.   Organismes   sont créés
dans le dessein   répartir   sur grand nombre
dépenses   occasionnées   maladie.
Chapitre étudie   quelle mesure   Français
assistés par   organismes.

Bien entendu, un texte abrégé de cette manière est d'une lecture
moins agréable que l'original. Mais il n'est pas moins compré-
hensible. Or, au lieu de 85 mots, il n'en contient plus que 31. Il
n'est donc pas nécessaire de lire attentivement tous les mots d'un
texte pour le comprendre. Cette possibilité de gagner du temps
se révèle utile dans beaucoup de cas. Le cours suivant nous permettra d'étudier dans quels domaines cette méthode s'adapte le
mieux.

   Continuons donc à lire la suite du texte précédent en sélec-
tionnant seulement les mots essentiels. Pour vous y aider, ils
seront soulignés au début. Ensuite ce sera à vous de les identifier
spontanément.

Les organismes d'Assurances sociales (assurance maladie, assurance maternité, assurance
accident du travail) sont des organismes à buts
non lucratifs, financés, en règle générale, par
des cotisations ; en principe, l'affiliation à ces
organismes est obligatoire.
   Des cotisations aux Assurances sociales sont
versées pour toute personne qui répond à certaines conditions d'activité salariée ; elles sont
à la charge à la fois de l'employeur et du
salarié lui-même ; celui-ci bénéficie de presta-

tions pour les soins médicaux, dentaires et les produits pharmaceutiques. D'autres catégories de travailleurs (par exemple : gardiennes d'enfants), les étudiants, les retraités anciens salariés, les pensionnés, etc., bénéficient de ces prestations ; ce sont les assurés obligatoires. Peuvent être assurées volontaires certaines personnes répondant à des conditions assez particulières (anciens assurés obligatoires pendant six mois, veuves d'assurés sociaux obligatoires, etc.)

De plus, le conjoint d'un assuré, s'il ne travaille pas et s'il n'est pas lui-même assuré, a droit au bénéfice des Assurances sociales ; il en est de même des enfants à charge de l'assuré (enfants de moins de 16 ans, apprentis de moins de 17 ans, étudiants de moins de 20 ans) ; exceptionnellement, d'autres personnes de la famille ont droit au bénéfice des prestations. Ces personnes protégées par les Assurances sociales, mais non assurées, s'appellent les ayants droit.

La totalité de la population française n'est donc pas protégée par les Assurances sociales ; pour la France le nombre de personnes protégées serait, d'après l'enquête, de l'ordre de 33 à 34 millions dont 16 à 17 millions d'assurés.

Il existe d'assez nombreux régimes de sécurité sociale ; certains sont des régimes d'entreprise (S.N.C.F.) ou des régimes professionnels (mines) ; les deux régimes les plus importants sont le régime agricole et surtout le régime général ; sont assurés au régime général tous les salariés qui ne dépendent pas d'un autre régime et certains non salariés. Un certain nombre de régimes sont rattachés pour les soins médicaux au régime général ; leurs bénéficiaires sont donc partiellement à charge du régime général ; ce sont essentiellement le régime des fonctionnaires, celui des étudiants et celui des invalides de guerre.

I.N.S.E.E., Etudes statistiques, janvier-mars 1962

Les changements de vitesse dans un texte

Tout n'a pas la même importance dans un texte. A côté des faits principaux qu'il expose, l'auteur ajoute une quantité plus ou moins grande de détails destinés à expliquer, prouver, éclairer les faits. Quand il passe d'un fait à l'autre, il se sert de transitions plus ou moins ornées. Enfin, il fleurit le texte d'images et de locutions variées pour l'embellir.

Ainsi les textes contiennent une densité de faits principaux très variables. Parfois il y en a un seul dans toute une page. Parfois ils se suivent avec rapidité. Le lecteur entraîné acquiert peu à peu une sorte de sixième sens pour déceler tout de suite où se trouve l'essentiel. Quand il atteint les points critiques, son cerveau ralentit l'action pour enregistrer plus sûrement les idées principales. Puis il fonce de nouveau en avant, à la recherche de l'idée suivante.

> **Souvent l'auteur lui-même aide le lecteur à repérer les endroits importants. Il se sert pour cela de différents signaux, tels que l'usage des mots soulignés, entre guillemets ou en italique. Il peut aussi se servir d'entrées en matière, telles que : « Résumons-nous »... « Voici le premier point »... important »..., etc.**

Quand le cerveau a pris note de l'information principale, il repart à une plus grande vitesse, car l'information est en général entourée de détails qui ne sont pas essentiels. C'est un signe de paresse mentale que de maintenir la vitesse de lecture à sa cadence la plus lente, sous prétexte qu'on a besoin de temps pour enregistrer les faits principaux. On s'attarde sur un texte qui pourrait être achevé en un instant, et le fil de la pensée risque de se rompre.

Il ne faut pas croire que l'on naît forcément avec une aptitude à lire vite ou lentement, comme on possède une vocation artistique. Plus souvent qu'on ne le croit, il s'agit d'habitudes acquises. On ne doit pas les laisser s'implanter, car elles nuisent à l'efficacité. Le bon lecteur n'est ni toujours rapide, ni toujours lent. Il s'adapte au texte qu'il lit.

Voici comment les spécialistes de l'Université Columbia dessinent le déroulement des vitesses dans un article vu par un lecteur averti.

LA LIGNE DE PENSEE D'UN AUTEUR

ALERTE : premier aspect
du sujet :
se constituer
une bibliothèque

Accélération

ALERTE :
deuxième aspect
du sujet :
une méthode de
lecture

Exemple :
Histoire ▶

Accélération

Les lectures profitables demandent une technique particulière.

Tout d'abord il faut posséder ou se constituer une bibliothèque et l'aimer. Dans un coin calme de la demeure, trois planches pour soutenir quelques rangées de livres « royaux », un fauteuil sous une lumière diffuse et voilà créé le centre intime où vous alimenterez votre intérêt et trouverez la détente salutaire. Il faut que la retraite vous soit bien personnelle. Disposez, non loin des livres, des objets choisis pour le bien ou le bonheur qu'ils rappellent. « Ne tolère rien auprès de toi, disait Ruskin, qui ne te soit utile ou que tu ne trouves beau ». Quelques souvenirs de voyages, une statuette, une carte géographique ancienne, un caillou coloré rappelant telle excursion montagnarde, autant d'objets qui voisineront parfaitement avec des livres, tout en créant l'atmosphère sereine et studieuse qui convient.

Voulez-vous maintenant une méthode de lecture dont l'auteur de ces lignes se trouve fort bien ?

Choisissez, d'après vos goûts personnels, un sujet d'étude et rassemblez les livres, les revues ou les articles que vous avez eu l'occasion de trouver et qui traitent de la matière qui vous intéresse.

Vous avez décidé de vous arrêter à une grande figure de l'histoire, le cardinal de Richelieu, par exemple ? La consultation de livres de références et les conseils du libraire ou du bouquiniste vous aideront à dresser une liste d'ouvrages susceptibles de vous intéresser. Cette polarisation, tout en gardant l'attrait de la liberté, produit les avantages des ensem-

bles concertés et des occasions de synthèse. Voici,
à peu près, quel sera le résultat de vos recherches :

Le personnage lui-même

Histoire du Cardinal de Richelieu, Gabriel Hanotaux.
Richelieu, André Bailly.
Le Cardinal de Richelieu, André Martineau.
Lettres du Cardinal de Richelieu, Georges Avenel.
Richelieu et la Monarchie Absolue, Georges Avenel.
Les Mémoires du Cardinal de Richelieu, Edit. Petitot.

Son entourage et son époque

Le père Joseph et Richelieu, G. Fagniez.
Les collaborateurs de Richelieu, R. Delavaud.
La Vie Quotidienne en France au Temps de Louis XIII,
Collection des « Vies quotidiennes », Hachette, E. Magne.
L'Europe au XVIIe siècle, David Ogg.
La Formation de l'Etat Français et son Unité, G. Dupont.
Le Siège de La Rochelle, Emile Rodocanachi.
Histoire de Louis XIII, M. Levassor.
Les Premiers Habsbourg, Ernest Denis.
Histoire des Finances de l'Ancienne France, Maurice Arnould.
L'Art de la Contre-Réforme, Emile Mâle.
L'Art Français au Temps de Richelieu, Henri Lemonnier.
Bérulle et l'Oratoire, G. Houssaye.
Philippe de Champaigne, Arm. Gazier.
Rubens, Gustave Van Zype.
Descartes, Jean Chevalier.
Pierre Corneille Intime, A. Le Corbeiller.
Cinq-Mars, Alfred de Vigny.
La Guerre de Trente Ans, Schiller.

Procurez-vous les quelques titres qui, dans cette
liste, éveillent en vous une résonance particulière,
et que vous trouverez le plus aisément chez votre
libraire ou dans une bibliothèque publique. Des articles de journaux ou de revues compléteront votre
documentation écrite.

Illustrations ▶ Toute illustration, reproduction de tableaux ou
gravures représentant Richelieu, des scènes et paysages du XVIIe siècle, seront les bienvenus pour vous
mettre dans l'atmosphère.

Moments favorables A vos moments de loisirs (une demi-heure par jour),
lisez vos ouvrages dans l'ordre que vous estimez
le plus logique ou le plus agréable. La richesse des
éclairages projetés par la diversité des sources con-
sultées fait à la fois l'intérêt et la valeur de cette
méthode. Grâce à mille recoupements, vous pourrez
mieux que par une lecture de hasard reconstituer
le caractère de votre personnage et de son époque.
Qui sait si, entraîné par votre sujet, vous ne voudrez
pas vous donner la satisfaction de clore votre étude
en dressant pour vous-même un tableau synoptique.
Vous joindrez ainsi un exercice de synthèse à la
passionnante analyse des éléments rassemblés.

Ces lectures ont duré deux mois ou peut-être plus, mais durant cette période elles ont donné à l'esprit un dérivatif tonifiant.

On peut imaginer qu'elles soient suivies, après un certain temps, d'occupations plus manuelles (par exemple la construction d'instruments optiques d'amateurs, avec toute l'excitante initiation de physique qu'elle suppose). Puis, pourquoi ne pas reprendre une nouvelle série de lectures-étude, qui se rapporteraient, cette fois, par exemple à la radioastronomie.

ALERTE :
<u>troisième aspect du sujet :</u>
son utilité

Il est bien évident que celui qui aurait imaginé et suivi les démarches exposées ci-dessus, ne serait pas devenu pour autant un spécialiste du XVIIe siècle européen ou un radioastronome chevronné, mais il se serait ouvert l'intelligence à des champs inhabituels, à des méthodes nouvelles, et, de ce fait, serait incontestablement mieux outillé pour comprendre le monde où il vit.

Exemple :
l'honnête homme

Dans l'introduction de son beau livre, *La Bibliothèque de l'Honnête Homme,* le ministre Pierre Wigny écrit : « L'honnête homme - au sens que les XVIIe et XVIIIe siècles ont attaché à ce beau vocable - se distingue non seulement par l'urbanité de ses manières, la fermeté de son caractère, la finesse de son esprit, mais aussi par une sûre et large information. S'il ne se pique de rien, il a des lueurs sur tout. Avec la marquise, Fontenelle parlait élégamment mais aussi avec compétence de la pluralité des mondes. Cet idéal de culture et de politesse reste vivace aujourd'hui. Mais qu'il est difficile à réaliser, surtout en ce qui concerne l'étendue et la variété des connaissances ! Les sciences se sont multipliées, alourdies de toute une technique difficile. On ne saurait disserter de la relativité d'Einstein comme Fontenelle du système de Copernic. Le résultat ? Chacun se renferme dans sa spécialité. On a un métier et cela se sent, même dans la conversation... Plus que jamais l'esprit de synthèse demeure nécessaire. L'homme utile, l'homme indispensable est celui qui, approfondissant consciencieusement sa spécialité, a appris la valeur de l'idée claire, de l'expression précise, du raisonnement rigoureux, mais qui, par ailleurs, est suffisamment informé des autres disciplines pour savoir au moins comment les problèmes se posent et pour entendre les spécialistes qui les lui expliquent ».

Choix de revues

Il est aussi profitable à l'homme cultivé de compléter ses lectures par celle de revues périodiques de grande tenue, telles que *Réalités, Plaisir de France, La Table Ronde, Esprit, Revue Générale Belge, Synthèse, Vie et Langage, Techniques Nouvelles.*

Accélération

En langue anglaise, *Encounter, Harper Magazine, Times Litterary supplement.* Les revues offrent un double avantage : constituer des invitations régulières à la lecture et permettre des mises à jour permanentes.

ALERTE
quatrième aspect → Pénétrons davantage dans la technique d'une lec-
du sujet : ture profitable. Une longue expérience recommande
techniques de noter au crayon, à la dernière page blanche du
particulières livre, les endroits frappants ou ayant quelque rapport
avec le but même de cette lecture dirigée. Chaque
indication ne comportera que quelques mots et men-
Prendre des notes → tionnera, au bout de la ligne, la page du passage visé.

Cela permettra de retrouver rapidement l'endroit
désiré, mais aussi et surtout de maintenir l'esprit
en état de « tête chercheuse » tout au long de la
lecture.

Se poser → Il est essentiel de lire *en ayant une question sous-*
des questions *jacente à l'esprit.* Surgissent alors grand nombre
des idées, curieusement levées par l'unité de préoccu-
pation. Il faut savoir s'arrêter sur une idée, le doigt
glissé dans le livre quasi refermé, à la page où l'on
est arrivé, pour laisser s'achever dans l'esprit toutes
les résonances de la pensée.

Quand on s'est orienté vers une question intéressante, toutes les lectures, même celles qui semblent
éloignées du sujet, fournissent des prises inattendues
au trébuchet de l'attention latente. Lire devient ainsi
une recherche passionnante et un stimulant de l'esprit.

Etre à l'affût → L'habitude d'être à l'affût dans une direction choisie,
et de capturer des informations conscientes et incon-
scientes, a l'avantage d'éviter la passivité et la dispersion.

Notre civilisation de l'image imprimée, cinémato-
graphiée et télévisée désapprend la contrainte et
l'attention profonde ; la lecture personnellement dirigée
compense cette lacune par la ferveur de ses efforts.

Tournure d'esprit → On aurait tort, cependant, de s'imaginer qu'il suffit
de connaître le maximum possible de notions pour
progresser sur la voie de la culture. En réalité, il s'agit
plus d'une tournure de l'esprit et d'une formation
intérieure que d'une accumulation de données.

Premier exemple ↔ On peut dire que l'art de voyager s'apparente à celui
voyages de la lecture. Ce n'est pas courir d'étape en étape
jusqu'à quelques confins lointains qui forme le plus et cultive
le plus, mais errer, par exemple, dans quelque ruelle
de Damme en Flandre, y retrouver telle demeure
gothique où Charles le Téméraire vécut heureux,
reconnaître, au moyen des cartes anciennes du musée
local, les entrepôts de vins venus de Bourgogne,
découvrir soi-même les raisons géologiques et économiques du déclin d'un grand port du Moyen Age

Accélération

Décélération

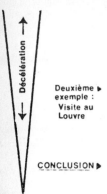

Décélération

et enrichir son expérience d'une leçon d'art, d'histoire et d'humanité.

Tout dépaysement doit se préparer avec amour ; un homme d'affaires ne devrait pas concevoir un séjour à l'étranger sans emporter un livre qui, pendant les temps morts du voyage, l'initierait au passé ou au présent du pays parcouru.

**Deuxième ▶ exemple :
Visite au Louvre**

De même serait-il déraisonnable de se satisfaire d'une visite au Louvre pour « voir » la *Joconde*, la *Vénus de Milo* ou *La Victoire de Samothrace*. Pourquoi ne pas limiter la visite à tel tableau d'un petit maître dont on aura amoureusement préparé l'étude par une lecture d'initiation et qui livrera alors son message de beauté ?

CONCLUSION ▶

En somme, la culture ne souffre aucune passivité, mais demande un effort de participation fervente et de réflexion continuelle.

J. Basile — *La formation culturelle des cadres et des dirigeants*. Marabout Service n° 34

Dans ce schéma du déroulement de la pensée d'un auteur, le signe « alerte » apparaît quatre fois. Il indique les points de grande importance, où la ligne de pensée amène une idée nouvelle. C'est à ces endroits que la lecture doit être plus lente, pour s'imprégner de la nouvelle idée. Après l'alerte, le lecteur, ayant reconnu le terrain, reprend une marche de plus en plus rapide, pour parcourir les détails qui soutiennent l'idée centrale.

La capacité de reconnaître les points d'alerte est essentielle pour une lecture efficace. C'est elle qui fait la différence entre les très bons lecteurs, qui retiennent bien ce qu'ils ont lu, et les lecteurs médiocres.

L'accélération progressive

Les deux points d'alerte principaux sont le début et la fin du texte. Entre ces deux extrêmes, la vitesse de la lecture peut s'accélérer progressivement, et les ralentissements à chaque alerte sont de moins en moins sensibles. En effet, une fois que le lecteur s'est familiarisé avec les idées de l'auteur, il lui devient facile de les assimiler rapidement. Après un premier démarrage en souplesse, il peut se surpasser progressivement. Il n'opérera un véritable freinage que vers la fin, pour s'assurer qu'il comprend bien la conclusion.

Repérez des mots-signaux

Quand vous repérez l'endroit où se trouve votre voiture, dans une longue file alignée le long du trottoir, vous n'avez pas besoin de scruter attentivement chaque véhicule. Immédiatement le vôtre vous saute aux yeux. Quand vous cherchez un visage ami, perdu dans une foule, vos yeux savent le reconnaître en un éclair. Et pourtant les visages d'une foule se ressemblent tous quand on ne cherche pas à en reconnaître un.

Il en est de même quand vous avez un texte sous les yeux. Tant que votre attention n'est pas éveillée, tous les mots se ressemblent. Mais dès que le cerveau donne l'alerte, par une consigne précise, l'œil devient un véritable chien de chasse, qui flaire son gibier, le pourchasse et l'attrape sans retard. En lecture sélective, cette aptitude est très importante pour capturer rapidement les idées exprimées par l'auteur sur un sujet donné. Il vous faudra donc l'exercer à loisir. Pour cela, vous allez vous entraîner à repérer très vite des mots-signaux.

Dans les textes qui suivent, vous allez vous entraîner à identifier rapidement tous les mots-signaux qui vous seront désignés, en les soulignant quand vous les rencontrerez. Partant de textes courts, contenant des mots-signaux faciles à repérer, nous irons vers des cas plus difficiles.

Chronométrez-vous, et essayez de vous surpasser chaque fois. A la fin de chaque texte, vous ferez le décompte du nombre de mots-signaux que vous avez soulignés, et vous comparerez ce décompte avec le nombre réel de mots-signaux contenus dans le texte, qui vous est indiqué en petits caractères sous chaque texte.

PREMIER TEXTE :
Cherchez les mots « consommateurs » et « consommation ». L'exercice peut se faire en 10 secondes.

ETUDE DES « CONSOMMATEURS » DE SOINS MEDICAUX

Le but de ce chapitre est d'étudier quels sont les « consommateurs » de services et de biens consacrés à des soins médicaux.

Cette étude peut être faite consommation par consommation ; c'est ainsi que nous présenterons des résultats relatifs aux consommateurs de médecin, au sens de l'enquête : on étudiera donc la proportion des personnes ayant vu au moins une fois au cours du mois, en dehors d'un séjour en hôpital et d'un examen systématique, un médecin non stomatologiste ou ne faisant pas exclusivement de la radiologie. De même, les consommateurs de soins dentaires effectués en dehors d'un séjour à l'hôpital ou d'un examen systématique par un dentiste ou un stomatologiste, ont été analysés ici.

Mais dans une étude rapide comme celle-ci, il a paru utile de synthétiser l'ensemble de ces résultats pour savoir dans quelle mesure les Français étaient consommateurs de soins médicaux ou ne l'étaient pas.

A cet effet, les enquêtés ont été divisés en trois catégories selon la nature des consommations effectuées au cours du mois et étudiées dans l'interview.

Temps de lecture : .... minutes .... secondes
Nombre de fois où le mot-signal a été repéré : .... fois.

DEUXIEME TEXTE :
Cherchez les prénoms « André » et « Henri » dans ce répertoire. L'exercice peut se faire en 15 secondes.

1960 CHASTAGNIER (Jean), 12, rue Dautancourt.
1959 CHASTAGNIER (François), 12, rue Dautancourt.
1957 CHASSAING (Claude), 19, rue Gubert. VAU. 78-44.
1952 CHASTAGNOL (Alain), 35, bd Rochechouart.
1952 CHASTAGNOL (Éliane), 35, bd Rochechouart. TRU. 44-44.
1953 CHASTAGNOL (Michèle), 35, bd Rochechouart. TRU. 44-44.
1953 CHASTEL (André), 30, rue de Lubeck.
1959 CHASTEL (Arnaud), 30, rue de Lubeck.
1957 CHASTEL (Madeleine), rue des Fontaines, Larmor Plage (Morbihan).
1958 CHASTEL (Louis), 30, rue de Lubeck, KLE. 48-52.
1954 CHATEL (François), 51, bd Beauséjour, AUT. 19-03.
1954 CHATEL (Jacqueline), 51, bd Beauséjour. AUT. 19-03
1962 CHATEL (Josette), 6, bd de Grenelle.
1961 CHATELAIN (Marc), Carré des Officiers. B.A.N.. Le Bourget.
1954 CHATELLUS (G. de), 130, quai Louis-Blériot. JAS. 79-94.
1947 CHATELLUS (Régine de), 130, quai Louis-Blériot. MIR. 00-82.
1942 CHATILLON (Jacqueline), 25, rue Rennequin. WAG. 25-90.
1941 CHATILLON (Léo), 25, rue Rennequin. WAG. 25-90.
1951 CHATILLON (Stéphane), 25, rue Rennequin. WAG. 25.90.
1959 CHATIN (Lucienne), 2, rue d'Andigné. TRO 08-41.
1946 CHAUCHEREAU (Jean-Claude), 5, square des Sablons, Marly-le-Roi.
1934 CHAUDOUARD (Émile), 38, rue de Moscou.
1946 CHAUDOUARD (Marguerite), 38, rue de Moscou.
1952 CHAUDOUARD (Jean-Louis), 38, rue de Moscou.
1960 CHAUDOYE (Henri), 1, rue du Pont, Charenton.
1944 CHAUFFAILLE (Hélène), 41, avenue A.-Bartholomé.
1936 CHAUFFAILLE (Jacques), 41, avenue A.-Bartholomé.
1955 CHAUFFETE (J.-Claude), 27, rue Cardinet. CAS. 49-50.
1960 CHAUNAC-LANZAC (Philippe), 5, rue du Général-Roquès. AUT. 67-28.
1945 CHAUNAC-LANZAC (Mme), 5, rue du Général-Roquès. AUT. 67-28.
1948 CHAUPIT (Henri), 203, bd Malesherbes.
1948 CHAUPIT (Paule), 203, bd Malesherbes.
1957 CHAUSSE (Pierre de), 100, rue de Richelieu. OPE. 65-00.
1961 CHAUVAIN (Julienne), stade Shell, 91, bd Fr.-Roosevelt; Rueil-Malmaison.
1952 CHAUVALLON (Marcel), 10, rue Lacretelle. VAU. 14-93.
1952 CHAUVALLON (Rose), 10, rue Lacretelle. VAU. 14-93.
1951 CHAUVALLON (Gérard), 27, rue Escudier, Boulogne.
1912 CHAUVEAU (Paul), 78, rue de Passy. AUT. 35-26.
1959 CHAUVEAU (Jacques), 49, bd Lannes. TRO. 14-84.
1960 CHAUVEAU (Madeleine), 49, bd Lannes. TRO. 14-84.
1946 CHAUVIN (Bernard), 12, rue du Général-Delestraint. JAS. 01-03.
1956 CHAVANE (Antoinette), 81, rue Ch.-Laffitte, Neuilly.
1936 CHAVANEAU (André), 22, bd du Château, Neuilly. MAI. 13-98.
1936 CHAVANEAU (Ginette), 22, bd du Château, Neuilly.
1936 CHAVANEAU (Philippe), 36, rue des Vignes.
1949 CHAVANEAU (Dominique), 36, rue des Vignes. JAS. 05-26.
1936 CHAVANEAU (Jean-Claude), 22, bd du Château, Neuilly. MAI. 13-98.
1957 CHAVANNES (Mme de), 4, rue Marbeuf. LAB. 42-76.
1944 CHAVASSE-FRETAZ (Huguette), 7, avenue de Sainte-Foy, Neuilly.

Temps de lecture : .... *minutes* .... *secondes*
Nombre de fois où le mot-signal « André » a été repéré : ... *fois.*
Nombre de fois où le mot-signal « Henri » a été repéré : ... *fois.*

BONNES REPONSES

Le prénom « André » se trouvait 2 fois et le prénom « Henri » 2 fois dans le texte.

TROISIEME TEXTE :

Cherchez les mots « linoléum » et « sol ».
L'exercice peut se faire en 20 secondes.

LE LINOLEUM

Doux aux pieds, silencieux, non glissant et souple, le linoléum est un sol hygiénique : non seulement il n'entretient pas
les foyers microbiens, mais encore il en assure la stérilisation.

Les récentes expériences auxquelles s'est livré l'Institut pro-
phylactique de Paris ont confirmé son action bactéricide déjà
découverte par les médecins hygiénistes allemands Ritter et
Leehmann, action durable, tendant à la destruction des germes
pathogènes déposés à sa surface.

Au moyen de plinthes à gorge, le linoléum fait corps
avec le mur et s'y adapte parfaitement : ainsi ne laisse-t-il ni
fentes, ni creux, ni angles qui ne pourraient être facilement
atteints lors du nettoyage.

Sol pratiquement sans joints, improductif de poussière en
raison de sa parfaite fixité, le linoléum est, pour la maîtresse
de maison avertie, le sol le plus facile à entretenir : un peu
d'eau et de savon blanc et très peu de cire liquide de
bonne qualité permettent de lui conserver indéfiniment son
aspect neuf.

Le linoléum est, en outre, un excellent isolant phonique et
thermique.

Sol gai, aux franches couleurs, le linoléum existe en plus de
40 teintes et dessins différents, tous incrustés dans la masse,
et sur lesquels le temps n'a aucune action.

Aucun sol ne convient mieux que le linoléum pour les chambres d'enfant.

Dans l'importante gamme de ses coloris, il est facile de trouver celui ou ceux convenant au décor d'une chambre d'enfant.

Temps de lecture : .... minutes .... secondes
Nombre de fois où le mot-signal « linoléum » a été repéré :
.... fois.
Nombre de fois où le mot-signal « sol » a été repéré : ....
fois.

BONNES REPONSES
Le mot « linoléum » se trouvait 8 fois, et le mot « sol » 5 fois dans le texte.

QUATRIEME TEXTE :

**Cherchez les mots « technicien » et « technicienne ».
L'exercice peut se faire en 1 minute.**

CARRIÈRES COMMERCIALES

Technicien du Commerce Extérieur - Technicien en Étude de Marché - Technicien Commercial des Industries des Métaux - Adjoint et Chef des Relations Publiques - Courtier Publicitaire - Conseiller ou Chef de Publicité - Sous-Ingénieur Commercial - Ingénieur - Directeur Commercial - Directeur Technico-Commercial - Aide Comptable - Comptable Commercial ou Industriel - Expert-Comptable - Mécanographe Comptable - Conducteur de M.C.P. - Technicien en Mécanographie - Acheteur - Chef d'Achat et d'Approvisionnement - Représentant - Inspecteur et Chef de Vente - Conseiller et Expert Fiscal - Secrétaire de Direction - Directeur Administratif - Chef d'Exploitation - Organisateur Administratif et Comptable - Chef de Rayon - Étalagiste - Vendeur - Agent Concessionnaire - Correspondancier Commercial et Technique - Agent Immobilier, etc.

CARRIÈRES INDUSTRIELLES

Agent de planning - Analyste du travail - Dessinateur industriel - Esthéticien industriel - Chef de bureau d'études - Chef de manutention - Magasinier et chef magasinier - Acheteur - Chef d'achat et d'approvisionnement - Conseiller social - Contremaître - Chef du personnel - Technicien électricien - Monteur et chef monteur dépanneur radio TV - Technicien radio TV - Monteur et chef monteur électricien - Entrepreneur électricien - Technicien électro-mécanicien - Dessinateur en bâtiment et travaux publics - Conducteur de travaux - Chef de chantier - Monteur et chef monteur en chauffage central - Technicien thermicien - Technicien frigoriste - Mécanicien et technicien en automobile - Technicien Diesel - Chronométreur, etc.

CARRIÈRES FÉMININES

Étalagiste et chef étalagiste - Décoratrice ensembliers - Assistante de médecin - Monitrice de jardins d'enfants - Esthéticienne - Visagiste - Manucure - Reporter photographe - Attachée de presse - Secrétaire commerciale, comptable, sociale, juridique, d'assurances, de direction - Electronicienne - Hôtesse et chef hôtesse d'accueil et de l'air - Journaliste - Couturière - Vendeuse retoucheuse - Agent de renseignements touristiques - Guide interprète - Technicienne du tourisme - Employée - Vendeuse - Chef de rayon - Gérante de succursale - Aide comptable - Comptable commerciale - Chef de Comptabilité - Adjointe et Chef des relations publiques - Documentaliste et Aide documentaliste - Disquaire - Libraire - Fleuriste - Enquêtrice - Dessinatrice et rédactrice publicitaire - Secrétaire adjointe en publicité - Chef de publicité - Infirmière - Diététicienne - Hôtesse de cure - Aide maternelle - Nurse - Conseillère sociale - Assistante de radiologue - Assistante dentaire - Préparatrice en pharmacie - Laborantine médicale - Technicienne en analyses biologiques - Déléguée médicale - Dessinatrice paysagiste - Dessinatrice de mode - Modéliste - Assistante d'ingénieur et d'architecte - Analyste du travail - Agent de planning - Dessinatrice industrielle - Laborantine industrielle - Dessinatrice calqueuse - Technicienne du commerce extérieur - Bibliothécaire - Photographe artistique - Coiffeuse - Institutrice - Agent de sécurité du travail - Chef du personnel - Sténo-dactylographe - Comptable industrielle - Mécanographe et Aide mécanographe comptable - Manipulatrice de perforatrice - Conductrice de machines à cartes perforées T - Caissière - Dactylo facturière -

Temps de lecture : .... *minutes* .... *secondes*
Nombre de fois où le mot-signal a été repéré : .... *fois.*

BONNE REPONSE

On trouve 14 fois les mots « technicien » et « technicienne » dans le texte.

Mesure de vos progrès en lecture rapide

Au début de ce cours, vous avez mesuré votre vitesse de lecture et votre compréhension du texte au moyen de deux exercices de lecture intégrale, suivis de questionnaires de compréhension-mémoire.

Pour estimer les progrès que vous avez accomplis depuis lors, voici deux exercices de lecture intégrale. Mesurez votre vitesse en chronométrant votre temps de lecture, et en soulignant dans le barème le nombre de signes par heure qui lui correspondent. Puis estimez votre taux de compréhension du texte en remplissant le questionnaire qui lui fait suite.

Texte 3 : Lecture intégrale

COMMENT LE BRIGADIER MIT A MORT LE RENARD

De toutes les glorieuses armées françaises, un officier et un seul s'attira des Anglais de l'armée de Wellington une haine solide, profonde, inaltérable. Certes il y avait chez les Français des pillards, des brutes, des joueurs, des bretteurs, des roués : les Anglais leur pardonnaient d'autant plus volontiers que les mêmes vices fleurissaient dans leur armée. Mais un officier de Masséna commit une fois un crime inqualifiable, extraordinaire, inexplicable, auquel ils ne faisaient allusion que pour le maudire, tard dans la nuit, lorsqu'une deuxième bouteille avait délié leurs langues. Ils en portèrent la nouvelle en Angleterre. En ville, des gentilshommes qui se soucient fort peu des détails de la guerre manquèrent s'étouffer de rage en l'apprenant. Dans les comtés, des petits fermiers levèrent vers le ciel des mains impuissantes qui réclamaient vengeance... Voyons ! Qui pouvait être l'auteur de cet abominable forfait, sinon notre ami le brigadier Etienne Gérard des hussards de Conflans, gai cavalier, coqueluche des dames et champion de six brigades de cavalerie légère ?

Mais ce qu'il y a de curieux dans cette affaire, c'est que ce brave gentilhomme accomplit un acte effroyable, haïssable, et devint l'homme le plus impopulaire de toute la péninsule, sans qu'il eût su le moins du monde qu'il s'était rendu coupable d'un crime dont la qualification excède les ressources de notre vocabulaire. Il mourut de vieillesse et il ne se douta pas une seconde, au sein de cette peu banale confiance en soi qui était l'un des charmes et des défauts de son caractère, que des milliers d'Anglais l'auraient joyeusement pendu de leurs propres mains. Au contraire il fit figurer cette aventure au nombre des autres exploits qu'il livra à la curiosité du monde. Et plus d'une fois il gloussait de plaisir en la racontant au cercle passionné qui se réunissait autour de lui dans cet humble café où, entre son dîner et ses dominos, il parlait, sous les rires ou les larmes, de l'époque invraisemblable où la France napoléonienne, telle un ange de colère, se leva, splendide et terrible, devant un continent épouvanté. Ecoutons-le dire son histoire, à sa manière si personnelle.

Vous savez certainement, mes amis (disait-il), que ce fut vers la fin de l'année 1810 que moi, Masséna et d'autres nous fîmes reculer Wellington. Nous eûmes même l'espoir que nous le ferions chavirer, lui et son armée, dans le Tage. Mais quand nous nous retrouvâmes à quelque quarante kilomètres de Lisbonne, nous découvrîmes que nous avions commis une erreur ridicule. Cet Anglais avait édifié une énorme ligne d'ouvrages fortifiés à la hauteur d'un endroit appelé Torres Vedras ; même nous, nous fûmes incapables de la franchir. La péninsule s'en trouvait coupée en deux, et notre armée était trop loin de chez elle pour courir le risque d'un revers. D'ailleurs nous avions appris à Busaco que se battre contre ces gens-là n'était pas une plaisanterie. Que pouvions-nous faire d'autre, en conséquence, que nous installer face à cette ligne et bloquer les Anglais du mieux que nous le pouvions ? Nous y demeurâmes six mois, parmi de telles angoisses que Masséna avoua par la suite que le poil de son corps en était devenu blanc. En ce qui me concerne, je ne me préoccupais guère de notre situation, mais je veillais à nos chevaux qui avaient grand besoin de repos et de fourrage vert. Pour le reste nous buvions le vin du pays et nous passions notre temps comme nous le pouvions. A Santarem il y avait une dame... Non, mes lèvres sont scellées. Un galant homme ne doit rien dire ; tout au plus laisser entendre qu'il pourrait en dire long.

Un jour Masséna m'envoya quérir, et je le trouvai sous sa tente avec un grand plan épinglé sur sa table. Il me regarda silencieusement de ses yeux perçants. Je devinai que l'affaire pour laquelle il m'avait convoqué était grave. Il paraissait nerveux, mal à l'aise. Mais mon attitude eut le don de le raffermir. Garder le contact avec les braves est une bonne chose pour le moral du chef.

— Colonel Etienne Gérard ! me dit-il. Je vous ai toujours connu comme un officier courageux et plein d'allant.

Ce n'était pas à moi de confirmer une telle opinion. Mais il aurait été stupide de ma part de la contredire. Je me bornai donc à faire sonner mes éperons et à saluer.

— Vous êtes aussi un excellent cavalier ?

Je l'admis.

— Et le meilleur sabreur des six brigades de cavalerie légère ?

Masséna était célèbre par l'exactitude de ses renseignements.

— A présent, dit-il, si vous voulez bien regarder ce plan vous comprendrez tout de suite ce que j'attends de vous. Voici le front de Torres Vedras. Il couvre un vaste espace ; les Anglais ne peuvent y occuper que des positions discontinues. Une fois franchi le front, il y a quarante kilomètres de terrain dégagé entre eux et Lisbonne. Il est très important pour moi de connaître comment les troupes de Wellington sont réparties sur ce terrain ; mon désir est que vous y alliez et que vous me rapportiez des informations. Ce langage me glaça.

— Monsieur, lui répondis-je, il est impossible à un colonel de cavalerie légère de condescendre à agir comme un espion !

Il se mit à rire et me tapa sur l'épaule.

— Vous ne seriez pas un hussard si vous n'étiez pas impétueux ! me dit-il. Prenez la peine de m'écouter, vous comprendrez que je ne vous demande pas d'agir en espion... Que pensez-vous de ce cheval ?

Il m'avait conduit à la porte de sa tente, devant laquelle un chasseur tenait par la bride un animal admirable : gris pommelé, pas très grand, peut-être un peu plus de quinze paumes, mais doté d'une tête courte et de la splendide encolure qui révèlent une hérédité arabe. Ses épaules et son arrière-train étaient si musclés, et pourtant ses pattes si fines, que c'était une vraie joie de le contempler. Un beau cheval, une jolie femme, je ne peux pas regarder l'un ou l'autre sans attendrissement, même aujourd'hui, alors que soixante-dix hivers ont refroidi mon sang. Imaginez ce que je pouvais être vers 1810 !

— Cet animal, m'expliqua Masséna, s'appelle Voltigeur. Il est le cheval le plus rapide de notre armée. Ce que je désire c'est que vous partiez ce soir, que vous contourniez les lignes anglaises par un flanc, que vous traversiez les arrières de l'ennemi, que vous reveniez par l'autre flanc, et que vous me rapportiez des informations sur leur dispositif. Vous serez en tenue. Si donc vous êtes capturé, vous échapperez au sort qui attend un espion. Il est probable que vous traverserez les lignes sans trop de difficultés car les postes sont clairsemés. Une fois de l'autre côté, et en plein jour, vous serez plus rapide que n'importe quel adversaire. D'ailleurs en n'empruntant pas les routes, vous pourrez accomplir votre mission sans vous faire remarquer. Si demain soir vous n'êtes pas venu me faire votre rapport j'en conclurai que vous avez été capturé ; je leur offrirai en échange le colonel Petrie.

Ah, comme mon cœur se gonfla de joie et d'orgueil quand je sautai en selle et quand j'exécutai devant le maréchal quelques exercices pour lui montrer ma maîtrise de cavalier ! Voltigeur était magnifique. Nous étions tous deux magnifiques. Masséna battit des mains et poussa de vifs hurrahs de plaisir. Ce n'était pas moi, mais lui, qui disait qu'une belle bête méritait un beau cavalier. Quand pour la troisième fois, avec mon plumet de travers et mon dolman qui se gonflait sous le vent, je passai devant lui dans un bruit de tonnerre, je lus sur son dur visage la conviction qu'il avait bien choisi son homme ! Je dégainai, levai la garde de mon sabre à hauteur de mes lèvres pour un salut, et rentrai au galop à mon cantonnement. Déjà la nouvelle s'était répandue que j'avais été désigné pour une mission, et mes petits bandits sortirent de leurs tentes pour m'acclamer. Ah, j'en ai les larmes aux yeux quand je pense à quel point ils étaient fiers de leur colonel ! Et j'étais fier d'eux aussi. Croyez-moi : ils méritaient bien le chef qu'ils avaient !

La nuit promettait d'être orageuse, ce qui n'était pas pour me déplaire. Je tenais à ce que mon départ fût tenu très secret ; si les Anglais apprenaient en effet que j'avais été détaché de l'armée, ils en concluraient aussitôt qu'un événement important allait se dérouler. Mon cheval fut donc mené au-delà des piquets comme s'il s'agissait de le faire boire. Je le suivis. J'avais une carte, une boussole, un papier contenant les instructions du maréchal, tout cela dans la poche intérieure de ma tunique, plus mon sabre au côté. Je sautai en selle et me mis en route pour l'aventure. Une pluie fine tombait, il n'y avait pas de lune. Vous voyez cela d'ici : rien de réjouissant. Mais j'avais le cœur léger en pensant à l'honneur qui m'avait été fait et à la gloire qui un jour transformerait mon sabre en bâton... Ah, comme nous faisions de beaux rêves, nous les jeunes, que le succès avait grisés ! Aurais-je pu prévoir, alors que je me pavanais parce que j'avais été choisi entre soixante mille hommes, que je finirais ma

vie en plantant des choux avec cent francs par mois pour vivre ?
O ma jeunesse ! Mes espoirs ! Mes camarades ! La roue tourne,
elle ne s'arrête jamais. Pardonnez-moi, mes amis : un vieillard a
ses faiblesses.

Ma route, donc, s'étendit en face des hauteurs de Torres
Vedras, puis elle traversa un petit torrent, longea une ferme dont
les bâtiments avaient été brûlés, s'engagea à travers une forêt de
jeunes chênes-lièges jusqu'au monastère de San Antonio qui
marquait la gauche des positions anglaises. Là je tournai vers le
sud et chevauchai paisiblement à travers les dunes : c'était en
effet l'endroit que Masséna avait jugé propice pour que je pusse
me faufiler sans être vu. J'avançai très lentement, car il faisait
si noir que je pouvais à peine voir l'extrémité de ma main quand
je la tendais en avant. Dans de pareils cas je lâche la bride à
mon cheval et je lui laisse l'initiative pour poser ses pattes.
Voltigeur allait avec confiance et j'étais fort satisfait de n'avoir
qu'à inspecter les environs pour éviter toute lumière possible.
Pendant trois heures nous avançâmes sans négliger aucune précaution. Ayant l'impression que tout danger se trouvait à présent
derrière nous, je poussai ma monture un peu plus, car je voulais
être sur les arrières de l'armée quand l'aube se lèverait. Dans ces
régions il y a beaucoup de vignobles ; en hiver, le terrain est
donc dégagé ; un cavalier se heurte à peu de difficultés.

Mais Masséna avait sous-estimé l'astuce des Anglais ; il n'y
avait pas qu'une ligne de défense, mais trois. Et c'était la
troisième qui s'avérait la plus formidable : celle que je franchis-
sais pour l'instant. Pendant que je chevauchais, exalté par ma
propre réussite, une lanterne fut brusquement projetée sous mon
nez, j'aperçus des canons de fusils qui luisaient et le miroitement
d'habits rouges.

— Qui va là ? cria une voix.

Catastrophe ! Je crochetai vers la droite et fonçai comme un
fou. Une douzaine de giclées fulgurantes jaillirent de l'obscurité ;
les balles sifflèrent à mes oreilles. Certes ce n'était pas un bruit
nouveau pour moi, mes amis. mais je n'aurai pas l'outrecuidance
d'un conscrit et je ne vous dirai pas que ce bruit-là me plaisait.
Du moins ne m'a-t-il jamais empêché de penser clair. Aussi
décidai-je qu'il n'y avait rien de mieux à faire que de galoper
dur et d'essayer ma chance ailleurs. Je fis le tour du poste
anglais ; puis, n'entendant plus rien, j'en conclus raisonnablement
que j'avais traversé leurs défenses. Pendant sept ou huit kilomètres je me dirigeai vers le sud ; de temps à autre je frottai mon
briquet pour examiner ma boussole. Et puis, tout d'un coup...
ah, j'en ressens encore le choc en revivant ces instants !... mon
cheval s'effondra sous moi, raide mort !

Je ne m'en étais pas rendu compte, mais l'une des balles lui avait traversé le corps. L'animal, courageusement, n'avait ni frémi ni faibli ; il était allé jusqu'à l'extrême limite de ses forces, jusqu'à sa dernière goutte de vie. D'une seconde à l'autre j'étais passé de la plus absolue sécurité sur le meilleur cheval de l'armée de Masséna à la pire des conditions : un hussard démonté, qu'y a-t-il de plus bête ? Que ferais-je avec mes bottes, mes éperons, mon sabre qui traînait par terre ? Je m'étais enfoncé à l'intérieur des lignes ennemies. Comment revenir ? Je n'ai pas honte de vous avouer que moi, Etienne Gérard, je m'assis sur mon cheval mort et, de désespoir, enfouis ma figure entre mes mains. Déjà les premières lueurs du jour blanchissaient le ciel vers l'est. Dans une demi-heure il ferait clair. Et moi qui avais surmonté tant d'obstacles, voilà qu'à la dernière minute je me trouvais à la merci de mes ennemis. Ma mission avait échoué, j'allais être fait prisonnier ! N'y avait-il pas de quoi briser le cœur d'un bon soldat ?

Mais courage, mes amis ! Nous avons tous de tels instants de faiblesse, même les plus braves ! Heureusement mon caractère ressemble à une lame d'acier : plus fort il doit se plier et plus violemment il se redresse ensuite. Un sursaut de désespoir, et puis une tête froide comme la glace et un tempérament qui se met à bouillir. Tout n'était pas encore perdu. J'avais triomphé de beaucoup d'épreuves, je triompherai bien de celle-là aussi ! Je me relevai et réfléchis.

Une évidence me sauta aux yeux : je ne pouvais pas revenir sur mes pas. Il ferait grand jour depuis longtemps quand j'arriverais sur le front. Il me fallait donc me cacher pendant la journée et consacrer la nuit prochaine à mon évasion. Je pris la selle, les fontes, la bride de mon pauvre Voltigeur, et je les dissimulai dans les buissons afin que personne ne pût soupçonner qu'il s'agissait d'un cheval français. Puis je le laissai étendu à cette même place où il était tombé et je partis en quête d'un endroit où m'abriter jusqu'au soir. De divers côtés les feux de camp brûlaient sur les flancs des collines ; déjà quelques silhouettes commençaient à s'agiter tout autour. Je devais trouver au plus tôt une cachette ; sinon j'étais perdu. Mais me cacher où ? Dans le vignoble les échalas se dressaient encore mais les vignes avaient disparu. Pas moyen de me dissimuler là. De plus j'aurais besoin de manger et de boire un peu avant la nuit. Je courus à travers l'obscurité qui se dissipait, espérant que la chance me servirait. Je ne fus pas déçu. La chance est femme, mes amis, et elle sourit toujours à un beau hussard.

Tout en trébuchant dans mon vignoble, j'aperçus soudain une grande ombre confuse en face de moi : je l'identifiai comme une

vaste maison carrée à laquelle était contigu un autre long bâtiment bas. Trois routes y aboutissaient. Il ne me fut pas difficile
de voir que c'était la *posada*, ou auberge. Il n'y avait pas de
lumières aux fenêtres ; tout était sombre et silencieux ; mais un
cantonnement aussi confortable devait être occupé par une personnalité importante. Ayant appris que plus le danger peut être
près plus l'endroit est sûr, je me refusai à chercher plus avant un
autre refuge. Le bâtiment bas servait d'étable. Je m'y introduisis
sans difficulté car la porte n'était pas fermée à clé, et je tombai
sur une quantité de bœufs et de moutons parqués là pour
échapper aux maraudeurs. Une échelle conduisait au grenier. J'y
montai. J'enfonçai dans des balles de foin. Le grenier possédait
une lucarne ouverte, ce qui me permettait de surveiller la façade
de l'auberge et la route. Je m'accroupis et attendis la suite des
événements.

Il m'apparut bientôt que je ne m'étais pas trompé : cette demeure
abritait effectivement un personnage d'importance. Peu après
l'aube, arriva un dragon léger anglais porteur d'une dépêche. Dès
lors une grande agitation sévit : des officiers à cheval arrivaient,
repartaient. Et toujours le même nom revenait sur leurs lèvres :
« Sir Stapleton… Sir Stapleton. » C'était plutôt dur pour moi de
rester sans bouger avec mes moustaches bien sèches tout en
assistant au défilé des grosses bouteilles ventrues que servait
l'aubergiste aux officiers anglais. Mais en voyant leurs visages
bien rasés, frais, insouciants, je m'amusai à me demander ce
qu'ils penseraient s'ils apprenaient qu'une célébrité dans mon
genre était à quelques mètres d'eux. Et puis, j'aperçus quelque
chose qui me confondit d'étonnement.

Elle est incroyable, l'insolence de ces Anglais ! Qu'imaginez-
vous que fit milord Wellington lorsqu'il découvrit que Masséna
l'avait bloqué et qu'il ne pouvait pas bouger son armée ? Je vous
le donne en mille ! Vous pourriez supposer qu'il se mit en
fureur, qu'il désespéra, qu'il réunit ses troupes pour leur parler
de la gloire et de la patrie avant de les lancer dans une bataille
suprême ? Non, milord ne fit rien de tel. Il envoya en Angleterre
un navire de sa flotte pour qu'il lui ramenât un certain nombre
de chiens courants. Et milord et ses officiers s'adonnèrent à la
chasse au renard. Authentique ! Derrière le front de Torres
Vedras, ces fous d'Anglais chassaient le renard trois jours par
semaine. Au camp nous l'avions entendu dire. Mais moi j'allais
constater que c'était vrai.

Car sur la route s'avançaient trente ou quarante chiens blancs
et bruns ; ils défilaient, la queue toute droite ; on aurait dit les
baïonnettes de la vieille Garde. Ma parole, c'était joli à voir !

Avec eux il y avait trois cavaliers avec des casquettes à pois et des vestes rouges : des veneurs. Et derrière venaient de nombreux autres écuyers vêtus très diversement, flânant le long de la route par deux ou par trois, bavardant ensemble et riant. Ils n'avaient pas l'air de vouloir dépasser le trot : ce n'était vraiment pas un renard rapide qu'ils espéraient attraper ! Mais après tout, cela les regardait, et pas moi. Leur cortège passa devant ma lucarne et bientôt je les perdis de vue.

Peu après, un officier, dans un uniforme bleu qui ressemblait à celui de notre artillerie volante, arriva au petit galop ; c'était un homme âgé mais fort, avec des favoris grisonnants. Il s'adressa à un officier de dragons qui attendait en planton à l'extérieur de l'auberge. Je compris alors l'avantage que j'avais de connaître un peu d'anglais :

— Où est le rendez-vous ? demanda-t-il.

L'autre lui répondit que c'était près d'Altara et ajouta :

— Vous êtes en retard, sir George !

— Oui, j'avais un conseil de guerre. Est-ce que sir Stapleton Cotton est parti ?

Au même instant une fenêtre s'ouvrit, et un jeune homme de belle allure, dans un uniforme réellement splendide, s'y montra.

— Hello, Murray ! fit-il. Ces maudits papiers me retiennent encore. Je vous suis.

— Très bien, Cotton. Comme je suis déjà en retard, je file.

— Vous pouvez dire à mon ordonnance d'amener mon cheval ! commanda au planton le jeune général par la fenêtre.

Tandis que l'autre officier reprenait la route, le planton se rendit dans une écurie voisine ; quelques minutes plus tard je vis un très élégant valet anglais avec une cocarde au chapeau, qui menait par la bride un cheval... Ah, mes amis, vous ne savez pas ce qu'est un cheval parfait si vous n'avez pas eu devant les yeux un cheval de chasse anglais de première classe. Il était superbe : grand, large, fort, et cependant aussi gracieux et agile qu'un daim. Couleur : noir minéral. Son encolure, ses épaules, ses flancs, ses fanons... Comment vous décrirais-je le tout ? Le soleil brillait et faisait luire sa robe comme de l'ébène astiqué : il avait une manière de lever les sabots, pleine de légèreté joyeuse, qui était une vraie danse ; et il secouait sa crinière, il hennissait d'impatience... Jamais je n'ai rencontré une si heureuse combinaison de puissance, de beauté et de grâce ! Je m'étais souvent demandé comment les hussards anglais avaient pris le dessus sur les chasseurs de la Garde dans l'affaire d'Astorga, mais je ne m'en étonnai plus quand je vis de près les chevaux anglais.

Il y avait un anneau pour attacher les brides à la porte de l'auberge. Le valet d'écurie y passa celle du cheval avant d'entrer dans la maison. En un éclair je reconnus la chance que le Destin m'offrait. Si je sautais sur cette selle, je serais encore mieux monté qu'à mon départ. Voltigeur lui-même n'aurait pas supporté la comparaison avec ce magnifique animal. Pour moi, penser et agir ne font qu'un. En une seconde j'étais au bas de l'échelle et à la porte de l'étable. Dans la seconde qui suivit j'étais dehors, la bride dans ma main. Et je bondis sur la selle. Quelqu'un, le maître ou le valet, poussa derrière moi des cris sauvages. Que m'importaient ces cris ! Je touchai le cheval de mes éperons : il bondit en avant. Seul un écuyer de ma classe aurait pu rester en selle. Je lui rendis de la bride et le laissai aller... Du moment que nous nous éloignions de cette auberge, je me moquais bien de la direction qu'il prenait ! Il fonça à travers les vignobles ; en quelques minutes j'avais interposé des kilomètres entre moi et mes poursuivants. Ils ne sauraient pas, dans ce pays sauvage, où j'avais fui. Je me sentis en sécurité. Alors, tandis que je chevauchais vers le sommet d'une petite colline, je tirai de ma poche un crayon et un carnet de notes ; je commençai à dresser le plan des camps que je pouvais voir et à reporter le profil du terrain.

C'était une bête qui me plaisait beaucoup, celle sur laquelle j'étais assis, mais il n'était pas facile de dessiner sur son dos car de temps à autre elle dressait ses oreilles et elle se mettait à frémir et à hennir impatiemment. D'abord je ne compris pas pourquoi ; mais je remarquai qu'elle ne s'énervait que lorsqu'un bruit spécial « Yoy, yoy, yoy ! » surgissait de quelque part du côté des chênes-lièges en dessous de nous ; brusquement, ce cri étrange se transforma en un hurlement horrible, accompagné d'une frénétique sonnerie de cors. Alors mon cheval devint fou... Ses yeux étincelèrent. Sa crinière se hérissa. Il sauta en l'air, bondit et rebondit, tournant et pivotant dans une inexplicable frénésie. Mon crayon tomba d'un côté, mon carnet de notes de l'autre. Je regardai vers la vallée : un spectacle extraordinaire me coupa le souffle. La chasse déferlait. Le renard, je ne pouvais pas le voir. Mais les chiens donnaient de la voix, le nez volant sur la route, la queue dressée en l'air ; ils étaient si rapprochés les uns des autres qu'on aurait dit un grand tapis mobile jaune et blanc. Et derrière eux, les cavaliers... Oh, que c'était beau ! Représentez-vous toutes les vedettes d'une grande armée, tous les as. Quelques-uns en costume de chasse. La plupart en uniforme. Des dragons bleus. Des dragons rouges. Des hussards culottés de garance. Des fusiliers verts. Des artilleurs. Des lanciers crevés d'or. Presque tous en rouge, rouge, rouge. Et les officiers d'infanterie fonçaient aussi dur que les officiers de cavalerie. Il y en avait qui montaient bien. D'autres qui montaient mal. Mais tous galopaient aussi vite qu'ils le pouvaient : le sous-lieutenant comme le général. Tous cravachaient, éperonnaient, poussaient leurs montures, avec en tête une seule et même pensée : avoir le sang de ce renard imbécile. Ça, réellement, les Anglais ne sont pas un peuple ordinaire ! Mais j'eus peu de temps pour observer la chasse de mon observatoire, car de tous les enragés que je pouvais voir, le cheval sur lequel j'étais assis devint brusquement le plus enragé. Vous avez compris : c'était un cheval de chasse, et les aboiements de la meute lui faisaient autant d'effet qu'à moi une sonnerie de trompettes de cavalerie. Ils l'énervèrent. Ils le rendirent fou. Plusieurs fois il sauta en l'air des quatre fers. Puis, prenant le mors aux dents, il dégringola la pente pour aller galoper avec les chasseurs. J'eus beau jurer, tirer sur la bride, lutter contre lui : rien n'y fit. Ce général anglais montait son cheval avec seulement un mors de bridon, et cette bête avait une bouche de fer. Inutile de chercher à le ramener en arrière. Autant vouloir ôter une bouteille de vin à un grenadier. Ayant perdu tout espoir, je lâchai la bride et je me raffermis en selle pour me préparer au pis.

Quel animal ! Jamais je n'ai senti un pareil cheval entre mes genoux ! A chaque bond, son puissant arrière-train se ramassait bien, et il galopait plus vite, toujours plus vite, étiré comme un lévrier, tandis que le vent me souffletait la figure et sifflait à mes oreilles. Je portais la petite tenue, un uniforme simple et foncé par lui-même (mais certains soldats donneraient de l'éclat à n'importe quel uniforme !) et j'avais pris la précaution de retirer à mon bonnet son long plumet. C'est pourquoi, parmi l'incroyable variété des costumes des chasseurs, le mien ne détonna pas. D'ailleurs pourquoi les chasseurs, tout à leur renard, m'auraient-ils remarqué ? L'idée qu'un officier français pouvait se trouver mêlé à leur groupe était trop absurde pour se glisser dans leurs têtes ! Tout en galopant je riais aux éclats : le comique de ma situation l'emportait sur le danger.

J'ai dit que les chasseurs étaient très inégalement montés. Voilà pourquoi, au bout de quelques kilomètres, la horde qui chargeait le renard s'était étirée sur un espace considérable. Les meilleurs cavaliers demeuraient à la hauteur des chiens. Les autres traînaient en arrière. Moi, j'étais aussi bon écuyer que n'importe quel Anglais, et mon cheval était le meilleur de tous. Vous pensez bien que dans ces conditions je ne mis pas longtemps à passer dans le peloton de tête. Et quand je vis les chiens déferlant sur terrain dégagé, avec les chasseurs en veste rouge derrière eux, plus sept ou huit cavaliers échelonnés, alors se produisit l'événement le plus étrange de cette chasse : je devins enragé. Moi aussi. Oui, moi, Etienne Gérard ! Je me découvris soudain possédé par l'esprit sportif, le désir de gagner, la haine du renard. Cet animal mille fois maudit allait-il nous battre ? Ah, le vil pillard ! Son heure était arrivée. Je vous le jure, mes amis : c'est une grande sensation que ce désir de piétiner le renard sous les sabots de son cheval ! J'ai fait la chasse au renard avec les Anglais. J'ai aussi, comme je vous le raconterai un jour ou l'autre, boxé contre le champion de Bristol. Eh bien, je vous certifie que le sport est merveilleux, passionnant, mais qu'il rend fou.

Plus nous foncions et plus vite mon cheval galopait. Bientôt il ne resta que trois hommes avec moi auprès des chiens. Toute crainte d'être repéré m'avait quitté. Mes tempes battaient la générale, mon sang brûlait ; il n'y avait plus qu'une seule chose au monde qui méritât d'être vécue, et c'était cette poursuite du renard. Un renard infernal ! Je dépassai l'un des cavaliers : un hussard anglais. Il ne restait plus que deux hommes avant moi : l'un en veste noire, l'autre qui était l'artilleur que j'avais remarqué à l'auberge. Ses favoris gris tremblaient sous le vent, mais il montait magnifiquement. Pendant près de deux kilomètres encore nous conservâmes cet ordre. Puis, dans la grimpée d'une côte assez raide, mon poids plus léger me porta en tête. Je les dépassai tous deux. Quand j'atteignis le sommet de la côte je me trouvai légèrement en avant d'un petit veneur anglais au visage tendu. Devant nous il y avait les chiens. A une centaine de pas devant les chiens une sorte de tortillon brun s'étirant sur le sol : le renard lui-même. Quand je l'aperçus, je bondis sur ma selle.

— Ah, nous t'avons donc, assassin !

J'avais hurlé, je crois, et j'encourageai de la voix et du geste le veneur anglais. Je voulais lui montrer qu'il était avec un chasseur en qui il pouvait se fier.

Et maintenant il ne restait plus que les chiens entre moi et ma proie. Ces chiens, dont le devoir est de signaler le gibier, nous étaient devenus plutôt un embarras qu'un secours, car je ne savais comment passer devant eux. Le veneur éprouvait les mêmes difficultés que moi car il ne progressait pas. C'était un écuyer rapide et léger, mais il manquait d'audace. Pour ma part je sentis qu'il serait indigne des hussards de Conflans que je ne triomphasse pas de cet obstacle. Est-ce qu'Etienne Gérard allait se faire arrêter par une meute de chiens courants ? Absurde ! Je poussai un cri et éperonnai mon cheval.

— Arrêtez, Monsieur ! Arrêtez-vous ! hurla le veneur.

Il était inquiet pour moi, le bonhomme ! D'un geste de la main et d'un sourire je le rassurai. Les chiens s'écartèrent devant mon cheval. Peut-être en ai-je blessé un ou deux, mais on n'a rien sans rien, n'est-ce pas ? Pour faire une omelette il faut casser des œufs. Je pus entendre le veneur égrener tout un chapelet de compliments. Encore un effort, et les chiens allaient se trouver distancés.

Ah, l'ivresse d'un pareil moment ! Savoir que j'avais battu les Anglais à leur sport favori ! Nous étions trois cents à nous acharner contre cet animal ; et c'était moi qui allais le mettre à mort. Je pensai à mes camarades de la cavalerie légère, à ma mère, à l'Empereur, à la France. A tous et à chacun j'apportais de l'honneur. Chaque seconde me rapprochait du renard. Le moment de l'action était arrivé. Je dégainai mon sabre. Je l'agitai en l'air. Les braves Anglais hurlèrent tous d'enthousiasme derrière moi.

Ce fut seulement alors que je compris à quel point la chasse au renard est un sport difficile, car on peut sabrer et resabrer sans jamais estoquer. Le renard est petit, il évite les coups en se jetant de côté. A chaque botte que je poussais, j'entendais derrière moi se déchaîner les cris d'encouragement, et je bandais mes muscles pour un nouvel effort. Enfin arriva le moment suprême de mon triomphe. En me tordant sur ma selle, j'attrapai le renard d'un revers aussi bien ajusté que celui qui me débarrassa de l'aide de camp du tsar. Il vola littéralement en deux morceaux : la tête d'un côté, la queue de l'autre. Je me retournai, brandis en l'air mon sabre ensanglanté. Ah que j'étais beau : une incarnation de la victoire !

Je n'aurais pas demandé mieux que d'attendre pour recevoir les félicitations de mes généreux ennemis ! Il y en avait bien une cinquantaine en vue. Et tous criaient, gesticulaient... Ils ne sont pas si flegmatiques que cela, ces Anglais ! Une belle action militaire ou sportive les échauffe toujours. Le brave veneur, qui se trouvait le plus près, était complètement abasourdi par le spectacle que je lui avais procuré : il avait l'air frappé de paralysie avec sa bouche ouverte, ses doigts allongés, sa main levée en l'air. J'eus envie de faire demi-tour et d'aller l'embrasser. Mais déjà l'appel du devoir retentissait à mes oreilles : ces Anglais avaient beau être sportifs et respecter la fraternité qui règne entre sportifs, ils ne m'en auraient pas moins fait prisonnier. Pour ma mission je n'avais plus rien à espérer : j'avais vu tout ce qu'il y avait à voir. Les lignes françaises n'étaient plus à une grande distance car, par un hasard heureux, la chasse nous avait déportés vers elles. Je me détournai du renard mort, le saluai d'un dernier coup de sabre, et partis au galop.

Mais c'est que les chasseurs ne voulaient pas que je partisse ainsi ! J'étais devenu le renard. Et la chasse recommença à travers la plaine. Dès que j'avais foncé en direction du camp de

Masséna, ils avaient compris que j'étais un Français. Aussitôt ils se ruèrent tous à mes trousses. Ils ne s'arrêtèrent que lorsque je me trouvai à moins d'une portée de fusil de nos avant-postes. Mais ils demeurèrent longtemps là en groupes, ils ne s'en allaient pas ; ils criaient, agitaient leurs mains vers moi. Non, je ne crois pas que c'était par animosité. Je penserais plutôt qu'ils avaient de l'admiration plein le cœur, et qu'ils n'avaient qu'un désir : embrasser l'étranger qui s'était comporté avec tant de courage, d'adresse et de brio.

© Conan Doyle, *Les Aventures du brigadier Gérard*, éd. R. Laffont.

Temps de lecture : .... *minutes* .... *secondes.*

COMPREHENSION — MEMOIRE

1. Ce qui caractérise avant tout le brigadier Etienne Gérard, c'est
a) un grand amour de la gloire et des décorations ;
b) un optimisme aveugle ;
c) une bravoure au-dessus de tout éloge ;
d) une confiance en soi peu ordinaire.

2. Quel était le grade exact du brigadier Gérard dans l'armée française, au moment de cette histoire ?
a) capitaine ;
b) commandant ;
c) colonel ;
d) général.

3. La ligne d'ouvrages fortifiés de Wellington, qui arrêta Masséna au Portugal, se trouvait à la hauteur de
a) Coimbra ;
b) Leiria ;
c) Torres Vedras ;
d) Lisbonne.

4. Le cheval arabe confié au brigadier Gérard se prénommait
a) Voltigeur ;
b) Volontaire ;
c) Volubilis ;
d) Vérité.

5. Quelle était, selon le brigadier Gérard, la plus redoutable ligne de défense de l'adversaire ?
a) la première ;
b) la seconde ;
c) la dernière ;
d) chacune plus ou moins selon les endroits.

6. Quand son cheval tombe mort, quelle est la première réaction du brigadier Gérard ?
a) il est muet d'étonnement ;
b) il est désespéré ;
c) il est furieux ;
d) il est plein d'amertume que Masséna l'ait mis dans une situation aussi risquée.

7. Le brigadier trouve un refuge dans
a) une ferme ;
b) une posada ;
c) une maison de maître ;
d) une grange.

8. Comment, selon le brigadier Gérard, les hussards anglais ont-ils pris le dessus sur les chasseurs de la garde française, à Astorga ?
a) par leur audace ;
b) par la supériorité de leur nombre ;

c) par la supériorité de leurs armes ;
d) par la puissance exceptionnelle de leurs chevaux.

9. Quand le brigadier Gérard se trouve entraîné par son cheval au milieu de la chasse au renard ;

a) il en rit aux éclats ;
b) il est saisi de crainte ;
c) il cherche un moyen de se tirer de ce mauvais pas ;
d) il calcule quelles sont ses chances de s'en sortir indemne.

10. Combien d'officiers anglais participaient-ils à la chasse au renard, selon l'estimation du brigadier Gérard ?
a) vingt ;
b) cinquante ;
c) cent ;
d) trois cents.

BONNES REPONSES
1 *d*, 2 *c*, 3 *c*, 4 *a*, 5 *c*, 6 *b*, 7 *b*
8 *d*, 9 *a*, 10 *d*

Votre temps de lecture en minutes	Votre vitesse en signes par heure	Votre nombre de bonnes réponses	Votre taux de compréhension
5	373 000	1	10 %
6	311 000	2	20 %
7	267 000	3	30 %
8	233 000	4	40 %
9	207 000	5	50 %
10	187 000	6	60 %
11	170 000	7	70 %
12	156 000	8	80 %
13	144 000	9	90 %
14	133 000	10	100 %
15	124 000		
16	117 000		
18	104 000		
20	93 000		
22	85 000		
25	75 000		
30	62 000		
35	53 000		

Ce texte comprenait 31 050 signes

Texte 4 : Lecture intégrale

NOUVELLE DE SCIENCE-FICTION

Les habitants de la planète Arcadie étaient semblables, identiques
même à ceux de notre Terre, à une exception près et de peu
d'importance semblait-il. Il ne nous fallut que quelques jours,
après le premier contact, pour déceler cette particularité. Il nous
fallut beaucoup plus longtemps pour en découvrir, et, hélas, en
subir l'ultime conséquence. Mais cette dernière phrase a-t-elle un
sens, car pour les habitants d'Arcadie, après plusieurs années
d'exil sur cette planète, je sais maintenant qu'elle ne signifie rien.
Le premier contact... L'astronef interstellaire avait effectué plusieurs centaines de vol orbitaux autour de cette planète, miracu-
leusement rencontrée, perdue dans un repli de la galaxie, s'ap-
prochant de plus en plus de sa surface pour en découvrir et en
mesurer avec plus d'acuité les secrets ; mais il n'y avait pas de
secrets, du moins détectables par nos instruments, qui n'analy-
saient que la nature chimique et physique des choses ; on se
croyait tournant autour de notre Terre : la nouvelle planète était
un peu plus petite, éclairée par un soleil un peu plus puissant,
mais un peu plus lointain aussi, si bien que l'intensité des
rayonnements était la même. Elle tournait sur elle-même en 26
heures et autour du soleil en 350 jours. L'analyse spectrogra-
phique et chimique de l'atmosphère nous révélait la composition de sa couche gazeuse : 1 % de gaz carbonique, 18 %
d'oxygène et 81 % d'un gaz inconnu apparemment inerte et
équivalent pour l'organisme humain à l'azote. Confirmant notre
diagnostic, le télescope électronique nous montrait des visions
familières : océans bleus ou glauques, montagnes aux cimes en-
neigées, vallées profondes et verdoyantes, plaines arides et déser-
tiques. Nous avons néanmoins revêtu nos scaphandres spatiaux,
car outre la très légère incertitude sur la toxicité de l'air arcadien, d'autres risques subsistaient : bactéries inconnues et perni-
cieuses, rayonnements nocifs et peut-être mortels, ou phénomènes
spécifiques à cette planète et donc imprévisibles pour des visiteurs issus d'autres constellations. Mac choisit comme point d'atterrissage l'aire plane d'un désert, à cent kilomètres de ce qui
semblait être une immense forêt, parsemée de grandes clairières,
dont les configurations évoquaient autant de villes possibles.
Mac, capitaine sans troupe de ce navire perdu — pouvais-je
compter pour un équipier expérimenté —, grimaçait un mince
sourire de triomphe en exécutant de main de maître les ma-
nœuvres d'atterrissage. Dernier contrôle de l'ambiance extérieure,
ultime glissement de la porte du sas et nous avançons le pied

sur la première marche de la passerelle . le ciel est d'un bleu turquoise, des dunes de sable moutonnent et se perdent dans un poudroiement éthéré ; à nos pieds dix mètres plus bas une femme nous attend : nous apercevant, elle cambre tout son corps, renverse sa tête à l'abondante chevelure brune et tend vers nous à bout de bras, dans un geste d'offrande, ce qui semble être une corbeille pleine de fruits. Cent mètres plus loin, un engin, mi-fusée, mi-voiture automobile futuriste, semble sommeiller au flanc d'une dune ; sous son dôme transparent on distingue l'ombre d'un homme. Les minuscules écouteurs logés dans mon casque grésillent puis me transmettent la voix de Mac, claire et bien timbrée : « Eh bien ! crâne d'œuf, on y va ! » et le voilà, avec son allure de prince pirate, qui descend... Et nous avons accepté les fruits, symbole d'amicale bienvenue, des fruits semblables à ceux de la Terre et nous avons répondu au sourire par un sourire, obéi au geste gracieux du bras qui nous désignait l'engin futuriste, en nous dirigeant dans sa direction. Le véhicule dans lequel nous avions pris place volait à très basse altitude mais à grande vitesse, rasant les plaines roses du désert, puis les cimes des arbres d'une épaisse forêt aux essences familières, nous semblait-il : chênes, marronniers, platanes, et, sans transition, nous dominâmes la cité lovée dans une vaste dépression : un quadrillage rigoureux de larges artères découpait un immense parc parsemé d'édifices aux toits de toutes formes : coupoles, dômes, voûtes, flèches, terrasses, pyramides, qui tous scintillaient d'un éclat insoutenable sous les reflets du soleil près de son couchant. Nous sûmes plus tard que cet éclat n'était nullement factice : tous les bâtiments de la ville, palais ou résidences, étaient recouverts d'or. L'engin, glissant à un mètre du sol, parcourait l'avenue centrale toujours à la même vitesse que précédemment au-dessus de la brousse, sans se soucier apparemment des multiples bifurcations, des nombreux autres véhicules qu'il frôlait en les croisant ou en les doublant, et nous déposait au centre de l'agglomération devant une gigantesque pyramide dorée, le siège de l'administration centrale, où les notables arcadiens nous attendaient. Tout comme chez nous, deux cicérones : leur teint basané, leur abondante chevelure noire et huileuse dont les torsades épaisses encadraient totalement leur face et enserraient leur cou, leurs traits lourds et pensifs, leur maintien digne et un peu triste rappelaient d'une façon étrange les caractères anthropologiques des peuplades indiennes, plus précisément des Aztèques du Mexique. C'est en employant le langage le plus universel à l'aide de gestes amples et précis, les mêmes que ceux de nos mimes sur les scènes des théâtres terrestres, qu'ils nous ont accueillis et nous ont fourni les pre-

miers renseignements sur leur civilisation. Même entre eux ils
semblaient peu loquaces et les microphones extérieurs de mon
scaphandre, probablement déréglés, ne me transmettaient qu'un
bruit de fond, espèce de bourdonnement parcouru de modula-
tions alternativement douces et violentes, sans signification apparente.

« Car l'analogie n'est précisément que la faculté de varier les
images, de les combiner... et d'apercevoir, volontairement ou
non, la liaison de leurs structures. Et cela rend indescriptible
l'esprit qui est leur lien. Les paroles y perdent leur vertu. Là, elles
se forment, elles jaillissent devant ses yeux : c'est lui qui nous
décrit les mots. » (Paul Valéry, *Introduction à la méthode de
Léonard de Vinci*.)

Nous découvrîmes très vite que les Arcadiens préfèrent à
la transmission orale un mode de communication visuel extrêmement élaboré, réalisé à l'aide d'un appareil que j'appellerai le
transmessage : c'est un bloc prismatique triangulaire de la taille
d'un transistor, que tout habitant adulte porte en bandoulière.
Pour utiliser cet instrument, l'Arcadien le fait pivoter de son
flanc sur son diaphragme, la face verticale du bloc étant appuyée
contre sa ceinture, la face horizontale face au sol, la troisième
face, en pan coupé, inclinée à 45° est ainsi visible par le regard de l'utilisateur (verticalement) et celui de son interlocuteur (horizontalement). Cette face inclinée est constituée par un
écran d'une matière noire et mate, sur lequel apparaissent des
signes blancs, jaunes ou rouges. Les signes sont donc nécessairement lus à l'endroit par le porteur de l'appareil et à l'envers par
son interlocuteur. Cette inversion ne gêne pas les Arcadiens dont
le psychisme n'accorde que peu d'attention aux notions linéaires
de sens : par exemple, arrière ou avant. (Et c'est parce qu'il n'a
jamais voulu se pencher sur ce genre de particularités que Mac
devait disparaître dans des circonstances aussi dramatiques.)
Les deux sections verticales triangulaires qui limitent à gauche et
à droite la structure prismatique de l'appareil sont meublées par
une mosaïque de milliers de touches minuscules et constituent
deux claviers complexes, que les doigts des mains gauche et
droite des Arcadiens, ou exactement les extrémités de leurs
ongles taillés en pointe, effleurent pour faire apparaître ou
disparaître les signes blancs, jaunes, rouges. Le clavier gauche
commande la fonction « d'écriture », chaque contact sur une
touche (ou plus exactement chaque combinaison de contacts
simultanés sur plusieurs touches) fait apparaître un ou plusieurs
signes blancs ou fixe leur ordre et leur disposition relative ; leurs
dessins sont plus complexes que ceux des lettres de notre alphabet et leur nombre est très supérieur, leur disposition est

étrange : ni lignes horizontales ou colonnes comme dans nos livres, mais des lignes de force, parfois rectilignes, parfois courbes qui vibrent, se déplacent, s'effleurent s'imbriquent, explosent... Le clavier droit commande la fonction de « lecture » et fait apparaître sur l'écran le message de votre correspondant désiré, que celui-ci soit à quelques mètres de vous ou à des milliers de kilomètres ; un premier jeu assez simple de touches permet d'entrer en contact avec tout Arcadien disposant d'un transmessage ; un second jeu de touches, beaucoup plus complexe, permet de questionner les deux organes principaux de la centrale arcadienne d'information. Le premier de ces deux organes est l'équivalent d'une bibliothèque géante, dont l'ensemble des ouvrages représentant tout le savoir de la planète serait transféré dans une gigantesque mémoire électronique. Le second organe est un cerveau électronique à fonction analogique et logique qui permet de résoudre tout problème : qu'il soit d'ordre mathématique, économique, sociologique, biologique, etc. L'action de la main droite sur les touches du clavier droit peut faire apparaître instantanément, en signes jaunes, le passage désiré du journal ou livre choisi, faire défiler les informations au rythme de la lecture. Cette même main peut aussi poser un problème (au sens très large du mot) en signes rouges et instantanément la résolution et la solution s'inscrivent en signes également rouges. Quand on se souvient que toutes les demandes téléphoniques émises sur notre planète sont composées avec seulement dix chiffres, que tout notre savoir est exprimé au moyen de vingt-cinq lettres, on peut imaginer la richesse d'informations qui résulte de l'impulsion des ongles pointus sur les milliers de touches des claviers magiques. Il est possible de combiner les trois fonctions : écriture, lecture, raisonnement. Par exemple de consulter les ouvrages d'Einstein, d'émettre des hypothèses sur les lois de la relativité, et de vérifier les équations ou les chaînes de raisonnements, combinant vos idées et celles d'Einstein. Alors, les sarabandes foisonnantes des petits signes blancs, jaunes, rouges qui se poursuivent, se mêlent, s'effacent, suivant des schémas dont l'étrangeté ne se cède qu'à la beauté abstraite (et qui pourtant me rappelaient...), me fascinaient au point de me faire perdre toute notion de temps. Même après des années solitaires d'études studieuses et forcenées de la culture arcadienne, et malgré mon coefficient intellectuel exceptionnel, je n'ai pu assimiler totalement ce mode supérieur de synthèse et de création. Mon coefficient intellectuel était pourtant mon bien le plus précieux ; mon seul bien sur Terre... J'ai été ce qu'on appelle un enfant prodige : à trois ans j'avais lu toute la bibliothèque familiale, à six ans je récitais par cœur, à l'endroit ou à l'envers, l'annuaire national du téléphone et la table complète des logarithmes, à dix ans j'entrais à l'Université en compagnie d'étudiants dont l'âge était double ; en quelques années j'en parcourais toutes les sections, des mathématiques à l'astronomie, de la linguistique à la psychosociologie, à vingt ans j'étais célèbre, mon portrait reproduit sur les couvertures de tous les périodiques à sensation : la vedette de la superproduction. *Il sait tout*, et chaque semaine des millions de téléspectateurs suivaient haletants mon match avec Alpha 10 001, le plus grand ordinateur de la planète (ma planète natale, la Terre) qui était censé stocker toutes les connaissances humaines ; il fallut six mois pour consacrer ma défaite. Mais, à trois ans, j'intimidais les marmots de mon âge qui me refusaient toute participation à leurs jeux, à six ans j'étais le souffre-douleur de mes camarades, à vingt ans, mon physique de batracien lunaire et mon incurable timidité aidant, j'étais la risée des filles ; à vingt et un ans j'étais oublié, inconnu et inutile ou plutôt inutilisable par une société trop standardisée pour distinguer et promouvoir des phénomènes intellectuels. Mes étonnantes qualités de mémoire et de compréhension (mais un ordinateur, ou une importante équipe bien coordonnée d'honnêtes universitaires faisaient aussi bien) s'étaient développées au détriment d'autres traits : sens pratique et agressivité en particulier ; et comment réussir dans une société moderne d'abondance si vous êtes totalement dépourvu d'hypocrisie (baptisée conformisme ou même loyalisme) et de jalousie (baptisée ambition ou même sens du devoir) ? J'étais sociologiquement parlant une épave sauf pour une personne, un projet, sauf pour Mac, sauf pour le projet « Croisade des Etoiles ».

« Et le Conquistador, bénissant sa folie
Vint planter son pennon d'une main affaiblie
Dans la terre éclatante où s'ouvrait son tombeau. » (José-Maria de Hérédia, *Les Trophées*.)

Mac, le prince des astronautes, était mon contraire : beau, fort, entreprenant, ambitieux, adulé des femmes et des foules. Mac avait débarqué le premier sur Mars, puis sur Vénus, sur Mercure, sur Jupiter, Saturne, Neptune et Pluton, sur chacune des planètes du système solaire. Tout comme ses prédécesseurs, les militaires de l'ère précosmique, ce guerrier conquérant d'un nouveau type, la tête un peu enflée à la suite d'exploits qui n'avaient pas de point commun avec l'art de gouverner les hommes, s'était lancé dans l'aventure politique ; le programme de son mouvement, « le Grand Parti » : en politique intérieure, négation des principes d'égalité issus des révolutions des siècles derniers, promotion d'un néoracisme basé sur le culte de l'efficacité, prônant la domination sans limite des « hommes forts » sur les faibles ; en politique extérieure, la conquête de nouvelles terres cosmiques, espaces vierges idéaux pour l'implantation de colonies humaines constituées par les meilleurs Terriens et conformes à l'éthique du « Grand Parti ». Chacune des victoires de Mac, chacun de ses débarquements avait infligé un échec à ses projets politiques : aucune de nos planètes, même Mars et Vénus, n'était, même au prix d'aménagements si importants soient-ils, habitable par les espèces terriennes ; ni l'homme ni même une bactérie ne pouvaient y subsister. « Qu'à cela ne tienne, il fallait chercher plus loin, autour d'autres étoiles ! clamait Mac devant les dizaines de milliers de fanatiques qui l'acclamaient à chaque meeting. Il faut que nos savants construisent la fusée galactique pour atteindre d'autres mondes, il faut tout de suite former les hommes nouveaux, l'élite qui peuplera ces nouveaux Eldorados... » Les adeptes du « Grand Parti » ne constituaient qu'une minorité sans chance réelle de succès, mais une minorité agissante, fanatique, perturbatrice, inquiétante pour l'équilibre politique des Etats confédérés. Les savants n'avaient pas attendu les injonctions du dictateur en herbe pour étudier la fusée galactique ; partant des théories sur l'antigravitation et sur la relativité générale transcendée (laquelle permettait de dépasser théoriquement la vitesse de la lumière), ils avaient conçu une fusée révolutionnaire capable d'atteindre les étoiles de notre galaxie en quelques mois. Mais la fabrication du prototype entraînerait des dépenses considérables, bien supérieures aux budgets scientifiques alloués, pourtant en hausse continue, calculaient les techniciens, et l'exploration des plus proches complexes stellaires serait sans doute aussi décevante (de surcroît plus longue, complexe et infiniment plus risquée) que celle du système solaire, prétendaient les astronomes. Néanmoins, le premier personnage de la planète, le président de la Confédération terrienne, devait, mettant tout son prestige en jeu, faire entériner le projet par les Chambres législatives, puis diriger personnellement sa réalisation. Dès lors, les lettres des militants du « Grand Parti » affluèrent au siège du gouvernement : « C'était au prince des astronautes qu'il appartenait encore de découvrir les terres promises » ; les meetings et défilés se multiplièrent de plus en plus pressants et violents au point d'obliger le président à céder : Mac piloterait la fusée galactique (avec très peu de chances de réussite et même de retour). Les quelques analystes politiques qui prononcèrent à cette occasion le nom de Machiavel le firent à voix basse et en petit comité ; car ils étaient d'accord avec le gouvernement : l'investissement « Croisade des étoiles » était justifié et rentable s'il signifiait à coup presque sûr la disparition du « Grand Parti » incapable de survivre à son chef, perdu dans le cosmos. Il est impossible d'expliquer ici, sans de longues démonstrations mathématiques, pourquoi la masse de la fusée galactique ne pouvait dépasser une « masse critique » de quelques tonnes. Malgré des prodiges de miniaturisation, l'engin ne pouvait recevoir que deux cosmonautes : le pilote et un assistant, lequel devrait remplacer l'équipe habituelle de techniciens du débarquement : astronomes, biologistes, chimistes, cybernéticiens, électroniciens, géologues, linguistes, mécaniciens, militaires, naturalistes, physiciens, sociologues, etc. J'étais le seul Terrien qui pouvait jouer le rôle de l'homme-orchestre : détenteur de tous les secrets de ces multiples sciences et techniques, j'éprouvais le sentiment d'être, pour la première fois, réellement utile à une entreprise. J'acceptai d'emblée, évitant sans doute de proches dépressions, un plus lointain suicide. Pendant des mois nous avons vogué vers le centre de notre galaxie là où la concentration des étoiles et donc celle des planètes est la plus élevée, pendant des mois tenté d'explorer quelques parcelles de gigantesques nébuleuses. Les rares planètes repérées se révélaient encore plus désolées que Neptune et Pluton ; la réserve de combustible allait atteindre le minimum nécessaire pour le retour quand nous avons découvert « Arcadie ». Arcadie : une planète si semblable à notre Terre qu'il devenait évident, après une semaine de séjour consacrée à de nombreuses observations, que nous pouvions nous débarrasser de nos scaphandres. Nos amis extra-terrestres souhaitaient donner une certaine solennité à cet événement qu'ils considéraient comme notre première initiation à la vie arcadienne, et ce fut bien une initiation puisque nous furent dévoilés les premiers secrets de ce peuple. La cérémonie eut lieu sur la terrasse supérieure de la grande pyramide dorée, siège du gouvernement central : nous dominions une forêt de dômes, de clochers, de pignons, de rampes, de parapets, de statues, enflammés par les reflets du soleil levant, enchâssés dans les profondeurs vertes de la forêt vierge. Avec des gestes nobles et hardis pour l'un, lourds et émus pour l'autre, nous nous dépouillâmes lentement de notre chrysalide d'étranger cosmique… et sentîmes la brise tiède d'Arcadie nous caresser les joues. L'air était subtilement parfumé ; les fruits qu'on nous offrait à nouveau, symboles de bienvenue, et que nous pûmes enfin goûter étaient d'une saveur raffinée. Tous nos sens étouffés, brimés depuis des mois dans les enceintes artificielles et confinées de la cabine spatiale et des scaphandres, ressuscitaient, s'épanouissaient, étaient comblés, tous sauf un : nous n'entendions aucun bruit significatif, rien que cette espèce de bourdonnement tantôt imperceptible, tantôt strident, le même que les écouteurs (nullement déréglés) de nos scaphandres nous avaient transmis. Comme nous redescendions de la terrasse supérieure, affaibli par l'état d'exaltation et de stupeur qui m'habitait, je manquai une marche, m'accrochai à un Arcadien et l'entraînai maladroitement dans une chute, heureusement vite stoppée ; mais mes mains, qui s'étaient instinctivement agrippées un moment à ses tempes et sous les lourdes tresses brunes, n'avaient rencontré qu'une surface plane dépourvue de tout relief : les habitants de cette planète ne possédaient pas d'oreilles. Cette absence d'organes auditifs était normale dans un monde où des sons précis étaient inaudibles et conforme aux lois de l'évolution des espèces et de leur adaptation aux milieux au sein desquels elles naissent et croissent. Elle expliquait l'étonnant mode de communication de ses habitants : le « transmessage » ; mais cet appareil était en outre une merveille de miniaturisation et d'électronique, le fruit d'une civilisation qui me semblait une anticipation et parfois une idéalisation de notre organisation terrienne. Mac parlait, lui, non pas de progrès mais de dégénérescence, avec, il faut bien le reconnaître, quelques arguments non négligeables. Le peuple arcadien est peu nombreux : quelques millions d'individus habitant une centaine de villes réparties sur toute la surface de la planète, encastrées dans des forêts pratiquement vierges. Chaque ville est un immense parc, sillonné de larges artères orthogonales, parsemé de palais — les services gouvernementaux —, et de résidences, toutes constructions subtilement harmonieuses aux toits recouverts d'or, aux murs de plastique, aux teintes pastel, échancrés de larges baies dont la transparence varie suivant l'humeur des occupants. Pas de remparts entre ces cités de rêve et la jungle qui les enserre, mais des barrières de force, invisibles, implacables, tel un mur de verre impalpable arrêtant la molle chute d'une feuille morte ou bloquant net la charge des grands fauves. Nos hôtes nous ont de nombreuses fois invités à les accompagner à bord de leurs véhicules mi-automobiles, mi-avions, dans leurs tournées d'exploration des territoires sauvages qui recouvrent la quasi-totalité de leur planète. La flore et la faune sont semblables à celles de la Terre avec cependant de curieux anachronismes qui passionneraient nos naturalistes et nos zoologistes. La ceinture équatoriale comprend d'immenses marécages bordés de forêts et de fougères de plusieurs dizaines de mètres d'envergure, au sein desquelles s'ébrouent de gigantesques animaux voisins des brontosaures et dinosaures dont les squelettes parent les plus grandes salles de nos musées d'histoire naturelle. Dans la zone tempérée, les tigres géants, les aurochs et les mammouths règnent sur une faune où des chevaux à deux sabots côtoient les frères des manipulanaux de notre Océanie. Ai-je besoin de le signaler : tous ces animaux si proches des races terriennes sont dépourvus d'oreilles et du sens de l'ouïe. Les tâches d'investigation scientifique alternaient avec les périodes de détente consacrées à des sortes de chasses pacifiques mais non dénuées de péripéties. Notre conducteur, voguant à quelques mètres du sol, se mettait en quête du gros gibier, qu'il repérait avec une habileté étonnante, puis commençait un extraordinaire ballet entre le monstre et notre véhicule, guère plus important qu'une petite voiture automobile européenne ; nous rattrapions la bête, la dépassions en la frôlant, nous arrêtions brusquement à quelques centimètres du mufle ou des défenses menaçantes, esquivions l'attaque, caressions l'échine du tigre, passions entre les pattes du mammouth... ; parfois le jeu se déroulait non pas avec un partenaire unique mais au centre d'une horde de quelques centaines de monstres aux réactions imprévisibles. Tandis que notre conducteur riait à grands éclats, je sentais à chaque entrechat la sueur inonder mon échine et je devinais Mac, pourtant si maître de lui, tendu à l'extrême, son regard oscillant de la bête menaçante au pistolet à laser, posé à côté de notre guide, mais que nous n'avons jamais vu servir... du moins dans ces circonstances. « C'est un peuple vieux et usé, me disait Mac de retour en ville, ayant perdu toute vigueur, qui a interdit, oublié le sport, viril par excellence : la chasse. La sous-population de leur planète en est une autre preuve : soit malthusianisme raisonné, soit capacités de reproduction régressives, nous rencontrons là les signes de sénilité d'une race. Et leur infirmité congénitale, l'atrophie de l'ouïe, a grandement facilité cette décadence : sans ouïe pas de langage réel, de langage parlé : pas de poètes, pas de tribuns pouvant enflammer les foules pour une grande cause, pas de dynamisme collectif, pas de progrès historique. Il leur a fallu probablement dix fois plus de siècles que sur Terre pour atteindre un niveau scientifique guère supérieur au nôtre. Peut-être — la composition de leur atmosphère s'étant modifiée — leur tare, ce cinquième sens atrophié, ne date-t-elle que de quelques siècles ou millénaires et n'est-elle qu'un symptôme de cette dégénérescence, symptôme qui accélère son processus. » J'étais troublé par ces arguments de bon sens, mais qui ne cadraient pas avec mes réflexions, au fur et à mesure que je découvrais des aspects nouveaux de la civilisation arcadienne. Tout nous était ouvert, mais, malgré le libéralisme et la bonne volonté apparente de nos hôtes, les contacts restaient fragmentaires, limités à des détails, impossibles sur le plan des idées générales, émanations de psychismes trop différents. Par exemple nos méthodes de raisonnement étaient si profondément différentes qu'elles nous interdisaient aux uns et aux autres d'écrire des textes dans la langue de nos partenaires. J'avais pu apprendre très rapidement à mes compagnons habituels, dont la mémoire était presque aussi étonnante que la mienne, notre alphabet et notre vocabulaire, et pouvais identifier les signes les plus rudimentaires de leur écriture. Mac, craignant de divulguer les trésors de notre culture, ne m'avait autorisé à leur prêter qu'une partie de notre microbibliothèque : un dictionnaire élémentaire et tous les traités de philosophie, ouvrages que les Arcadiens lisaient avec avidité mais aussi avec fatigue, irritation et quelque mépris, me semblait-il. Mais s'ils pouvaient à la rigueur déchiffrer les phrases terrestres, ils étaient incapables d'assembler les uns à la suite des autres nos lettres et nos mots en phrases : bref de s'exprimer dans notre langage, trop habitués, conditionnés, à des constructions sémantiques plus subtiles et plus complexes ; qu'une seule cause puisse entraîner un seul effet, qu'un seul sujet commande à un seul verbe par exemple leur semblait aussi faux que $2 + 2 = 3$ l'apparaîtrait dans nos écoles primaires. Car leur procédé de raisonnement, leur « logique » foisonnante et subtile ignore notre cheminement linéaire de cause à effet, mais combine instantanément des centaines ou des milliers de facteurs pour dégager non pas une conclusion, mais des probabilités de tendances. Après des années d'exil je commence à comprendre et à manier correctement leur écriture : elle comprend deux mille signes, essentiellement des idéogrammes complétés par une centaine de signes logiques ; leur numération comprend soixante chiffres. Chaque idéogramme correspond rarement à l'un de nos mots, le plus souvent à un concept, à un élément abstrait ou concret que la mémoire peut isoler, individualiser. Et le langage arcadien composé sur les « trans-messages » résulte non de la succession linéaire de ces deux mille signes mais de leurs complexes combinaisons sur la surface de l'écran : les formes des courbes, des nervures qui relient les idéogrammes, les intersections de ces courbes entre elles ont autant d'importance que le choix et l'ordre d'apparition des signes. « Ils en sont à l'ère des mandarins chinois, s'exclamait Mac, auquel j'avais expliqué mes premières acquisitions du langage arcadien, mais les communistes chinois, en gens efficaces, ont remplacé les idéogrammes des mandarins par un alphabet phonétique simple…, et nos mathématiciens ont substitué à notre numération décimale un système binaire, à deux chiffres : 1 et 0, qui convient beaucoup mieux à nos ordinateurs. Je vous le répète, ces gens-là évoluent à reculons ; dans quelques générations ils en seront à l'âge de pierre. » Je ne répondais pas mais me souvenais de conversations avec un camarade chartiste, spécialiste des langues mortes orientales et qui prétendait lire trois fois plus vite un texte calligraphié en idéogrammes chinois traditionnels qu'un imprimé composé dans notre alphabet. Selon lui l'œil d'un lecteur entraîné déchiffre presque aussi vite le signe complexe que la lettre ·de notre alphabet ; mais le nombre de ces signes étant pour un même message plus réduit que le nombre des lettres, la vitesse de lecture est beaucoup plus rapide. Et il prétendait que n'importe quel élève moyennement doué peut enregistrer au lieu des vingt-cinq lettres, quelques centaines ou milliers de signes de base ; le temps d'apprentissage étant seulement un peu plus long. J'avais reconnu quelques-uns des signes logiques, quelques-unes des lignes de force groupant les idéogrammes ; ils relevaient de certaines branches de nos mathématiques dites modernes : signes de l'algèbre de Boole, structures des treillis du même Boole, constructions matricielles, etc. Je pensais qu'un système de numération à soixante chiffres au lieu de dix permet d'écrire les mêmes nombres avec beaucoup moins de chiffres, par exemple : cent mille avec trois chiffres au lieu de six et donc de les combiner mentalement en multiplications, racines carrées, etc., beaucoup plus rapidement (avec des nombres de six chiffres décimaux, ces opérations seraient quatre fois plus rapides). Devions-nous nous émerveiller parce que nous utilisions des bases mathématiques élaborées par des ancêtres incultes, qui, ne sachant pas écrire, avaient inventé autant de chiffres qu'ils avaient de doigts aux deux mains ? Et fallait-il glorifier l'alphabet phonétique parce que d'astucieux négociants phéniciens avaient trouvé commode une transcription directe et simpliste de leur jargon oral en signes phonétiques pour traiter plus facilement avec les indigènes des colonies méditerranéennes qu'ils rançonnaient, avaient inventé un langage visuel qui consacrait la primauté de l'objet sur l'idée ? L'organisation sociale arcadienne semble analogue à celle de notre peuple, mais plus efficace, mieux rodée : pas de révolutions, pas de citoyens inadaptés ou névrosés ; une solidarité discrète et agissante ; des familles unies dont les membres font preuve· d'une grande affection entre eux. Et pourtant les décès ne donnent lieu à aucune marque de regret ou de chagrin, semblent acceptés avec une sérénité, une indifférence qui paraissent exclure toute sensibilité et qualité de cœur. Nous avons visité des centres de rééducation conçus pour le reconditionnement de délinquants jeunes ou adultes : les sujets sont plongés durant tout leur temps éveillé dans des bains hypnotiques de signes, de graphismes, de constructions abstraites, de jeux de lumières colorées qui, nous a-t-on dit, effacent de leur personnalité consciente et inconsciente tout germe de mal en quelques semaines ; mais jamais nos guides n'ont voulu admettre les entorses inévitables dans toute organisation sociale : délits, vols, crimes... qui justifiaient ces cures de rééducation ; et encore moins admettent-ils, pour les cas les plus graves ou incurables, l'équivalent de nos établissements pénitentiaires, de nos prisons. La science arcadienne semble en avance sur la science terrienne : j'ai décrit les barrières de force qui protègent les villes des dangers de la jungle, les véhicules mi-automobiles, mi-avions, si souples, précis et rapides, les pupitres de communications « trans-message ». Les matériaux de ces engins tout comme ceux des maisons sont plus légers que le liège et plus durs que le meilleur acier spécial ; de minuscules piles à énergie, chacune de la taille d'une allumette, inusable, sorte de piles atomiques miniaturisées à un point extrême, animent chaque outil ou chaque machine d'Arcadie depuis le briquet du fumeur jusqu'à la centrale d'information planétaire. Mais les Arcadiens ne possèdent pas ces attributs, ces cathédrales de toute civilisation scientifique et évoluée : des bombes atomiques et des fusées cosmiques. Ils semblaient assez différents des Terriens pour ne pas les attendrir, assez riches pour les tenter, assez désarmés pour les encourager à la conquête, tels les Précolombiens d'il y a un demi-millénaire en face des conquérants chrétiens et espagnols, et Mac était de la trempe d'un François Pizarre ou d'un Fernand Cortès. Chaque semaine un véhicule arcadien nous conduisait à notre fusée, toujours basée en plein désert, pour nous permettre d'effectuer les contrôles de routine de ses installations. Notre conducteur profitait de ces voyages, variant les itinéraires, pour nous faire admirer de nouveaux sites de la planète ; cette fois il prit plus au nord, là où une chaîne de montagnes coupait le désert et, pour nous faire mieux admirer le paysage, posa l'engin au bord d'une falaise surplombant le désert de cinq cents mètres, d'où l'on voyait briller à quelques kilomètres le cône effilé de notre vaisseau posé sur le sable mat et rose. Etait-ce la réverbération du soleil sur ce site dénudé, la chaleur torride, la fatigue accumulée depuis des mois, j'eus comme un bref étourdissement et, quand je revins à moi, la lumière me sembla plus crue, les objets et le paysage moins nets, comme animés d'une espèce de vibration imperceptible. Bientôt le véhicule repartit pour nous déposer au pied de l'échelle d'embarquement et, toujours un peu étourdi, je suivis Mac, qui, méfiant à son habitude, referma les portes du sas derrière nous, et s'engouffra dans le poste de pilotage dont — mais ce n'était pas son habitude — il referma la porte au verrou derrière lui. Cinq minutes après, les réacteurs de décollage rugissaient, un quart d'heure plus tard, le ronronnement léger du propulseur anti-gravité se substituait à leur plainte stridente, et Mac me rejoignait un sourire de triomphe au coin des lèvres :

— En route pour la Terre, crâne d'œuf, nous venons d'échapper au champ d'attraction d'Arcadie et nos pilotes automati-

ques nous conduisent au bercail. Mais nous reviendrons bientôt (et me montrant l'épais dossier qu'il avait emmené, et
duquel je l'avais remarqué il ne s'était pas séparé durant le trajet
de la ville à l'astronef) tout est là, la position de la planète au
sein de la galaxie, les mouvements relatifs à son orbite par
rapport à ceux des astres voisines, la carte des continents et des
mers, l'emplacement des villes, et même le plan d'invasion :
quatre bombes H lâchées en orbite sur les quatre villes princi-
cipales et la conquête du reste sans une égratignure : ils auront
trop peur et se terreront comme des lapins... Tiens, où donc
sont ces derniers plans : le bombardement, puis l'invasion...
pas de doute, je les ai oubliés dans notre résidence, crois-tu qu'ils
puissent les comprendre ? Bah ! et puis quelle importance ; quand
nous reviendrons dans quelques mois ils seront aussi impuissants
à nous repousser.

— Je crois qu'ils les comprendront, dis-je.

Et puis d'un coup j'ai tout compris :

» ... et que tu ne reviendras pas.

— Tu es fou, dit-il.

— Non, tu ne pourras pas revenir ; parce que je t'aurai tué.
Mais ce n'est pas même nécessaire car en ce moment ils doivent
déchiffrer ton plan de conquérant criminel et cela signifie la fin,
ta fin.

Seule ma mémoire a conservé ce témoignage de notre tentative
de fuite d'Arcadie. Mais elle en possède une seconde version, la
vraie, ou du moins la décisive et la définitive. La voici : notre
conducteur posa l'engin au bord d'une falaise surplombant le
désert de cinq cents mètres, d'où l'on voyait briller à quelques
kilomètres le cône effilé de notre vaisseau posé sur le sable
mat et rosé. J'attendais l'étourdissement, l'éblouissement, qui ne
vint pas. Je fixais intensément le point de repère de notre
vaisseau, et le vis se désintégrer au milieu d'un nuage de sable.
Je me tournai vers Mac en même temps que notre conducteur ;
ce dernier braquait le pistolet à laser et le déchargea sur mon
compagnon qui s'effondra. Là-bas le tourbillon de sable retom-
bait mollement au fond d'un gigantesque cratère, là où se dressait la fusée terrestre. Il me sembla que mon compagnon arcadien
me souriait quand il éleva l'engin et l'orienta en direction de la
ville.

« L'humanité entière dans l'espace et dans le temps est une
immense armée qui galope à côté de chacun de nous, en avant
et en arrière de nous, dans une charge entraînante capable de
culbuter toutes les résistances et de franchir bien des obstacles,
même peut-être la mort. » (Henri Bergson, *L'évolution créatrice*.)

Sur le grand écran de l'école élémentaire devant laquelle

m'avait déposé le véhicule, les signes de l'alphabet arcadien les plus rudimentaires, très agrandis, apparaissaient lentement au rythme de ma compréhension et m'expliquaient : « Nous ne possédons que quatre de vos cinq sens ; mais nous sommes doués d'une autre faculté dont vous êtes privés. Vous ne l'avez hélas compris que lorsqu'il était trop tard, quand l'astronef s'évadait d'Arcadie, alors que tout était consommé. Cette faculté, peut-on l'appeler notre cinquième sens, c'est la prémonition. Toute race semblable aux nôtres possède l'un ou l'autre de ces cinquièmes sens, l'ouïe ou la prémonition, mais jamais l'un et l'autre. Imaginez, victime du caprice d'un tyran antique, un esclave enchaîné en permanence et depuis son plus jeune âge à l'arrière d'un char de combat, tournant le dos à l'attelage et au conducteur, le cou enserré dans un carcan. Quelle notion de l'espace et du monde acquerrait-il ? Son esprit n'enregistrerait que des visions de paysages s'estompant progressivement : images du passé, de soldats marchant derrière le chariot au même rythme : images du présent. Par contre tout ce que voit le conducteur· (ou n'importe lequel de ses compagnons pouvant orienter son regard) ressortirait pour lui de domaines mystérieux, l'image des sites que le véhicule atteindra relevant pour lui du futur : celle des armées ennemies dont il entend peut-être les tumultes, qui fuient et ne seront pas rattrapées, relevant elles, de l'inconnu. Seuls quelques accidents : demi-tour du char qui traverse en sens inverse des paysages déjà vus suivant une autre perspective, reflux d'hommes, de troupes en déroute, pourraient peut-être lui donner à penser que tout n'est pas si simple et que son futur n'est peut-être pas aussi impénétrable qu'il le croyait. La faculté innée de mémoire de nos races est comme la vision du conducteur du char, à deux directions orientables ; vers l'arrière : le passé, mais aussi vers l'avant : l'avenir. Il en demeure quelques traces chez vous, où subsistent quelques rebelles : voyants, médiums, etc., qui gênent tant votre science dite officielle. Votre langage linéaire est le carcan qui a déformé votre psychisme et atrophié votre mémoire potentielle du futur. C'est votre sens de l'ouïe qui vous a tout naturellement conduits pour communiquer à utiliser tout comme vos bêtes qui grognent ou crient ce langage oral, articulé, à sens unique, chaque mot, chaque phrase nouvelle venant après le mot ou la phrase précédente. L'enchaînement chronologique des sons et des mots a entraîné celui des concepts, a conditionné votre intelligence, vous a inspiré des règles d'une logique simpliste et absurde, orientés vers de faux problèmes philosophiques comme par exemple celui de la cause première et de l'existence de Dieu. Il ne peut exister de cause première parce que le temps n'a pas un sens irréversible et fatal et parce que chaque action dépend de milliers de causes, tout comme chacun de nos destins individuels dépend partiellement, il est vrai, des mouvements de planètes et d'étoiles si éloignées soient-elles de notre lieu de naissance. Et comme tout réagit sur tout, jamais rien n'est certain ou définitif. Si vous observez (si discrète soit votre action) un sujet, vous perturbez l'objet observé qui vous apparaît et devient différent de ce qu'il devrait être ; l'expérience a modifié et l'observateur et l'observé. Si vous résolvez un problème, vos conclusions réagissent sur les prémisses et changent les données initiales. Vos physiciens et sociologues dont les disciplines sont régies par les lois des grands nombres commencent à accepter ces principes, paradoxaux pour les autres terriens. Enfin, si au sein du présent vous agissez dans le but d'infléchir le futur, des ondes de ce futur peuvent rejoindre ce présent et modifier la situation première. La philosophie arcadienne, science de nos sciences, a pour objet de coordonner, de dominer et de transcender ces phénomènes apparemment nourris d'incertitudes et de contradictions, d'en dégager les grands principes qui régissent l'Univers : la Vérité, l'Absolu. Mais nous énonçons des concepts que vous ne pouvez saisir... du moins, actuellement. Notre espèce n'a pas été freinée dans son évolution par vos entraves sémantiques et a pu progresser très vite ; les premiers Arcadiens ont succédé aux grands quadrumanes il n'y a que quelques dizaines de milliers d'années ; c'est ce qui explique notre coexistence avec des espèces animales éteintes chez vous. Nous sommes encore trop peu nombreux, avec trop de possibilités d'expansion sur notre planète pour songer à l'évasion vers d'autres planètes et à la construction de fusées cosmiques. Notre mémoire du futur nous permet quelques aimables divertissements : notre courtoise et un peu surprenante prise de contact dans le désert dès votre sortie de l'astronef, nos chasses pacifiques aussi mouvementées qu'inoffensives, etc., nous assurent surtout un développement harmonieux : la politique d'un gouvernement est simple quand il peut mesurer les effets de ses décrets, la vie sociale douce quand on peut rééduquer les mauvais sujets avant leurs délits et les prisons dès lors sont inutiles, la vie familiale sereine quand on peut regretter ses ancêtres avant leur mort, la science féconde quand on peut vérifier sur-le-champ les hypothèses les plus audacieuses... »

Des années ont passé ; maintenant je lis couramment les messages rapides et foisonnants de mes amis sur leurs pupitres triangulaires et suis capable de dialoguer aisément avec eux. Ceci est mon dernier écrit terrestre car j'éprouve de plus en plus de difficulté et de fatigue à m'exprimer dans ce langage irrationnel.

Je viens de subir volontairement une intervention chirurgicale : l'ablation des pavillons de mes oreilles, l'obturation de mes conduits auditifs me rendent identique aux habitants de cette planète. Et bientôt, je le sens déjà par certaines intuitions, quelques illuminations, certains rêves étrangement prophétiques, je serai doué du cinquième sens, du vrai ; comme mes frères arcadiens je me souviendrai du passé et du futur...

FRANÇOIS RICHAUDEAU, *Le Cinquième sens.*

COMPREHENSION-MEMOIRE

1. Les Arcadiens ressemblent à des
a) Indonésiens ;
b) Arabes d'Afrique du Nord ;
c) Aztèques du Mexique ;
d) Tribus d'Australie.

2. Il leur manque notre sens de
a) l'ouïe ;
b) le goût ;
c) le toucher ;
d) l'odorat.

Votre nombre de bonnes réponses	Votre taux de compréhension
1	10 %
2	20 %
3	30 %
4	40 %
5	50 %
6	60 %
7	70 %
8	80 %
9	90 %
10	100 %

3. Mac a choisi son compagnon de voyage interstellaire (le narrateur de l'histoire) à cause de
a) sa préparation antérieure ;
b) sa mémoire et son intelligence ;
c) sa force physique ;
d) ces trois qualités réunies.

4. Mac lui-même a entrepris ce voyage à cause de
a) ses complexes d'infériorité physique ;
b) ses ambitions politiques ;
c) ses démêlés avec la justice de la Terre ;
d) son goût pour l'acquisition de nouvelles connaissances.

5. Les planètes découvertes avant Arcadie ont procuré aux voyageurs
a) d'innombrables satisfactions en ce qui concerne le but poursuivi ;
b) quelques satisfactions médiocres ;
c) une seule réussite qui a incité Mac à recommencer ses explorations ;
d) des échecs uniquement.

6. Sur la planète Arcadie, les habitations sont construites en
a) pierres dures ;
b) ciment armé ;
c) matière plastique ;
d) métal précieux.

7. Chaque ville d'Arcadie est entourée
a) de champs cultivés ;

BONNES REPONSES

1 *c*, 2 *a*, 3 *b*, 4 *b*, 5 *d*, 6 *c*, 7 *d*, 8 *b*,
9 *d*, 10 *d*

Votre temps de lecture en minutes	Votre vitesse en signes par heure	Votre temps de lecture en minutes	Votre vitesse en signes par heure
7	371 000	17	153 000
8	325 000	19	137 000
9	288 000	21	124 000
10	260 000	24	108 000
11	236 000	27	96 000
12	216 000	31	84 000
13	200 000	35	74 000
14	185 000	40	65 000
15	173 000	45	58 000
16	162 000	50	52 000

Ce texte comprenait 43 300 signes.

b) de jardins ravissants ;
c) de déserts arides ;
d) de forêts sauvages.

8. Les animaux qui peuplent la planète Arcadie sont, par rapport à ceux de la Terre
a) identiques ;
b) semblables, mais moins évolués ;
c) semblables, mais plus évolués et plus doux ;
d) totalement différents.

9. L'alphabet des Arcadiens paraît, par rapport au nôtre
a) plus élémentaire, mais basé sur le même principe ;
b) plus complexe, mais basé sur le même principe ;
c) basé sur des principes différents, plus élémentaires ;
d) basé sur des principes différents, plus complexes.

10. Le cinquième sens des Arcadiens est
a) une ouïe plus fine qui ne nécessite pas le pavillon des oreilles ;
b) une perception de sensations nouvelles basées sur un toucher ultrasensible ;
c) une capacité de deviner les pensées des autres ;
d) une faculté prémonitoire.

L'écrémage

Nous avons vu que la lecture rapide exige de la souplesse, une bonne adaptation de l'œil et du cerveau au texte. Deux facteurs interviennent dans cette adaptation :

— la difficulté du texte à lire,
— le temps dont on dispose pour la lecture.

Chacun reconnaît volontiers l'importance du premier facteur dans la stratégie de la lecture. Mais le second ne paraît pas aussi sérieux. Une dame de nos amies, très bonne maîtresse de maison, mais peu intellectuelle, affirmait dernièrement en notre présence : « Je n'ai guère de temps pour lire. Mais quand je lis, je ne veux pas aller vite. Je préfère garder le livre sur ma table de chevet pendant six mois, un an, deux ans si besoin est, plutôt que de le gâcher par une lecture rapide. »

Mais voici son fils, élevé dans les meilleurs principes de lecture lente, qui se trouve à la veille d'un examen. Il a repassé en temps voulu à peu près tout son programme. Cependant dans la matière qu'il aime le moins, il ne se sent pas sûr de lui. Que faire ? Il n'a pas le temps de relire à fond tout le manuel sur cette matière. Qu'à cela ne tienne ! Dans l'heure qui lui reste avant de dormir, oubliant tous ses principes de lecture lente, il feuillette son manuel à toute vitesse, se contente de retenir les titres et de chercher dessous quelques phrases clefs.

Si ce jeune homme s'affole et va trop vite, il risque de perdre le fil et de ne rien retenir. Mais s'il applique cette technique avec sang-froid, il va faire, en l'espace d'une heure, un excellent travail. La structure, le canevas du cours lui apparaîtra clairement dans ses grandes lignes. Beaucoup de détails s'y adapteront sans difficultés. Il sera lui-même surpris de ce qu'il parvient à retenir ainsi en si peu de temps.

Vous avez sûrement déjà appliqué la technique de l'écrémage à certaines de vos lectures. C'était à votre insu peut-être, comme dans le cas du jeune homme que nous venons de mentionner. Il s'agit là cependant d'une technique éprouvée, qui rend les plus grands services quand elle est appliquée à propos. Les très grands lecteurs, obligés soit par goût, soit par profession à être au courant de toute l'actualité, savent s'en servir avec une habileté stupéfiante[1]. Nous pouvons, nous aussi, développer nos aptitudes dans ce domaine, et décupler ainsi nos possibilité de lecture. Il suffit d'un peu de discernement et de beaucoup d'entraînement pour obtenir des résultats satisfaisants. La souplesse de la lecture en est merveilleusement améliorée.

Définition de l'écrémage

Le principe fondamental de l'écrémage est : réduction du nombre des mots lus sans que la compréhension générale du texte en souffre. Depuis le sixième cours, des exercices vous ont permis de vous entraîner à distinguer les mots pleins de sens dans un texte. Vous savez faire un choix entre les phrases clefs, qu'il faut lire attentivement, et les phrases portant sur des détails, qui peuvent être lues à demi ou sautées.

Bien entendu, il ne s'agit pas de rendre la lecture plus superficielle. Il s'agit d'éliminer le travail inutile, de concentrer l'effort là où il est plus urgent d'augmenter l'acuité de la compréhension.

Une expérience a montré l'utilité d'un écrémage judicieux. M.

---

1. Plusieurs exemples célèbres sont cités dans la préface.

et E. De Leeuw ont fait lire un texte à un groupe d'élèves. Toutes les cinq secondes, un signal auditif résonnait et chaque lecteur marquait alors l'endroit où il en était dans le texte. Quand ils eurent terminé leur lecture, les expérimentateurs ont comparé le nombre de mots lus par chaque lecteur dans les intervalles marqués de cinq en cinq secondes. Ils ont ainsi découvert que, dans les parties importantes du texte, les lecteurs les plus rapides ne lisaient pas plus vite que les lecteurs lents. Mais dans les parties sans signification, les lecteurs rapides écrémaient à travers les détails ; tandis que les lecteurs lents, au contraire, ralentissaient de peur de mal retenir les détails sans importance.

A la fin de l'exercice, ce furent les lecteurs rapides qui fournirent le meilleur test de compréhension. Ils avaient su s'imprégner des passages importants, au lieu de s'arrêter sur des détails. Ainsi un écrémage bien fait augmente la compréhension, au lieu de rendre la lecture superficielle.

La hauteur du faisceau actif de vision

Vos yeux possèdent une deuxième aptitude très utile pour l'écrémage. Dans le quatrième cours, nous vous avons parlé de la largeur de votre faisceau actif de vision. Pour la lecture intégrale, vos yeux se concentrent sur une seule ligne à la fois. C'est pourquoi seule la largeur du faisceau visuel intervient dans la lecture intégrale. Mais dans la lecture sélective, les yeux avancent plus souvent dans le sens vertical. Alors la hauteur du faisceau visuel peut être également utilisée.

Nous possédons là une aptitude trop souvent ignorée. Quand l'œil fixe un mot dans une ligne, il peut saisir en même temps, sans se déplacer, le mot qui se trouve au-dessus et le mot qui se trouve au-dessous de la ligne qu'il regarde.

L'exercice suivant va vous permettre de vérifier quelle est actuellement la hauteur de votre faisceau actif de vision. Vous trouverez d'abord des lettres qui se suivent verticalement. Centrez votre œil sur la lettre o centrale. Puis fermez les yeux un instant. Quand vous les rouvrirez, cherchez à distinguer en même temps que le <u>o</u> le <u>r</u> et le <u>i</u> qui l'encadrent. Puis fermez les yeux à nouveau. Rouvrez-les, et cherchez à distinguer d'un seul regard les cinq lettres verticales qui forment le mot <u>froid</u>.

f

r

→ o ←

i

d

Voyez, vous y arrivez aussi facilement que quand il s'agissait d'élargir votre faisceau visuel horizontal, dans le troisième cours. Votre faisceau actif vertical est presque aussi puissant que votre faisceau actif horizontal. Mais chez la plupart des lecteurs, il est beaucoup moins entraîné. Nous allons à présent recommencer l'exercice avec une colonne de mots.

Dans la colonne qui suit, vous fixerez d'abord le mot central « livre ». Puis vous fermerez les yeux un instant. En les rouvrant, vous déciderez de voir d'un regard les trois mots « lire », « livre » et « loin » et ainsi de suite. En gardant le regard centré sur « livre », vous chercherez combien de mots de cette colonne votre regard peut embrasser verticalement d'un seul coup d'œil.

leur

lieu

lilas

lire

→ livre ←

loin

long

lune

lyre

Jusqu'où votre œil est-il allé ? Si vous sentez que votre œil est encore maladroit, entraînez-le en faisant l'exercice suivant.

Le mieux est de vous mettre à deux, pour contrôler que l'œil ne monte ni ne descend, pendant que vous énumérez à haute voix les mots que votre œil perçoit en restant dans la position centrale. Placez votre livre bien à plat devant vous. Arrangez-vous pour que votre œil soit bien éclairé. Votre partenaire, assis en face de vous, surveillera attentivement les mouvements involontaires de l'œil, en fixant votre pupille.

Si vous reprenez le même exercice avec une page de journal, vous pouvez percer une ouverture au centre de la page. Pour la lire, vous la tiendrez des deux mains verticalement. Et votre partenaire pourra surveiller vos yeux à travers l'ouverture.

Entraînez-vous ainsi avec constance. Dans l'écrémage, un large faisceau vertical de la vision rend les plus grands services.

EXERCICE POUR ENTRAINER LA VISION VERTICALE

Pour entraîner l'aptitude de vos yeux, quand ils fixent un mot dans une ligne, à saisir en même temps sans se déplacer le mot qui se trouve au-dessus et le mot qui se trouve au-dessous de la ligne qu'ils regardent, voici un exercice très utile. Concentrez votre regard sur la ligne centrale du premier losange ci-dessous. Sur cette ligne, vous pouvez lire le mot « caser », indiqué par deux flèches. Puis fermez les yeux un instant. Quand vous les rouvrirez, cherchez à distinguer en même temps le mot central « caser » au-dessus, « cas » et le mot au-dessous, « ces ». Essayez de la sorte plusieurs fois, en fermant et en ouvrant alternativement les yeux, et en vous concentrant fortement sur l'idée de percevoir plus d'une ligne à la fois.

Vous pourrez ainsi vous exercer successivement sur les différents losanges présentés. Graduellement, ils deviennent plus grands, vous offrant un champ d'exercice plus vaste. Recommencez plusieurs fois cet exercice en vous concentrant.

	cas			fil			lot			bec	
→	caser	←	→	fière	←	→	lotus	←	→	beige	←
	ces			fut			lui			bel	
	dos			mât			pli			riz	
→	doter	←	→	maure	←	→	plein	←	→	roche	←
	dur			max			plu			rue	
	nul			gui			toi			cab	
→	nylon	←	→	guide	←	→	toile	←	→	cabas	←
	nuque			guêpe			tonne			cadre	
	nue			gué			tue			can	

mot	lad	pré	nez
moulu	labeur	poste	nuit
→ motif ←	→ ladre ←	→ poser ←	→ noire ←
mue	las	pot	nié

boa	gag	lac	ail
boîte	gager	lagon	aller
→ bonsoir ←	→ garanti ←	→ laideur ←	→ alezane ←
borne	garni	lâche	aimer
but	gaz	las	âme

dix	jeu	hic	mou
droit	joint	hévéa	moule
→ douleur ←	→ journée ←	→ horloge ←	→ mourant ←
duvet	jupon	huppe	mulet
dur	jus	hue	mue

peu	pie	bis	bée
petit	piler	bilan	béret
piaffer	pillard	binocle	beaupré
→ perçant ←	→ pierrot ←	→ binaire ←	→ bécasse ←
pépin	piété	biche	berge
pas	pic	bas	bol

pas	foi	élu
péage	foire	émane
paysage	foncier	émarger
→ pellicule ←	→ fondation ←	→ embaucher ←
pénurie	footing	emblème
perle	forum	émeri
peu	fou	ému

ver	âge	mis
vendu	agent	mieux
vengeur	aigreur	mièvres
versement	aiguiller	migration
→ vertigineux ←	→ aimentation ←	→ militariser ←
vigoureux	ajoutable	minimiser
vitesse	alerter	minutie
vitre	alors	mixte
vie	ami	moi

sec	tas	eau
seize	taupe	ébahi
sembler	taureau	ébarber
sensation	taurillon	ébrancher
sentimental	tauromachie	ébranlement
→ septentrional ←	→ télévisionner ←	→ échappatoires ←
sollicitude	témoignages	échangeable
sortilège	tenancier	ecchymose
soyeuse	tension	économe
suave	terre	écrit
suc	toc	écu

Règles fondamentales de l'écrémage

La technique de l'écrémage est efficace quand on se conforme aux trois règles fondamentales suivantes :

1. Trouver rapidement l'idée principale du texte.
2. Lire à fond les phrases importantes.
3. Passer très vite sur les phrases de détail.

1 / COMMENT TROUVER RAPIDEMENT L'IDÉE PRINCIPALE ?

Pour cela pas de directives univoques. Tous les moyens sont bons. L'œil peut zigzaguer à travers le texte à droite, à gauche, comme un éclair. Il peut suivre la marge de gauche en lisant le début de chaque ligne ; ou bien la marge de droite en lisant la fin de chaque ligne. D'autres préfèrent suivre la diagonale, partant du haut de la page à gauche pour terminer en bas à droite. Un bel exemple de cette technique est donné par nos travaux de laboratoire : la figure suivante reproduit le trajet d'un lecteur prodige, Jacques Bergier.

Un jour, Mariette et sa mère quittèrent Paris pour Lyon, ou elles devaient demeurer le temps des grandes vacances De Lyon elle lui écrivit une fois, puis ne répondit plus à ses lettres qu'il lui envoyait poste restante Il y fut en seul ou par personnes amies il la recherchà Les deux femmes avaient quitté leur hôtel sans laisser d'adresse A son retour, il trouva le kiosque rouvert avec une nouvelle tenancière Il n'entendit plus parler de Mariette

Après quelques semaines il retourna à Lyon En vain Il était gené dans ses recherches parce que ce chardonneret de douceur était comme neuf sur dix jeunes filles ou jeunes garçons un monstre de dissimulation de ruse et de mensonge à l'égard de sa mère qui ne se doutait de rien Il craignait de la compromettre

Il resta obsédé par le souvenir de cette petite Ce souvenir emprisonnait tout le reste c'était un nuage étendu sur sa vie « Un seul être vous manque et tout est dépeuplé » Avec quelle force il le connut! Maintenant ce dégout cette nausée qui cette nausée des corps et des êtres et les plus délicieux parce qu'il n'avait plus ce qu'il aimait Trois quatre fois il écrivit à Lyon jeta cette lettre de plus dans l'abîme il retournait au cours de Vincennes et il y errait, le fer dans le cœur buvant du regard les avenues sèches comme si la force et la concentration de son désir allaient soutirer hors de l'atmosphère et forcer à être cette forme chérie

Quatre mois il resta ainsi dans un puits de mélancolie toute sa vie sentimentale et sexuelle comme bue par ce souvenir n'ayant l'énergie ni d'épuiser toutes les possibilités en ce qui regardait Mariette (la faire rechercher par un détective privé voire par la police) ni de se tourner resolument vers l'inconnu et d'essayer des femmes jusqu'à ce qu'il en trouvât une bonne Il constatait qu'il lui avait fallu dix ans et une soixantaine de femmes pour en trouver une qui éveillât en lui cette tendresse merveilleuse dont à présent il lui semblait qu'il ne pouvait plus se passer A ce rythme que d'essais infructueux et lassants que de faux départs en perspective avant de rencontrer pareille réussite que de tristes caricatures du paradis perdu!

Il était ainsi paralysé quand s'accomplit la déconfiture des agrandisseurs Dans son désarroi il se jeta à la rue et y ramassa n'importe quoi qui dans l'obscurité de la nuit lui avait fait quelque impression, mais qui a la lumière le glaca Une nuit durant cette femme avide, ou qui avait trouve en Léon quelque chose qui la rendait folle, le serra dans ses bras s'escrima comme un singe obscène contre son corps inerte lui offrant grande ouverte sa bouche à la dent gatée et qu'incessamment il refusait lui couvrant le visage de baisers qu'il ne rendait pas l'englunant de sa sueur l'étreignant sans qu'il répondît immobile comme une pierre ligoté par l'animosité et le dégout Peu après il partit pour Chatenay

Dans un bled comme Châtenay il fallait se tenir Il eut pu tirer des bordées à Paris mais il s'en arrête par deux sentiments une aventure comme celle de Mariette lui paraissait de plus en plus un miracle sur lequel il ne fallait pas compter et cette dernière nuit « d'amour » véritablement infernale lui rappelait avec force ce qu'il risquait dans ses tentatives de miracle Ajoutez qu'il n'avait plus d'argent mais cela est accessoire un homme trouve toujours assez d'argent pour faire l'amour Ajoutez surtout que M de Coaintre à Châtenay avait commencé de se vétir en chemineau de ne se laver plus Bientot la pensée de posséder une femme suscita en lui des objections dominantes s'habiller! se laver! se mettre en frais! faire le gracieux! que de tracas! La petite chose certes lui eut été agréable Mais il fallait la payer de trop de dérangement Le jeu n'en valait pas la chandelle

Cette continence dura vingt ans Est ce possible! dira t on La jeunesse s'imagine que les couvents abritent des horreurs Nous croyons nous que les couvents abritent en général un grand calme de la chair Plus on fait l'amour, plus on a envie de le faire A l'inverse si on s'en abstient complètement (à condition de n'être plus dans la fougue de l'âge et d'avoir eu son saoul) l'envie en disparait les organes s'endorment puis s'atrophient

Une constatation vous guidera dans la recherche de l'idée principale. Dans un texte moderne, clair et bien écrit, l'auteur expose souvent son idée principale dès le premier paragraphe, et il résume la conclusion qui en découle dans le dernier paragraphe. C'est ce que nous avons montré dans le sixième cours, en analysant la carte de la ligne de pensée d'un auteur. Les points d'alerte principaux que nous avons signalés se trouvaient l'un au début, l'autre à la fin du texte. On retrouve cette structure par exemple dans le court article suivant.

VERDUN

De cette évocation historique se dégage une émotion assez rare. Cela tient au fait que les témoignages des survivants ont été filmés sur les champs de bataille et que leurs souvenirs sont alors parfaitement subjectifs : « J'étais ici », « C'est là que l'obus est tombé ».

Cette qualité purement humaine du reportage se trouve renforcée par les documents d'archives qui apportent, juste aux moments nécessaires, un point de vue d'ensemble à ce qui est bien plus un *récit* qu'un film de montage. Ces documents, pour la plupart inédits, ce qui ne manque pas d'étonner après tous les travaux effectués au cinéma et à la télévision sur cette période, sonorisés d'une façon remarquable, prennent le même poids de réalité que les images du présent. C'est au point que, au moment où des combattants, montant au front, défilent devant nous, nous avons l'impression qu'ils nous regardent, qu'ils se savent filmés pour la télévision. Ils perdent alors leur caractère anonyme et sont semblables à ceux qui parlent en leur nom.

Cette construction temporelle n'est pas seulement le fruit de l'intelligence ou de l'adresse du réalisateur. Il est bien certain que Daniel Costelle, en se penchant sur cette épopée sanglante, y a participé avec sa propre sensibilité. Frappé par les horreurs d'une guerre qu'il n'a pas connue directement et par le phénomène que représente Verdun dans l'histoire de la France, il a voulu comprendre.

L'originalité de cette émission, sa force et sa grandeur discrète viennent de ce qu'elle plonge jusqu'aux racines du fait humain, dans la boue des tranchées, les replis de terrain, la mêlée, les ruines, les lieux du souvenir. Elle nous montre sur quelles humbles et solides valeurs se fondent les grands mots comme « héroïsme » et « patrie ». C'est la guerre des hommes vue à hauteur d'homme, et c'est la première fois qu'on la présente de

cette façon dans une émission « documentaire » à la télévision.
(Première chaîne.)

Le Monde, 23 février 1966.
La télévision, par Jacques Siclier.

Quand on ne trouve pas l'idée principale dans le premier paragraphe, on peut abandonner ce paragraphe à mi-chemin et
sauter au second paragraphe. On y trouvera peut-être ce qu'on
cherche. Voici un court extrait d'un article qui suit ce type de
structure.

LE TRAC ET SES MYSTERES

Le rideau vient de se lever au Théâtre des Ambassadeurs sur la
228e représentation de la pièce d'André Roussin, *le Mari, la
Femme et la Mort*. La comédienne qui joue le rôle principal,
Jacqueline Gauthier, se trouve sur la scène depuis un bon
moment : elle est à l'aise, elle connaît son texte sur le bout des
doigts, l'émotion de la « générale » s'est depuis bien longtemps
estompée.

Soudain, un trouble indicible s'empare d'elle. Ce que l'on appelle dans le métier « un trac épouvantable ». La peur, l'angoisse,
la gorge serrée, le tremblement des mains, le texte qui fuit votre
mémoire. En un instant, elle éprouve, elle connaît tout cela.

Le trac ? Une apparition vient de le faire naître : la silhouette
d'un homme qu'elle a reconnu. C'est la même stature, la même
gabardine, le même chapeau. Et, pourtant, elle sait bien qu'« il »
est mort. La veille, en effet, le 3 décembre 1954, son partenaire,
l'acteur Fernand René, est mort subitement après la représentation. Malgré ce deuil, il faut jouer. On a remplacé dès le
lendemain Fernand René par sa doublure, le comédien Hieronimus.

Jacqueline Gauthier sait tout cela, mais, dans le feu du jeu,
habitée par son personnage, elle l'a momentanément oublié. Et,
soudain, le mort, redevenu vivant, surgit de la pénombre.

— Alors, explique-t-elle, tout ce qu'il y avait d'instinctif, de
machinal, d'automatique dans mon jeu s'arrêta brusquement. Ce
choc m'arracha au monde imaginaire du théâtre et me fit revenir
sur terre ; en un instant, je me dis : « Mon Dieu, c'est vrai, il est
mort. » Je devais selon le texte éclater de rire. A la place du
rire, il me vint un sanglot et je fondis en larmes. Je cherchai
vainement mon texte, le trac l'avait fait fuir ; mon autre parte-

naire, Claude Nicot, dut me le souffler. Je n'oublierai jamais cet instant terrible.

Il s'agit là, bien sûr, d'un trac exceptionnel, d'un trac au paroxysme. Subit, il a une cause soudaine et inhabituelle ; mais il a du trac ordinaire l'angoisse qui étreint la poitrine et la gorge, le trouble qui fait perdre la mémoire du texte et qui en tout cas affaiblit ou annihile le contrôle de soi.

André Calas, *Lecture pour tous*, mars 1961.

Mais tous les textes ne sont pas écrits dans ce style direct et qui va droit au but. Dans un écrit du XVIIIᵉ siècle par exemple, il n'était pas de bon ton d'en venir tout de suite à l'idée principale. Quelques prolégomènes plus généraux paraissaient nécessaires.

Nous en trouvons un exemple dans le beau mémoire de l'académicien Jean Itard sur un enfant sauvage, Victor de l'Aveyron, qu'il avait rééduqué lui-même, après que trois chasseurs l'eurent découvert errant tout nu dans une forêt. Ce mémoire date de 1801. Voici comment il commence.

MEMOIRE
SUR LES PREMIERS DEVELOPPEMENTS
DE VICTOR DE L'AVEYRON

Jeté sur ce globe sans force physique et sans idées innées, hors d'état d'obéir par lui-même aux lois constitutionnelles de son organisation, qui l'appellent au premier rang du système des êtres, l'homme ne peut trouver qu'au sein de la société la place éminente qui lui fut marquée dans la nature, et serait, sans la civilisation, un des plus faibles et des moins intelligents des animaux : vérité, sans doute bien rebattue, mais qu'on n'a point encore rigoureusement démontrée.

Les philosophes qui l'ont émise les premiers, ceux qui l'ont ensuite soutenue et propagée, en ont donné pour preuve l'état physique et moral de quelques peuplades errantes, qu'ils ont regardées comme non civilisées parce qu'elles ne l'étaient point à notre manière, et chez lesquelles ils ont été puiser les traits de l'homme dans le pur état de nature. Non, quoi qu'on en dise, ce n'est point là encore qu'il faut le chercher et l'étudier. Dans la horde sauvage la plus vagabonde, comme dans la nation d'Europe la plus civilisée, l'homme n'est que ce qu'on le fait être ; nécessairement élevé par ses semblables, il en a contracté les habitudes et les besoins ; ses idées ne sont plus à lui ; il a joui de la plus belle prérogative de son espèce, la susceptibilité de développer son entendement par la force de l'imitation et l'influence de la société.

On devait chercher ailleurs le type de l'homme véritablement sauvage, de celui qui ne doit rien à ses pareils et le déduire des histoires particulières du petit nombre d'individus qui, dans le cours du XVIIe siècle, ont été trouvés, à différents intervalles, vivant isolément dans les bois où ils avaient été abandonnés dès l'âge le plus tendre.

Mais telle était, dans ces temps reculés, la marche défectueuse de l'étude de la science livrée à la manie des explications, à l'incertitude des hypothèses, et au travail exclusif du cabinet, que l'observation n'était comptée pour rien, et que ces faits précieux furent perdus pour l'histoire naturelle de l'homme. Tout ce qu'en ont laissé les auteurs contemporains se réduit à quelques détails insignifiants, dont le résultat le plus frappant et le plus général est que ces individus ne furent susceptibles d'aucun perfectionnement...

A la fin du troisième paragraphe de ce texte, on trouve une allusion à ce qui va être le sujet traité. Mais aussitôt l'auteur repart sur des considérations plus vastes. Ce ne sera qu'au milieu de la quatrième page du mémoire qu'il formulera enfin son propos :

Oserais-je avouer que je me suis proposé l'une et l'autre de ces deux grandes entreprises : devant un individu pareil à ceux dont nous

venons de parler (des enfants sauvages) déterminer avec soin ce qu'il est, et déduire ce
qui lui manque, la somme jusqu'à présent in-
calculée des connaissances et des idées que
l'homme doit à son éducation.

A quoi reconnaîtrons-nous que c'est là le véritable sujet du mémoire ? A son accord avec le titre de ce mémoire. Tant que l'auteur nous entretenait de la nature et de la société, des philosophes
et des peuplades errantes, il était loin des « premiers développements de Victor de l'Aveyron ». Mais le début de la quatrième
page : « Oserais-je avouer que je me suis proposé... », signe avant-
coureur plein de promesses, est suivi de considérations qui illustrent fort bien le titre du mémoire.

Le tout, ici, est de ne pas rater le signe avant-coureur. C'est
une habitude qui vient avec l'expérience.

Dans un cas où la structure du texte est aussi complexe, ne
vous acharnez pas sur chaque paragraphe pour découvrir l'idée
principale. Lisez plutôt de page en page. Ainsi vous trouverez
plus vite à partir de quel moment l'auteur passe vraiment à ce
qu'il veut nous exposer.

Nous conclurons donc que, quand on cherche l'idée principale d'un
texte, toutes les techniques sont permises, à condition d'aller
vite, et de ne pas muser en cours de route. Dans le cas de
lecture sélective les impératifs ne sont plus les mêmes qu'en
lecture intégrale. La régression par exemple y est fort bien vue.
Dans l'écrémage, les yeux se promènent partout où l'attention
les appelle, de-ci, de-là, jusqu'à ce que le mot clef fixe leur regard
en un point, qu'ils explorent plus à loisir.

**La régression est le pire ennemi en lecture intégrale,
mais un outil utile en lecture sélective**

2 / LIRE A FOND LES PHRASES IMPORTANTES

Ne croyez pas qu'il s'agisse uniquement de vitesse dans l'écrémage. Il faut parfois le temps de comprendre. Un texte est jalonné de phrases importantes qui lui donnent son sens. Nous nous sommes exercés à bien les discerner dans le sixième cours. Quand nous les avons reconnues, nous devons leur consacrer le temps nécessaire à bien les enregistrer. Elles méritent une attention véritable.

Quand le sujet du texte à parcourir nous passionne, nous n'avons pas de difficulté à repérer instantanément les phrases importantes. Un amateur de photographie qui vient d'acheter un ouvrage sur son activité favorite, même s'il n'a pas le temps de se plonger dedans tout de suite, ne résiste pas à la tentation de le feuilleter, de s'arrêter ici et là, de lire les passages qui lui apportent des révélations nouvelles, négligeant les détails déjà connus pour ne pas distraire trop de temps à son travail sérieux.

Cette attitude est la bonne quand il s'agit d'écrémer un texte. Seuls les passages nouveaux et importants doivent retenir l'attention. Mais ceux-là sont lus intégralement. Pour le reste, un mot attrapé ici ou là suffit à suivre le raisonnement général de l'auteur.

Tout l'art réside donc dans le fait de saisir au vol les passages importants. Il faut apprendre au cerveau à devenir aussi disponible dans tous les domaines que dans celui qui nous passionne le plus. Souple et alerte, il saura aller droit à l'essentiel. Quant à l'œil, son champ ordinaire de vision doit doubler. Même ce qu'il ne perçoit qu'à demi dans la lecture ordinaire peut servir ici à capter le sens d'un passage.

Les yeux sont sur le qui-vive, la pensée qui cherche est aux aguets. « C'est beaucoup plus fatigant que la lecture intégrale », se plaignait une fois un élève. Eh bien ! oui, quand on n'y est pas accoutumé, le temps gagné par l'écrémage est payé par une attention redoublée de l'esprit. Si vous vous contentez de coups d'œil distraits sur une page, en espérant tomber sur un seul mot qui expliquera tout, vous serez déçu. L'écrémage exige une pression constante. C'est comme la conduite automobile. Aux grandes vitesses, il faut faire plus attention.

Grâce au maintien de l'esprit en alerte, la quantité d'information retenue peut être aussi grande dans l'écrémage que dans la lecture intégrale, quoique on n'y passe que la moitié, parfois un quart, un dixième du temps nécessaire pour tout lire.

Si vous n'avez jamais essayé d'écrémer, le mieux est de partir sur un passage court et facile. Voici un exemple pour vous entraîner. Lisez *les deux premiers* paragraphes seulement, et *les deux derniers*, puis trois ou quatre lignes intermédiaires. Ensuite, vous reprendrez l'ensemble et le lirez aussi lentement que vous voudrez. Vous verrez que vous aurez saisi l'essentiel dès la première lecture. Seuls quelques détails vous manquaient.

STELE POUR JEAN LURÇAT

La mort de Lurçat, qui était la gloire d'Aubusson et qui a renouvelé l'art de la tapisserie, m'a fait mesurer davantage ce qu'est cet art du tapissier et comme Lurçat va lui manquer. Il avait compris que l'avenir de cet art, issu de la religion sans figures, de l'Islam négateur de l'Incarnation, avait tort de vouloir rivaliser avec la peinture et reproduire les choses et les êtres, comme la peinture le fait. Lorsqu'elle imite la peinture, la tapisserie, qui procède comme la mosaïque, n'est pas à son aise. Et elle est sûre d'être battue, parce qu'elle ne peut pas reproduire la grâce, les contours, le dégradé.

Vous me direz que la tapisserie reproduit cette couleur dans la couleur qu'est la nuance, art suprême du style. Et j'avais relevé cette plainte d'un grand tapissier de notre temps : « Le lissier ne dispose plus que des 14 420 tons du cercle chromatique. Il a perdu la faculté de passer au 14 421e ton ! » O supplice des amis de la nuance !

Jean Lurçat ne s'était pas engagé dans cette voie de la nuance ; je crois qu'il avait raison. Il a orienté le tapis vers les symboles, les contrastes, les éclats, les stridences, comme dans le vitrail. Entre le hiératisme de l'Orient et le trompe-l'œil de la ressemblance occidentale, il a retrouvé l'équilibre de la Renaissance. Ce qui lui manquait à mon sens, c'est la part du rêve et du mystère que les troubadours limousins, à la suite des Arabes et peut-être sous une influence cathare, avaient incorporée à la tapisserie.

Il m'arrive de rêver devant ce chef-d'œuvre de toute tapisserie qu'est *la Dame à la Licorne*. Dans mon enfance, je voyais ma mère le reproduire, point par point, quand elle s'exerçait à cet art constant et monotone qui, selon un mot de Mme Desbordes-Valmore à Sainte-Beuve, rappelle l'art de l'existence, où l'on travaille aussi à l'envers et moment par moment.

Vous vous souvenez : voici la Dame et sa suivante, devant une tente, avec la devise « Mon seul désir », image de ce qui dans l'être demeure inexprimable. Ce qui est exprimé est beau : d'abord dans la couleur, rose désormais, et qui à l'origine avait l'éclat du rouge ; puis dans ce surgissement de toute une création : animaux étranges, préhumains ou sous-angéliques, fleurs, emblèmes, signes, dans les trois éléments d'air, d'eau, de terre, non sans quelques étrangetés déjà « surréalistes », ainsi la queue du lion, la corne de la licorne, ou les trois croissants d'argent, qui étaient les armes de Claude Le Viste, l'énigmatique fiancée.

Je ne me lasse jamais devant ce carré magique où gisent tant de douleurs, de secrets, de silences, qui évoque à la fois le monde représentable des êtres doués de regard et de figure, et en même temps l'univers inhumain, surhumain ou sous-humain, plus abstrait que le hiéroglyphe, le chiffre ou l'écriture. Il y a même un miroir qui double le visage de la licorne et qui donne à la tapisserie une profondeur.

Je ne veux pas m'opposer à ceux qui affirment que ce chef-d'œuvre provient des régions de la Touraine. Il me suffit, pour mon propos, qu'on l'ait pu croire aubussonnais. Lorsque j'admire la Licorne et la Dame, je me repré-

sente je ne sais quelle correspondance entre
cette tapisserie et les bois, les châteaux, les
mystères, les fleurs, les bêtes, les chimères de
la Creuse, ce département méconnu dont on
va demain plaider la cause devant le chef de
l'Etat.

Pourquoi, dans le sillage de Jean Lurçat,
qui lui a communiqué, par un retour à ses
sources éternelles, un nouvel essor, la tapisserie d'Aubusson ne tenterait-elle pas une
grande aventure ? Les conditions de la vie
moderne nous placent dans des situations analogues à celles des grands âges de la tapisserie,
cette muraille déplaçable, flottante et magique,
que l'on peut rouler le soir, poser sur son
chameau, pour la planter ailleurs, reconstituer
un palais de songe et d'intimité. De nos jours,
les appartements sont vides, les murs sont
plats ; on change si aisément de demeure ! La
tapisserie est un décor somptueux, une manière d'emporter le rêve avec soi. Elle doit
élargir la demeure par son infinité comme un
vitrail domestique : elle peut faire pénétrer la
nature et la légende dans le logis, donner,
beaucoup mieux qu'un tableau sur un mur, un
immense objet vertical à notre contemplation.

Jean Guitton.
de l'Académie française.
Le Figaro, 2 février 1966.

3 / PASSER RAPIDEMENT SUR LES PHRASES DE DETAIL

Les phrases importantes sont entourées de phrases qui apportent des informations complémentaires. Ces phrases-là sont
secondaires pour la compréhension des idées de l'auteur. Elles
servent de transition pour passer d'une idée à la suivante, ou de
support à l'idée qu'elles entourent. Les unes apportent des faits
complémentaires utiles. Les autres soutiennent le fil de la lecture par un détail amusant, une idée annexe, une enjolivure ou un
rappel, une citation qui embellissent le texte.

Dans la lecture intégrale, ces phrases servent de tampon

entre les idées maîtresses du texte. L'esprit se détend, se repose un peu en les parcourant. Mais voilà leur danger. L'esprit peut céder à la tentation de s'évader ailleurs, de penser à toute autre chose que le sujet du texte. La lecture sélective préfère ignorer ces détails, pour être certaine que l'esprit assimilera l'essentiel. Les détails sont réservés pour les moments où on a le temps de tout lire. On peut toujours y revenir quand on a compris l'essentiel.

Cependant, parmi les phrases de détails peut s'établir une hiérarchie. Certaines ont encore de l'importance dans le texte. D'autres n'en ont vraiment pas. Deux exemples illustreront cela.

Prenons d'abord un passage d'un écrit scientifique qui contient certains détails vraiment superflus. On a intérêt à s'y attarder le moins possible, et l'écrémage est fort utile dans ce cas. Le texte décrit différents stades de la cellule vivante. Dans le paragraphe cité, seules la première et la dernière phrase se rapportent au sujet traité. Le reste peut être considéré comme superflu.

VISITE CHEZ LES INFINIMENTS PETITS

« La cellule libre se comporte comme une vésicule aqueuse. C'est d'ailleurs une vésicule, c'est-à-dire une sphère, et son dessin est une circonférence. Il s'agit des formes géométriques les plus parfaites : la circonférence parce qu'elle est incommensurable, et la sphère parce que son centre réel et son centre de gravité sont communs, ce qui fait qu'elle est en équilibre quelle que soit la position qu'elle occupe. Mathématiquement parlant, un corps qui tombe dans l'eau tranquille détermine des circonférences dont tous les points sont à égale distance de ce corps, comme le choc qui fait naître des ondes sonores est le centre d'une sphère à la surface de laquelle ces ondes sont perceptibles avec la même intensité. Chacun de nous n'est-il pas aussi le centre d'une sphère dont l'horizon et le zénith sont les limites apparentes, et combien souvent ce centre ne lui semble-t-il pas le point le plus

important ? La cellule libre est donc sphéri-
que, mais cette qualité se perd vite... »

Abordons maintenant un bref compte rendu sur une réalisation
nouvelle de la technique française. La première phrase contient
toute l'information : « Un certain nombre de personnalités et
de journalistes ont fait lundi après-midi leur premier voyage en
aérotrain. » Le lecteur peut s'en contenter, s'il n'est pas intéressé
par le sujet. Cette phrase suffit à le mettre au courant. Mais un
aérotrain n'est pas une chose que tout le monde connaît. Il peut
être utile de lire quelques détails si on veut savoir de quoi il
s'agit. C'est pourquoi la phrase informative essentielle est suivie
d'informations complémentaires concernant :
- le lieu où cela se passait,
- la technique adoptée,
- les performances attendues,
- les progrès futurs pour le train (en deux phases) et sa
  voie.
Chacun des paragraphes complémentaires a son utilité. Selon
votre optique, l'un vous intéressera peut-être plus que les autres.
Mais aucun n'est superflu en soi.

PREMIERE DEMONSTRATION DE L'AEROTRAIN

Un certain nombre de personnalités et de journalistes ont fait
lundi après-midi leur premier voyage en aérotrain. Cela se passait entre Gometz-le-Châtel et Limours dans l'Essonne, au sud de
Versailles. Le véhicule expérimental, que l'on avait vu à l'arrêt
dans un hangar de Villacoublay au mois de décembre dernier (*le
Monde* du 28 décembre 1965), avait été placé « à califourchon »
sur son rail de béton.

Prenant appui sur l'air comprimé projeté par le compresseur
actionné par deux moteurs Renault-Gordini, propulsé par une
hélice et un moteur d'avion de 250 chevaux, le véhicule a glissé
à une vitesse d'un peu plus de 100 kilomètres-heure, emportant à
son bord quatre passagers, un conducteur et un ingénieur. Essais
réussis donc dans ce premier stade. Il ne s'agit en effet pour

l'instant que d'un véhicule expérimental dont les dimensions sont pour la plupart inférieures de moitié à celles qu'aura le véhicule définitif. Celui-ci mesurera 20 mètres de long et pourrait atteindre une vitesse de 400 kilomètres-heure.

En attendant, les essais vont se poursuivre en deux phases :

1) Pendant un ou deux mois, on se contentera d'une vitesse d'une centaine de kilomètres à l'heure. Le véhicule expérimental, équipé d'instruments de mesure, servira essentiellement à établir un certain nombre de paramètres indispensables à la mise en œuvre de ce modèle de locomotion entièrement original.

2) On s'occupera ensuite d'aménager le véhicule lui-même. C'est ainsi qu'on l'équipera à l'avant de deux roues horizontales venant « pincer » le rail vertical et qui, actionnées par un moteur à explosion, permettront de pénétrer sans bruit à l'intérieur des villes.

Ainsi, à la fin de l'année, estime-t-on, on aura défini le véhicule en vraie grandeur, qui pourra être construit par la suite. Entre-temps, et bien avant cette date, la voie expérimentale de 6,6 kilomètres, dont 4 environ ont déjà été construits, aura été achevée.

Le Monde, 23 février 1966.

Dans un texte plus long, on a l'occasion de rencontrer tous les genres de détails, détails utiles, détails inutiles, détails de liaison, etc. Pour l'auteur qui écrit, aucun de ces détails n'est superflu bien entendu. Mais pour vous qui lisez, il n'en est pas de même. Qu'est-ce que votre esprit est préparé à assimiler ? Qu'est-ce qu'il vaut mieux remettre à plus tard ? Voilà les questions qui guideront votre choix. A vous donc d'organiser votre lecture pour en retirer dans l'immédiat le plus de fruits possible.

Quand vous lisez, c'est votre optique qui compte d'abord, nous l'avons vu dans le cinquième cours. Sachez, dans l'écrémage, établir votre hiérarchie des détails. Ne vous perdez pas dans les phrases qui n'en finissent plus.

Suggestions pour parcourir efficacement

Plus vous lirez et moins l'écrémage vous paraîtra difficile. Voici quelques suggestions pour vous mettre en train : soyez vigilant au départ ; cherchez la phrase clef ; essayez de saisir l'idée générale très vite ; quand on l'a trouvée, s'y arrêter au besoin un instant ; parcourir la suite en prenant de la vitesse, d'abord de phrase en phrase, puis de paragraphe en paragraphe. Il est parfois possible de saisir l'essentiel d'un article moyen en trois coups d'œil bien dirigés : première phrase — développement qui suit — dernière phrase.

Toutes les fois que vous en sentez le besoin, ralentir. Si vous perdez le fil, rétrograder et le ressaisir. Si vous le perdez trop souvent, c'est que vous parcourez trop vite le texte. Ralentir et en lire davantage.

Un auteur habile vous aidera à découvrir vite ce qui est essentiel. Il parsème son article de jalons pour mettre en relief les phrases clefs et les paragraphes clefs. Vous vous familiariserez vite avec son plan et ses types de phrases. Vous le comprendrez de mieux en mieux.

Quand ce n'est pas ainsi, quand le texte est trop ardu et embrouillé, il vaut mieux abandonner l'écrémage et adopter des techniques sélectives spéciales. Nous les exposons dans le neuvième cours.

Mais dès à présent faites de cette semaine votre « semaine d'écrémage ». Entraînez-vous à mobiliser votre attention pour capter très vite les passages importants de différentes sortes de textes. Comme un chef d'orchestre devant sa partition, apprenez à embrasser toute une page d'un coup d'œil lucide, mettant en valeur les passages importants par rapport aux autres.

Vous trouverez, au cours de vos lectures, un choix de textes variés qui conviennent à l'écrémage. Vous remarquerez qu'ils ne font pas tous partie de vos lectures préférées. Profitez-en pour apprendre à accorder autant d'attention à de nouveaux genres qu'à ceux qui vous passionnent. Abordez d'un esprit ouvert et dégagé des textes qui jusqu'à présent vous faisaient fuir. C'est l'occasion ou jamais de voir ce que vous êtes capable de réaliser. Vous serez surpris de l'intérêt que l'on peut prendre à tous les domaines, quand l'esprit est rendu plus dynamique par la lecture sélective. Efforcez-vous de vous surpasser, en le remplissant de plus en plus, après un temps de lecture de plus en plus court.

Vous pourrez ensuite essayer vos nouvelles capacités sur votre propre bibliothèque. Prenez les livres que vous n'avez encore jamais ouverts, les périodiques déjà recouverts de poussière. Rappelez-vous ce que vous espériez y trouver quand vous en avez fait l'acquisition. Et donnez-vous un temps limité pour l'y découvrir à tout prix. Vous verrez quels progrès vous réaliserez, quelle liberté, quelle confiance en vous-même, que d'idées nouvelles abordées en peu de temps !

Et dans tous les textes parcourus ainsi, vous découvrirez des passages attirants, précieux, que vous ne connaissiez pas. Vous les reprendrez alors pour les lire en détail, à tête reposée. Cela vous permettra de consolider les nouvelles idées acquises grâce à l'écrémage.

Le repérage

Après la technique de l'écrémage, voici une seconde technique en lecture sélective : le repérage d'un sujet donné. Les Américains l'appellent « skip reading », c'est-à-dire « lire en sautant ». En effet il ne s'agit plus de parcourir tout un texte en le suivant de l'œil, mais d'approfondir un seul point, en sautant tout le reste.

Avec l'écrémage, on abordait le texte sans idée préconçue, sans savoir ce qu'il fallait y chercher. Ici le but est différent. On aborde le texte en sachant d'avance ce qu'on veut trouver. On cherche une information spéciale, celle-là et aucune autre.

A la bibliothèque Sainte-Geneviève, bien connue des étudiants parisiens, on voit deux sortes de lecteurs se pencher sur les gros dictionnaires illustrés. Les uns, actifs, en pleine préparation d'examen, feuillettent à toute vitesse le volume choisi, se plongent dans la rubrique cherchée, et referment aussitôt le volume pour noter le renseignement dont ils ont besoin. Les autres, plus calmes, ont en général dépassé depuis longtemps la période fiévreuse où l'on prépare des examens. Ils prennent leur temps, feuillettent en lisant çà et là les idées nouvelles qui les attirent, n'arrivent qu'au bout de très longtemps à la rubrique cherchée, pour la parcourir de long en large. Mais, bien souvent, à force de muser et de batifoler à travers les images, les voici qui ont perdu le fil de leur idée. Ils ne savent plus quel renseignement ils venaient chercher. Ils sont obligés de retourner bredouilles à leur place pour compulser leurs notes avec l'espoir que l'idée reviendra.

Ainsi on voit que les premiers, rapides et concentrés, appliquent la bonne technique dans la consultation du dictionnaire : ils vont à l'endroit du renseignement cherché sans rien regarder d'autre. Ils font du repérage. Les seconds pratiquent à leur insu l'écrémage, qui est plus divertissant, mais moins efficace dans ce cas.

Quand s'agit-il de repérer ?

Certains textes sont préparés tout exprès pour le repérage d'un sujet donné. Inutile de lire tout dans un dictionnaire. Cet ouvrage est prévu pour fournir directement le renseignement dont vous pouvez avoir besoin, en sautant tout ce qui ne vous concerne pas. Plus vous irez vite en le consultant, mieux cela vaudra. C'est ainsi que la concentration ne se relâche pas.

Il en est de même de tous les ouvrages faits de rubriques classées par ordre alphabétique. Quand vous consultez un annuaire par exemple, il est préférable de ne pas vous arrêter, en passant, à tous les noms dont la consonance vous paraît singulière. Vous risqueriez de ne pas vous rappeler celui que vous devez chercher.

La technique du repérage ne s'applique pas seulement aux dictionnaires et listes alphabétiques. Elle peut s'appliquer à tous les matériels de lecture. On doit l'utiliser chaque fois qu'une question limitée se pose, dont la réponse est contenue dans un texte plus vaste. Alors le reste du texte importe peu ; il faut découvrir où se cache la réponse. Elle peut se trouver en un seul endroit. Ou bien elle peut être dispersée en plusieurs fragments qu'il faudra découvrir et assembler. Pour un cerveau dynamique et alerte, ce jeu de cache-cache a quelque chose de stimulant. Les étudiants, les hommes de science, les techniciens, les hommes d'affaires y excellent souvent, car c'est une aptitude qui rend les plus grands services à qui en est maître. Le repérage de mots-signaux auquel vous vous entraînez depuis le cinquième cours a pu vous permettre de faire déjà de grands progrès dans ce domaine. Le faisceau visuel, bien développé en largeur et en hauteur, vous a sûrement aidé dans cette quête. Voyons donc quelle performance vous réaliserez dans les deux exemples suivants.

Texte 1 : Repérer un élément parmi de nombreux détails

Voici un extrait des petites annonces d'un journal. Il s'agit d'annonces immobilières.

Vous avez deux minutes, chronomètre en main, pour parcourir ces petites annonces. Et vous devez cocher chaque annonce où le prix total de l'appartement proposé est indiqué.

Etes-vous prêt ? Alors, allez-y !

SUITE DE L'IMMOBILIER

ST-AUGUSTIN, 2 P., calme soleil. 85.000 F. • **OPE.** 87-03.

VILLIERS. Imm. p.d.t. Vue B. 200 m2, 7 p., balcon, tt cft. 420.000. **REJAN. BAL** 63-05.

15, bd de Courcelles. 8° arrt Propr. vd appt 4 p. tt cft, 5° ét. balc., imm. ravalé, parfait état, asc. -desc.. 80 m2. Vis. s/pl. mardi, merc. de 15 à 18 h. M° Villiers. - Agce s.absten.

♦ **LIDO - CHPS-ELYSEES** Lux. studio s/avenue, gd cft. Moreau et Blouin. **BAL.** 49-31.

VIIIᵉ 3 pces, cft. Impecc. 2 ét. s/cour. Soleil. S/pl. de 14 à 19 h., ce jour. 13, rue Quentin-Bauchart.

MONCEAU. Spl. appt. 280 m2 Tres belle récept. 4 ch. 4 sanit. calme. Parf. pour prof. libérale «Malesherbes73». **LAB.** 58-13.

Villiers, 2 p., tt cft, 2ᵉ ét. Imm. P. de l'av. 97. 100. Amp. 18-33

Monceau, rav. 4-5 p., 150 m2 gd stand., vue except. Ely. 49-98

Ch.-Elysées, stud. 40 m2, entr. cuis. amén., s. bs. **CAR.** 17-50.

Propriétaire vd sans interméd. appt de caractère, 130 m2, av. Friedland, soleil. **CAR.** 17-50.

6 P. ♦ **R. PONTHIEU**, asc. -desc. Prof. libér. **COURCELLES** (pr. Bd). lux. 6 p., goût raffiné. 425.-48-47.

St-Philippe-du-Roule, pl. midi 9ᵉ ét., vue panoramiq., terras. gd liv. ch. **TRO.** 25-24, mat.

MADELEINE. Gd 2 p. cuis., bs, lift. Imm. cft. 90.000. **LAB.** 03-32

Gd 3 p., 70 m2, av. **WAGRAM**, 200m. Arc-de-Triomphe. Ag. s'abst. **Tél.** 924-07-21.

80, R. BLANCHE Imm. p. de tail. 1900, ravalé. **5 PCES, 130 m2.** Vue s/jardins. - 290.000. - s/ place mardi de 14 h. à 18 h. **D. BOURGEOIS. TRO.** 73-96.

Av. Hoche, 3 p., c. bs en duplex Ate.'. art., 110.000. Eto. 19-55

8ᵉ. IMM. P. DE T. RAVALE Magnifique 4-5 pces, 100 m2 + chambre serv. **WAG.** 94-37.

EUROPE, 3-4 p., calme, sol. Imp. 75 m2. 130.000. **Wag.** 25 13

9ᵉ, 18, r. d'AUMALE, 14-19 h. Chb. s/jard., tt à neuf, kitch. équip., frigo., eau chde. Prix 21.000. **PARF. PR PLACEM.**

Av. TRUDAINE, 5 pces, bns. 90 m2, imm. p. de tail. ravalé. impecc. 160.000. **LAB.** 13-76

44, RUE PIGALLE 2 p., entr., cuis., w.-c. 48.000, mar, mer, 13-18 h. 968-13-43

IXᵉ 6 p., gd cft. stand., 135 m2. Prof. libér. act. **PIG.** 73-72.

PLACE CLICHY, imm. p. de tr. ravalé, 6ᵉ ét., asc. **MAGN.** APPT 200 m2, gd atelier ar- tiste + 5 pces, dépendances. 2 ch. bonne. **VUE EXCEPT.** S/MONTMARTRE. **TRI.** 68-66

SQUARE D'ANVERS B. 4 p., 100 m2, tt cft, sol. B. Imm. Px intér. **GAL.** 45-98.

PL. F.-LISZT-LA FAYETTE Bel imm. anc., sup. 4 p. tt cft, luxueux, neuf, impeccable. 100 m2 + ch. serv. Px 220.000 s/pl., mardi, merci. 208-52-43.

MADELEINE **RUE GODOT DE MAUROY** Beau studio, conft. et 2 pces conft. et. élevé. **TRI.** 23.40

M° Anvers, 1 p., av. chf. cal, eau chde. Prix 20.000 F. Excell. placem. - **FON.** 50-57.

59 bis, r. Rochechouart (9ᵉ). 5 p., bs. 2 bs, cuis. mod. 147 m2, impec. + ch. serv. 250.000 Mercr. 14-17 h. ou Lab. 67-75.

ST-GEORGES. Rez-de-ch. av. gd jardin, gd cachet, tt conft. Living + 2 chbres + 2 bns. cuis. aménagée. - **RIC.** 24-24.

R. LA ROCHEFOUCAULT Beau liv. av. 2 chb., c. s. bs. 65 m2, soleil. 80.000. **Méd.** 06-05

GDS BOULEVARDS. Coquet Studio. tt conft. **LAB.** 13-76.

TRUDAINE. Studio tt conft. Renseign. **CAR.** 58-30, matin.

GARE **NORD** ds imm. p. d. t. ravalé, splend. 3 pces, tt cft. 85 m2 environ. Prix 135.000 Créd. poss. 60'. **LAM.** 97-85.

REPUBLIQUE, grand 3 pces, cuis., bns, entr., cave, tél., b. état. Total 105.000. Poss. créd. 75 % sur 10 ans. - 526-06-29.

GONCOURT. - Exceptionnel, 4 p. c., e., g, él. 3ᵉ ét., calme. **Total 21.000.** Crédit possible 75 % sur 10 ans. – 744-29-98.

ST-VINCENT-DE-PAUL Beau 6 p., 200 m2, pl. soleil. 6ᵉ ét. asc. - Prix intéressant «Malesherbes73». **LAB.** 58.13

Gare du Nord. - Part. à part. vd appt 4 p., c., bns, ensol. chauff. centr. gaz. **TRU.** 39-11.

S/AVEN. CLAUDE-**VELLE**FAUX 2 p. 35 bel imm. p. de t. 387-54-08, ou soir: 627.09.62.

REPUBLIQUE, 3 p. cuis. c. Rens. **CAR.** 58-30, matin.

Xᵉ Pr. Hôpital Saint-Louis, 3 p. c., bns, 65 m2 tél. Px 90.000 **ANJ.** 77-65

XIᵉ 27.000+créd. **GUT.** 47-95

TEDRU-ROLLIN, Stud., gde cuis., douche. Tot. 25.000 avec 10.000 – **BAB.** 74-21.

♦ **BASTILLE.** 16, r. Sedaine 5ᵉ drte. Ds bon imm. briques apparentes, asc., chff. entrée. 2 p. cuis. w.-c. chce poss. 38 m2, impec. Vis. p. acquér. vendi 4. de 14-17 h. **Lab.** 43-20

République, 2 ét. 5 p. cuis. cft. ch. bne. 130 m2. **Arc.** 16-40

M° PH**IL**IP-PE-**AU**GUS-TE Gd 4p. 100 m2 2ᵉ ét.. s/r. chf. G. Av. 75.000 Mar. mer. 14h.30- '18 h. 30. 14, bd Ménilmontant.

LIBRE DE **SUITE** Coq. 2 p., c. w.-c. tot. 50.000. Créd. poss. **LODEL.** Roq. 00-99

REPUBLIQUE GD 2 PIECES, entr., cuis. **A° 17.000**F • **CRÉDIT** sur 12 ans. Me voir 14 h. à 19 h., mardi, mercr., 63, rue Oberkampf.

R. DE **LYON** 4 pièces, cuis. bains. chf. centr. - **KLE.** 65 89.

DAUMESNIL. Près Métro. Imm. neuf, standing. **3 P.** téléphone. 135.000 F **ELY** 90-98

NATION Imm. récent. Liv. + chbre. cuis., bns. Excellent placem. 90.000. **COPIMO. KLE** 05-69

BD DE REUILLY **8 P.** Mais partic. Tr bne constr., 250 m2 parf. état. Px 260.000 F. **887-86-76.**

PL. **DAUM**ESNIL (pr.) Imm. neuf. rue calme. Pl. sud. 40 m2. Tt cft. Gar. Tél. Px tot. 110.000. **KLE.** 65-89.

150, avenue DAUMESNIL 4 p. c., bs, cft. ch. serv. 90 m2. Imm. récent. **KLE** 14-37

Pr **A**v. **S**t **MANDE** Beau 4-5 pièces, 100 m2, immeuble neuf. Prix intéressant. **OPE.** 36-80. 77-93.

PLACE NATION 3 pces, cuis., entr., w.-c. tot. Bel imm. ravalé. 3ᵉ s/bd. Pl. soleil. Av. 40.000. Vr 14-19 h., mardi merc. - 18. bd Charonne.

12ᵉ **Impec.** 2 **P**ces. toil. **Did.** 89-77

♦ Gare de Lyon, 2 p. c., s. bs. 3ᵉ ét.. 45 m2. 54.000. **Mac.**52-47

Prox. PLACE DAUMESNIL Imm. neuf. Beau 3 p. Libre de suite. avec téléphone. Px intéressant. – **BAB.** 79-10.

♦ **PTE. DOREE.** 7ᵉ. panor. h'icon, 4 p., tt conft. 210.000. Crédit. - **GUT.** 36-60.

Daumesnil, Gare de Lyon. B. appt 4 p., 85 m2, 2° ét., sur jard., soleil. Loué verbalem. S'adres. pr tts rens. **Klé.** 42-13.

Nation. Imm. p.d.t., pptaire vd direct. 2 p. c., s. bs, w.-c., 50.000 **222-28-82,** matin.

Dugommier. Imm. 1960. 9ᵉ ét. Vue impr'en. Soleil. Log- gia. 4 p., 90 m2, tt conft. Urgt. «**TAC** », **MED.** 15-66.

Combien d'annonces avez-vous cochées en deux minutes ? 10 ? 20 ? Il y en a en réalité 26 qui mentionnent le prix total de l'appartement proposé. Si vous avez dépassé le chiffre 20, en deux minutes, sans faire d'erreurs, votre aptitude au repérage est déjà très bonne. Si vous avez repéré moins de 10 annonces, cette aptitude est peu développée chez vous. Il faudra vous exercer au moyen des exercices de la fin de ce cours et dans vos lectures quotidiennes.

Texte 2 : Trouver une définition dans un texte technique

L'exemple qui suit est extrait d'un compte rendu de congrès portant sur des questions d'urbanisme. Admettons que vous ayez assisté à ce congrès, et que vous y ayez entendu beaucoup parler de Z.U.P. et de Z.A.D. Ces mots vous ont intrigué, et vous voulez savoir de quoi il s'agit exactement. Vous ouvrez le compte rendu du congrès, et, aux pages 45-47, vous trouvez des éclaircissements qui ne sont pas simples. Comment en tirer le renseignement que vous cherchez ? En soulignant par exemple en rouge toutes les phrases qui parlent de Z.U.P. et de Z.A.D. Il n'y en a pas tellement. Votre œil les isolera très vite. Donnez-vous une minute pour le faire. Ensuite vous prendrez le temps de les lire attentivement, et vous noterez en marge quelles sont les notions qui s'en dégagent. Vous trouverez à la fin du texte un résumé de deux lignes, qui vous montrera si vous avez bien défini les Z.U.P. et les Z.A.D. Concentrez-vous sur cette tâche. Démarrez !

LES ACTIONS SUR LE PRIX

L'Etat n'avait pas conscience de la gravité du problème du logement et les collectivités locales n'avaient pas assez d'argent pour exproprier les terrains dont elles n'avaient pas un besoin immédiat. C'est pourquoi les pouvoirs publics n'ayant pas les moyens d'acquérir et de payer les terrains qui seraient bâtis d'ici 20 ans en ont été réduits à subir la hausse ou à chercher d'autres procédures.

A cet effet, l'Etat a cru trouver une solution fiscale au problème en s'orientant vers la récupération des plus-values foncières. Une loi du 3 juillet 1961 avait institué une redevance d'équipement payable par tous les propriétaires dont les terrains se trouveraient valorisés par la construction d'équipements publics. Pratiquement, cette loi sur la redevance d'équipement, laissée à la discrétion des communes, n'a jamais été appliquée.

Parallèlement, dès 1961, l'Etat s'était préoccupé d'imposer au taux de 25 % les plus-values provenant de la vente de terrains acquis depuis moins de sept ans. Cette mesure a été reprise et accentuée lors de la réforme de la fiscalité immobilière de mars 1963, complétée par la Loi de Finances de 1964. Les plus-values dégagées lors de toutes les ventes de terrains à bâtir furent alors frappées, quelle que fût la date d'acquisition des terrains.

En fait, toutes ces mesures de nature fiscale ne pouvaient être que sans action sur l'offre quantitative des terrains. Bien plus, elles ne pouvaient qu'aboutir, d'une part, à la raréfaction de cette offre et, d'autre part, à la hausse des prix. Quel que soit le système d'estimation de la plus-value tenant compte des dépréciations monétaires par application de coefficients plus ou moins discutables, les propriétaires se sont trouvés conduits à inclure dans le prix des terrains une partie de l'impôt sur plus-value, qu'ils savaient devoir être redevables. Ce fait est d'ailleurs constaté dans le Rapport sur l'exécution du IVe Plan.

L'ensemble de ces mesures ne pouvait aboutir qu'à la raréfaction et à la hausse du prix des terrains. Toutefois, raréfaction et hausse du prix des terrains se sont conjuguées avec le ralentissement de la construction, dû à la politique de stabilisation du ministère des Finances, ce qui les a rendues moins perceptibles qu'elles auraient dû l'être normalement.

L'institution récente (1958 - 1962 - 1965) des zones à urbaniser en priorité — Z.U.P. — et des zones à aménagement différé — Z.A.D. — nous semble beaucoup plus valable comme moyen d'action sur le prix des terrains.

Il n'est pas dans l'objet de cet exposé d'étudier cette législation particulière ; il convient simplement de rappeler que les terrains qui se trouvent englobés dans le périmètre des Z.U.P. ou Z.A.D. ne sont pas expropriés d'un coup, mais que les organismes publics se réservent un droit de préemption pendant de nombreuses années (4 ans prorogeables 2 ans dans les Z.U.P., 8 ans dans les Z.A.D.). A chaque fois qu'un terrain est mis en vente, la puissance publique a la priorité sur tout autre acquéreur : à

défaut d'accord amiable sur le prix, l'expropriation peut être
prononcée.

Extrait du « Prix de la Construction ». Congrès de Paris des 20-21-22
octobre 1965.

Dans ce texte, ... phrases parlaient des Z.U.P. et des Z.A.D.
La définition que ces phrases en donnaient était la suivante :
Les Z.U.P. sont ....
Les Z.A.D. sont ....
Autres remarques intéressantes : ....

REPONSES

Trois phrases parlaient des Z.U.P. et des Z.A.D.
Les Z.U.P. sont des zones à urbaniser en priorité.
Les Z.A.D. sont des zones à aménagement différé.

Que s'agit-il de repérer ?

Dans la technique du repérage, le plus important est de bien
savoir ce qu'on cherche. Il est dangereux de se lancer sur une idée
vague.

Admettons que vous possédiez un énorme ouvrage en six volumes sur la guerre mondiale de 1939-1945. Vous n'avez pas le
temps de tout lire. Mais un collègue vous a demandé votre
opinion sur la façon dont la guerre s'est terminée en Italie. Ne
serait-il pas agréable de profiter de votre documentation pour
vous montrer savant auprès de lui ?

Vous consultez donc votre somme historique. Mais au chapitre
« La fin de la guerre en Italie », vous vous trouvez devant quelque
deux cents pages. C'est nettement trop pour votre propos.
Votre collègue n'écouterait pas une narration aussi longue. Mieux
vaut restreindre la question.

Qu'est-ce qui est le plus intéressant à mentionner dans une
conversation sur la fin de la guerre en Italie ? Peut-être la chute
et la mort de Mussolini. Vous adoptez donc le nom de Musso-

lini comme mot-signal, et vous feuilletez la partie qui traite de la fin de la guerre en Italie, en vous arrêtant uniquement aux passages contenant le mot-signal. Ainsi vous repérez en moins d'un quart d'heure des précisions suffisantes.

Où s'agit-il de repérer ?

Même lorsqu'il est bien défini dans votre esprit, le point que vous désirez repérer n'est pas toujours facile à localiser dans un texte. Voyons comment procéder dans différents cas.

En science, où le spécialiste use beaucoup de cette technique pour trouver les précisions dont il a besoin, les ouvrages sont souvent conçus de façon à faciliter le repérage. On trouve au début de l'ouvrage une table des matières détaillée, indiquant les titres et sous-titres des domaines traités. Toutes les fois que le mot-signal adopté se rencontre dans un de ces titres, on se reporte à la page indiquée, où on souligne les phrases concernant le sujet étudié. On arrive ainsi rapidement à localiser le renseignement cherché.

Nous illustrerons cette méthode au moyen du savant ouvrage de R. de Becker sur les rêves[1]. Afin que le lecteur trouve facilement son chemin dans la riche documentation de cet ouvrage de quatre cents pages, l'auteur a placé au début une table des matières très détaillée. Tous les sujets traités y sont énumérés.

Ainsi, en parcourant les titres et sous-titres de la table des matières, vous pourrez sûrement repérer le sujet qui vous intéresse. Si vous désirez par exemple connaître le rôle joué par la lune dans les rêves, parcourez attentivement la table reproduite ci-contre :

1. *Les machinations de la nuit*, éd. Planète, 1965.

9/ G. Bachelard : Le rêve vrai, un prélude et non une séquelle de notre vie active.

10/ G. Bachelard : Pour une psychophysique et une psychochimie des rêves.

11/ R. Bastide : Pour une sociologie du rêve.

PETIT KALÉIDOSCOPE DES IMAGES ONIRIQUES   289

1/ *Images d'air.*
Aéroplane, aigle, ange, astres, ciel, corbeau, lune, nuages, oiseaux, vent, vol.

2/ *Images de feu.*
Démon, enfer, incendie, lion, soleil.

3/ *Images d'eau.*
Bain, baleine, bateau, débarquement, fleuve, gué, mer, miroir, nager, neige, poisson, puits, urine.

4/ *Images de terre.*
Araignée, arbre, boue, chemin, cimetière, cristal, escaliers, excréments, grotte, jardin, labourage, maison, montagne, paysan, rat, serpent, tremblement de terre.

Vous avez sûrement repéré dans la table des matières le mot-signal cherché : lune. On le rencontre sous « Petit kaléidoscope des images oniriques », qui débute à la page 289 de l'ouvrage. Allez à cette page et feuilletez rapidement. Vous découvrirez quatre ou cinq pages plus loin le passage cherché qui est reproduit ci-dessous.

A titre d'exercice, vous pourrez souligner dans ce passage le mot-signal « lune » chaque fois que vous le rencontrerez en survolant cette page. Essayez de le faire en moins de 45 secondes. Ensuite, vous pourrez lire le texte à fond, et recenser en dessous du texte les différentes informations qu'il apporte sur le rôle de la lune dans les rêves.

… d'abord par une image naturelle, puis par une image mécanique. Ici, le symbole, d'abord favorable, est devenu défavorable. A l'origine, le corbeau accourant sur les champs des premiers peuples agricoles était signe de prospérité et de civilisation : on en fit donc un dieu bienfaisant, un conseiller plein de sagesse et, même, un conducteur d'armées et de navires. Mais, avec le temps, les agriculteurs virent d'un œil toujours plus hostile cet amateur de semences et de cadavres, plus bruyant encore au sommet des potences que sur les champs. D'oiseau de sagesse, il devint oiseau de mort. Et, s'il est assimilé aux curés, ce n'est pas sans doute pour la seule couleur de son plumage : c'est aussi que les prêtres, artisans utiles des premières civilisations agricoles, suivirent la même évolution que le corbeau dans l'image inconsciente qu'on s'est faite de leur rôle ; pour beaucoup, cette image n'est plus que celle de parasites sociaux vivant des morts qu'ils enterrent. Cependant, à ce titre, le corbeau peut retrouver une signification positive, du moins pour les croyants : c'est un messager de l'au-delà, un conseiller des derniers instants. Aussi, bien que le corbeau de rêve ait le plus souvent une signification péjorative, il conserve un caractère ambigu et peut être associé à des idées positives.

LUNE / En Egypte, voir briller la lune était considéré comme favorable et revêtait un sens de pardon. Cet astre offre généralement un aspect féminin et, plus particulièrement, maternel. Suétone rapporte que, se tordant sur sa couche, Caligula appelait la lune à venir partager son lit et ses embrassements. La lune pouvait donc avoir un certain sens incestueux. Cependant, si la lune possède un sens maternel, elle n'est pas la mère. Elle demeure un astre, et les Anciens en avaient fait une divinité. Caligula voulait donc s'unir à une déesse-mère, ce qui impliquait un désir de mariage sacré, d'inceste transcendant, d'union religieuse qu'un inceste avec la mère réelle n'eût jamais suffi à satisfaire. La lune de rêve comporte toujours un mystère, une face inconnue, comme la lune réelle, autant que la femme et la mère. Mais le mystère qu'elle implique s'accompagne aussi d'une idée de rapidité dans les changements, en raison même de la rapidité des différentes phases de la lune. Enfin, elle est associée à des intuitions de mort, car elle est un astre mort, éteint, où la vie n'a plus cours ou, tout au moins, la vie des habitants de la terre vivante. Gérard de Nerval écrivait de manière étrange dans *Aurélia* : « La lune était pour moi le refuge des âmes fraternelles qui, délivrées de leur corps mortel, travaillaient plus librement à la régénération de l'univers. » Voilà, amplifiée jusqu'au plan de l'humanité et du cosmos, la rêverie banale des amoureux qui, au clair de lune, se réfugient dans un amour où ils espèrent trouver les forces d'une humanité différente de celle du jour.

NUAGES / Le symbolisme des nuages est celui de l'intermédiaire, sinon du voile et de l'obstacle.

Temps de lecture : .... *minutes* .... *secondes*
Combien de fois avez-vous coché le mot-signal « lune » ? ....
fois

Vous pouvez noter ci-dessous les informations que vous avez retirées du passage traitant de la lune :

. . . .
. . . .
. . . .

REPONSE Le mot lune se trouvait 10 fois dans le texte.

Les index

Dans d'autres ouvrages, on juge les titres et sous-titres détaillés comme trop lourds. Une façon de les alléger, sans perdre les facilités du repérage, consiste à établir à la fin de l'ouvrage un index des noms et des mots importants contenus dans l'ouvrage, avec indication des différentes pages où ils sont mentionnés. Ce genre de petit dictionnaire abrégé rend les plus grands services dans la technique du repérage.

Ainsi le grand psychanalyste C.G. Jung écrivait d'une plume si alerte qu'il hésitait à couper son texte de trop nombreux titres et sous-titres. Il préférait adjoindre à son ouvrage des annexes qui contiennent, rangés par ordre alphabétique, tous les mots clefs dont ses lecteurs peuvent avoir besoin.

Celui qui désire bénéficier de l'expérience de Jung à propos <u>des lapsus</u>, par exemple, peut recourir à l'index de son ouvrage *L'Homme à la découverte de son âme*. Sous la lettre « L », il trouvera le mot cherché avec la référence de trois pages différentes du texte qui en parlent, comme vous pouvez le voir dans l'extrait suivant de l'index. Soulignez-y la ligne en question.

Il ne s'agit plus alors que de consulter dans l'ouvrage les trois pages données en référence

Les signets annotés

Quand un ouvrage n'offre ni table des matières détaillée, ni index des mots clefs, et que vous voulez cependant y chercher un renseignement précis, comment procéder ? Le mieux est alors de le feuilleter entièrement très vite, en gardant un ou deux mots-signaux à l'esprit. Quand on les rencontre, on souligne les phrases qui les contiennent et on note en marge l'idée traitée à cet endroit par l'auteur. Mais on évite de s'arrêter vraiment, avant d'avoir vérifié dans l'ensemble de l'ouvrage quels sont les meilleurs endroits qui traitent de la question.

Une autre méthode, très utilisée par les experts en lecture sélective, consiste à ne pas noter dans la marge, mais sur des signets, glissés à l'endroit des pages intéressantes, quels sont les passages à retenir. On peut aussi faire des annotations sur la première ou la dernière page blanche du livre. On obtient ainsi une liste des passages contenant le mot-signal avec indication de la page en question. Cette liste forme en quelque sorte un petit index personnel.

La méthode de l'établissement d'un index personnel ne s'applique pas seulement à un livre ou une revue particulière. Parfois vous ne savez pas d'avance quel ouvrage contient la réponse à la question que vous vous posez. Alors, en un quart d'heure, une demi-heure au plus, vous parcourez trois ou quatre ouvrages selon les mêmes principes. Vous obtenez ainsi une vue d'ensemble sur la façon dont différents auteurs ont traité votre question. A partir de cette vue d'ensemble, vous pouvez en connaissance de cause étudier dans les détails la façon dont chaque auteur répond à votre question.

Synonymes et associations

Il arrive que le mot-signal que vous cherchez dans un texte ne s'y rencontre pas, bien que le texte s'applique à votre sujet. Son auteur utilise peut-être un vocabulaire légèrement différent du vôtre. Ou votre mot-signal est un mot rare et peu usité. C'est pourquoi il est bon, quand on s'exerce au repérage, de s'accoutumer à reconnaître instantanément les mots qui ont la même signification qu'un mot-signal donné. Les exercices qui terminent ce chapitre vous permettront de vous y entraîner.

Voyons donc un cas où il est justifié de s'arrêter à un autre mot que le mot-signal choisi. Admettons que vous vouliez vous documenter sur l'influence que les rêves ont eue sur différentes civilisations. Vous choisirez donc comme mot-signal : « rêves ». Vous découvrez alors dans votre bibliothèque *Des Relations des jésuites de la Nouvelle-France*[1]. Aussitôt, vous l'ouvrez pour y chercher des passages se rapportant à votre sujet. Mais les jésuites de la Nouvelle-France n'utilisaient pas au XVIIᵉ siècle exactement le même vocabulaire que celui auquel nous sommes accoutumés. Vous ne rencontrerez donc pas le mot « rêve » dans ces *Relations*, mais le mot « songe ».

LES IROQUOIS ET LEUR DIVINITE

« Les Iroquois n'ont à proprement parler qu'une seule divinité, qui est le songe ; ils lui rendent leur soumission et suivent tous ses ordres avec la dernière exactitude...

S'ils ont songé la nuit qu'il faut qu'ils tuent quelque Français, gare au premier qu'ils rencontrent à l'écart...

On m'a dit qu'autrefois l'un d'eux, ayant songé que pour être guéri d'une maladie qui le travaillait, il lui fallait tuer un certain Français, il l'envoya appeler... »

Il n'y a pas à hésiter. Si vous vous documentez sur l'influence des rêves dans différentes civilisations, vous devez vous arrêter à ces passages et noter leur contenu. De tels cas se rencontrent assez souvent quand on fait du repérage. C'est pourquoi vous trouverez ci-après des exercices pour vous entraîner à reconnaître les différents synonymes d'un mot ou les associations de mots qui ont le même sens.

Mais attention ! Votre point de vue doit être bien défini quand vous vous arrêtez à des mots qui ressemblent au mot-signal. Sinon, là encore, il y a danger de dispersion de l'attention. Vous possédez par exemple un ouvrage concernant les soins à donner aux animaux domestiques. Et votre chien a tendance à grossir. Vous désirez savoir quels sont les aliments qu'il faut éviter de lui donner, et quels sont ceux qui sont recommandés

1. Extraits des tomes X, P. Le Jeune (1636), p. 170 et V (1633), p. 160 ; IV, P. Lalemant (1626), p. 216.

dans ce cas. Mais votre chien est un chien de race. Son régime est un régime particulier. Inutile alors de sélectionner tous les passages concernant les régimes pour chien. Dans un tel cas, toutes les races canines ne sont pas synonymes. Vous devez chercher le seul cas qui vous concerne : celui s'appliquant à la race de votre chien.

RETROUVEZ LES MOTS SUGGERANT LA MEME IDEE

Dans cet exercice de repérage[1], vous devez penser au sens des mots. Il s'agit d'abord d'identifier un mot parmi d'autres mots, puis d'identifier de courtes phrases parmi d'autres phrases. Vous trouverez chaque fois un mot clef, suivi de deux lignes de mots variés. Dans ces deux lignes, il s'agit de cocher les mots ou groupes de mots dont le sens est proche de celui du mot clef.

Par exemple, le premier mot clef est « commencement ». Les mots de la série qui ont le sens le plus proche de « commencement » sont « début » et « initial ».

Dans la seconde série, le mot clef est « rivière », et les mots dont le sens est proche sont « cours d'eau », « fleuve ».

Rappelez-vous qu'il y aura chaque fois deux mots à associer avec le mot clef. Essayez de faire tout l'exercice en moins de deux minutes.

Préparez votre crayon et votre chronomètre. Etes-vous prêt ? Allez-y ?

commencement

début, lecture, écriture, conférence, réunion, école, initial, leçon, apprentissage, rassemblement, terminer, surprise.

---

1. Si vous avez besoin d'autres exercices de repérage, vous pourrez vous inscrire aux stages de formation à la lecture rapide. Département formation du C.E.P.L., 2 rue du Roule, Paris 1er.

rivière

campagne, arbres, prairie, fleurs, ombrages, cours d'eau, oiseaux, fleuve, roseau, banque, pêcheur, verdure, fraîcheur.

vent

chaleur, température, brise, froid, neige, vacances, étouffant, plaine, désert, violent, tempête, zéphir, soulever, feuille.

livre

crayon, plume, stylo, papier, volume, page, feuillet, corbeille, encre, tache, ouvrage, auteur, lecteur, rapide, vitesse.

abandonner

délaisser, dormir, manger, marcher, se promener, reposer, déserter, sourire, aimer, vivre, choisir, embellir, abîmer, nettoyer.

achat

vendeur, stand, panier, porte-monnaie, voleur, surveillance, emplettes, cadeau, légume, marché, acquisition, chapeau, fruits, soldes.

bavard

empressé, aimable, causeur, taciturne, grincheux, buté, babillard, endormi, éveillé, allègre, souple. dissipé, attentif, alerte.

microbe

microscope, chercheur, homme de science, biologiste, cellule, tissu, maladie, bacille, rhume, malaise, culture, bactérie, médicament.

affreux

plaisant, joli, effroyable, indifférent, agréable, repoussant, neutre, désobligeant, ennuyeux, ravissant, charmant, gai, coloré, vivant.

taquiner

occuper, laisser, courir, prendre, agacer, donner, rendre, entraîner, fournir, exciter, calmer, aider, amuser, emporter, intéresser.

beaucoup

à foison, peu à peu, naturellement, cependant, toujours, aussi, encore, rien, pas du tout, amplement, jamais, médiocre, rare.

maison

ville, rue, cour, habitation, jardin, végétation, entretien, ménage, bâtiment, maçon, toit, murs, façade, cheminée, balcon, fenêtre.

bafouiller

parler, bégayer, discourir, se taire, entendre, prononcer, débiter, redire, chanter, répéter, enseigner, savoir, dire, balbutier.

agile

petit, grand, lourd, léger, souple, raide, engourdi, lent, rapide, rude, doux, soyeux, mou, dur, leste, maladroit, fort, faible.

village

géographie, montagne, route, passage, chemin de fer, plaine, fleuve, hameau, capitale, pays, frontière, bourg, place, château, rempart.

carrefour

chemin, voiture, signaux, feux rouges, agent, croisée, rues, bifurcation, danger, priorité, panneau, embouteillage, attente.

profession

apprentissage, patron, employés, rémunération, intérêt, ennui, repos, métier, clientèle, rapport, salaire, carrière.

casser

lâcher, tomber, briser, ramasser, coller, rompre, séparer, nettoyer, ajuster, salir, poser, polir, gratter, toucher, renverser.

hardi

retenu, ridicule, réservé, démodé, chevaleresque, cérémonieux, poli, aisé, brutal, audacieux, galant, respectueux, mielleux, courageux.

breloque

montre, chaîne, gilet, habit, babiole, poche, bracelet, collier, épingle, cravate, sac, poudrier, colifichet, mouchoir.

mange ta soupe

Il faut être poli. Gardons notre calme. Tiens-toi droit. Venez avec moi. Veux-tu te tenir tranquille. Termine ton potage. Je n'ai plus faim. Es-tu malade ? Je me porte bien. Alors avale un peu de bouillon.

les feuilles sèches

Le vent souffle, l'automne arrive, allons au jardin. Les fleurs fanées. Un oiseau chante. Un beau jet d'eau. Le soleil levant. Un arbre mort. Les allées ratissées. Ne marchez pas sur la pelouse. Les enfants jouent.

un coup d'Etat

T'attendais-tu à cela ? certes non, ce coup de force est inattendu. Le gouvernement a pris des mesures de sécurité, c'est une révolution. Il y a toujours des mécontents. Ne nous affolons pas, rien n'est perdu.

l'eau s'égoutte

Viens voir la cascade. Non, aujourd'hui elle est à sec ; d'habitude elle est charmante, on croirait des larmes qui dégoulinent. Le soleil est brûlant, l'ombre est fraîche. Le vent souffle, enfin la pluie ruisselle.

je suis ravi

Je suis allé au théâtre. Assieds-toi dans ce fauteuil, es-tu bien aise ? Ne t'inquiète pas. Il est béat, l'apparence est trompeuse, je le croyais mal à son aise. Ce n'est pas le cas, ne vous en faites donc pas.

mêler les teintes

La critique est aisée, mais l'art est difficile. J'aime les beaux ameublements, mais il faut savoir assortir les couleurs. L'uniformité ennuie, il est bon de varier les nuances. Je préfère les meubles de style.

se mettre au lit

Je ne me sens pas bien. Peut-être devrais-tu t'aliter. Je n'aime pas rester allongé. C'est le plus raisonnable, appelle le médecin. Ce malade est-il gravement atteint ? Ce ne sera rien, sa maladie n'est pas grave.

Temps de lecture : . .... *minutes* ...... *secondes.*

Quelques conseils

Lorsque vous décidez de faire du repérage, ne pensez pas que vous manquez quelque chose d'intéressant en sautant ce qui ne correspond pas à votre problème du moment. L'enfant se laisse distraire par tout ce que ses yeux rencontrent. L'adulte, lui, est capable de poursuivre une tâche jusqu'au bout. Sans cette capacité, il ne mènerait jamais une affaire sérieuse à bien. La lecture est elle aussi une affaire sérieuse. Elle mérite qu'on ne l'abandonne pas aux fantaisies du hasard. Elle représente une libre décision de s'informer, de se cultiver, de s'instruire. Quand la décision est prise, soyons adultes. Suivons notre problème jusqu'au bout.

Quand vous ouvrez un livre sur la vie d'un grand savant pour en tirer des informations sur ses découvertes, laissez son histoire pour une autre fois. Pourquoi tout mélanger ? Il faut laisser les réponses à vos questions s'insérer tour à tour dans le cadre de vos connaissances.

Dans la technique du repérage plus qu'en tout autre cas, on réfléchit avant d'agir. Puis on agit en conséquence. C'est pourquoi ce type de lecture est l'un des plus enrichissants pour l'esprit.

Une suggestion : faites du repérage dans un domaine qui vous tient à cœur. Parcourez tous les livres de votre bibliothèque en vous centrant uniquement sur les informations concernant ce domaine et orientez en conséquence vos achats de livres de la semaine. Vous serez surpris de la richesse des nouvelles idées acquises ainsi.

Si votre bibliothèque contient des ouvrages très variés, choisissez un sujet très général, par exemple *l'idée de progrès*. Si votre bibliothèque est orientée vers un domaine, un genre particulier, le sujet qui vous tiendra à cœur sera peut-être plus spécialisé. Par exemple, si vous possédez surtout des livres d'histoire, vous pouvez vous interroger sur l'âge auquel les grands hommes se manifestent pour la première fois à l'égard de la postérité par une action d'éclat.

Appliquez aussi cette technique après une conversation au

cours de laquelle un problème curieux a été posé ; ou juste avant de revoir quelqu'un que vous estimez, et qui se posait une question particulière la dernière fois que vous l'avez vu.

La technique du repérage est une clef capable d'ouvrir tout un trésor d'idées contenues à votre insu dans votre bibliothèque.

Faites un plan de lecture

Jusqu'à présent, nous nous sommes surtout intéressés aux principes généraux permettant une lecture rapide et efficace. Il nous faut examiner maintenant comment ces principes s'appliquent dans des cas particuliers.

Nos lectures se divisent presque toujours en deux groupes bien distincts : les documents professionnels, lus pendant les heures de travail, les textes d'information générale et de fiction, réservés aux heures de détente et de repos. Les lectures du premier groupe sont souvent d'un abord plus ardu et moins attrayant que les autres. Nous réserverons donc leur examen pour le neuvième cours, et étudierons d'abord comment aborder judicieusement les lectures d'information générale.

Lectures d'information générale et de fiction

Celles-ci comprennent les quotidiens, les revues, les magazines, la littérature de faits (histoire, économie, politique), d'idées (philosophie), ou d'imagination (roman, poésie, humour, etc.). Ces textes, écrits par des auteurs de métier, se présentent en général sous une forme attrayante et bien composée. Ici, ce qui compte avant tout, c'est de discerner l'articulation de la pensée de l'auteur, le squelette du texte pourrait-on dire. Le lecteur habile distingue très vite ce « squelette » et parvient rapidement aux points sensibles des informations qu'il cherche. Voyons brièvement comment nous pourrons le faire.

Le quotidien

On doit d'autant plus se tenir informé qu'on a de responsabilités professionnelles, on doit d'autant plus lire de journaux, de revues ou de livres qu'on a moins, hélas ! de temps pour le faire. Comment concilier deux impératifs aussi contradictoires ? Seule la lecture rapide le permet.

Quel est le but de la lecture d'un quotidien ? Apprendre les nouvelles du jour, se faire une opinion sur les tendances politiques actuelles, prendre connaissance des événements remarquables qui ont eu lieu de par le monde, en bref, rester en contact avec tout ce qui se passe autour de soi. Cette prise de contact journalière est stimulante pour l'esprit. Mais nous ne pouvons pas lui consacrer une durée de temps très longue.

Or, un journal, sans qu'il y paraisse, offre une quantité de lecture considérable. Ses pages, imprimées en caractères petits et serrés, contiennent vingt mille à trente mille signes chacune, soit dix fois plus qu'une page de livre ordinaire. Un journal de vingt pages environ, comme *Le Monde* ou *Le Figaro*, contient autant de texte qu'un ouvrage de 200 à 250 pages. Pour le lire intégralement, un lecteur moyen, qui lit à la vitesse de 150 000 signes à l'heure, aurait besoin de quatre heures pleines au moins, chaque jour. Il est évident que nous n'avons pas tant de temps à consacrer à sa lecture. Il faut faire un choix parmi les textes qu'il nous offre.

Organisez la lecture de votre journal

La rédaction du journal, consciente de cette nécessité chez ses lecteurs, leur facilite ce choix par une typographie foisonnante, où les nouvelles importantes ressortent par des titres en gros caractères. Dès la première page, le lecteur trouve des indications sur tout ce que contient le journal. Dans certains quotidiens, ces indications consistent en gros titres, accumulés les uns à côté des autres, et donnant juste l'essentiel de chaque nouvelle, suivi du numéro de la page qui contient l'article en question. D'autres journaux donnent un petit sommaire en première page, avec titres des articles, auteurs, et pages. Avez-vous remarqué ce sommaire, si vous lisez *Le Monde* par exemple ? Il est situé en haut et à gauche du titre. En quelques lignes, il vous permet de gagner un temps précieux dans le choix des informations que vous lirez de préférence.

En effet, si les nouvelles principales sont condensées dans la première page, chaque lecteur doit pouvoir satisfaire sans perte de temps ses habitudes et ses goûts. Une enquête de la *Advertising Research Foundation* de New York a révélé combien pouvaient différer les informations cherchées par chacun. En moyenne, l'homme lit 60 % de son journal, et la femme 70 %. L'un et l'autre examinent d'abord la première page, puis les photographies publiées. Ensuite la divergence de leurs goûts se manifeste. L'homme s'intéresse surtout aux grands articles et aux caricatures politiques, puis il parcourt de préférence les faits divers, le sport et les bandes dessinées. La femme se tourne plutôt vers la page de mode, celle des spectacles, puis elle lit le carnet du jour (naissances, mariages, décès), les programmes de radio et télévision. Enfin tous deux consacrent à la publicité une attention qui est fonction de la grandeur de l'image.

Vous ne désirez pas faire partie des lecteurs intoxiqués par leur journal, au point de le lire en entier sans en sauter une ligne. Vous ne souhaitez peut-être pas non plus être de ces lecteurs qui, après avoir parcouru les grands titres, jettent leur journal pour en acheter un autre une heure plus tard. Vous disposez d'un temps limité ; mais vous tenez à être informé des événements mondiaux, nationaux et de certains faits touchant vos préoccupations personnelles : bourse, sport, art, musique, théâtre. Pour réaliser cela, deux conditions sont indispensables :

— être sélectif,

— établir un budget de temps par article.

Etre sélectif : Vous connaissez la structure de présentation des différentes catégories d'articles dans votre journal habituel.

Choisissez d'avance, en fonction de vos intérêts du moment, quelles sont les informations que vous allez chercher en priorité. Tout n'a pas la même importance pour vous. Ne laissez pas des détails insignifiants détourner votre attention. Ainsi vous lirez plus vite, et vous retiendrez mieux ce que vous désirez apprendre. Utilisez le sommaire ou les indications de la première page pour faire ce choix. Une fois que vous avez choisi les articles à lire, concentrez-vous uniquement sur eux. Vous verrez bien, à la fin de votre lecture, s'il vous reste du temps pour les détails mineurs.

Etablir un budget de temps par article : Vous avez une tendance à dépasser le temps de lecture que vous paraît mériter le journal, et vous vous le reprochez. Dans ce cas établissez un budget de temps sévère et chronométrez-vous pour vous y tenir. Vous verrez qu'il est plus facile qu'on ne croit, si on se surveille un peu, de respecter un horaire de lecture. Même si cet horaire est sévère, on peut en retirer beaucoup d'informations, et très bien les retenir. Car l'esprit est plus concentré et la mémoire plus éveillée.

Il n'y a pas de vrai sens d'un texte. Pas d'autorité de l'auteur. Quoi qu'il ait voulu dire, il a écrit ce qu'il a écrit. Une fois publié, un texte est comme un appareil dont chacun peut se servir à sa guise et selon ses moyens ; il n'est pas sûr que le constructeur en use mieux qu'un autre.

Paul Valéry

Donnons comme exemple un budget de temps sévère établi par un lecteur qui ne doit pas consacrer plus de quinze minutes à la lecture de son journal chaque matin, mais qui désire en retirer une gamme d'informations assez vaste. Ses intérêts particuliers vont vers la finance et le sport, auxquels il a décidé de consacrer un tiers du temps imparti.

Modèle de budget de temps pour la lecture du journal :

— Jeter un coup d'œil rapide sur le contenu du journal en regardant les titres, pour repérer l'emplacement des questions qui vous intéressent le plus	2
— Lire la nouvelle politique la plus importante	2
— Parcourir l'éditorial de la première page	1
Intérêts généraux :	
— Pages intérieures : lire trois articles au maximum . . .	3
— Ecrémer largement cinq autres articles	2
Intérêts particuliers :	
— Lire l'essentiel des informations financières du journal	3
— Lecture rapide des résultats sportifs	2
Temps total de lecture	15

En fonction de cet exemple, vous pouvez construire vous aussi votre emploi du temps pour la lecture du journal. Vous tiendrez compte de vos goûts particuliers. Et vous serez surpris de l'intérêt que prendra pour vous cette lecture dynamique. Votre personnalité s'y manifeste mieux que dans la lecture passive qui se laisse guider uniquement par la grandeur des titres imprimés.

Si votre temps de lecture est particulièrement court, ou si vos intérêts sont trop vastes pour le budget de temps imparti, voici d'autres méthodes pour vous conformer malgré tout au temps limité dont vous disposez.

1 / Nous vivons, et c'est heureux, rarement des journées historiques. D'un jour à l'autre les nouveaux événements ont peu changé. La plupart des journaux traitent plusieurs jours de suite le même sujet, en ajoutant seulement quelques détails neufs. Décidez donc de lire un jour sur deux seulement certaines rubriques de votre journal. Vous aurez ainsi plus de temps à consacrer à celles qui vous intéressent avant tout.

2 / Il y a des jours plus favorables que d'autres pour lire telle ou telle rubrique. Par exemple, la page des sports est plus intéressante le lundi, parce que les matches se déroulent en général le

samedi et le dimanche. Prévoyez donc plus de temps pour la lecture de la page sportive le lundi que les autres jours.

3 / Appliquez à la lecture des articles de votre journal les techniques d'écrémage et de repérage auxquelles vous vous êtes entraîné. Elles s'y adaptent particulièrement bien. Nous illustrerons cette remarque en vous soumettant un assez long article paru dans un grand quotidien. A la suite de cet article, vous trouverez un condensé représentant l'écrémage réalisé par un lecteur habile. Vous pourrez comparer l'information apportée par les deux versions.

L'AVENIR DES TRANSPORTS AERIENS INTERIEURS

M. André Bettencourt, secrétaire d'Etat aux Transports, a fait d'intéressantes déclarations l'autre soir, à Bordeaux, au cours d'un dîner-débat où il était l'invité de M. Jacques Chaban-Delmas, président de l'Assemblée nationale et maire de la ville.

Ses propos ont porté sur l'avenir du transport aérien intérieur en France, dont l'importance va croissant. Qu'on en juge par les chiffres suivants : 110 000 passagers en 1950 ; 400 000 en 1961 ; 750 000 en 1963 ; 1 200 000 pour 1965. La progression est foudroyante et l'on nous annonce en 1966, pour le seul trafic de la France continentale, 1 500 000 passagers.

Cet extraordinaire développement, s'il place le gouvernement en face de nouveaux problèmes, « *met à sa disposition*, souligne M. Bettencourt, *un outil à haut rendement pour remodeler le pays dans le sens d'une modernisation rationnelle continue et qui contribue au mieux-être de l'ensemble* ».

Le secrétaire d'Etat aux Transports a fait plusieurs constatations :

1⁰ Les réseaux déjà existants (fer, route) ont toujours réservé un net avantage aux « radiales », aux dépens des « transversales ». Contrairement à ce qu'on aurait pu croire, les liaisons aériennes se sont développées dans le même sens au lieu de combler les lacunes des autres moyens de transport. Les raisons en sont d'ordre économique, mais procèdent également de considérations politiques, familiales, sociales, et de plus en plus des loisirs.

Il faut, souligne M. Bettencourt, étendre le développement du réseau aérien hors des lignes les meilleures.

« *Nous devons veiller*, déclare-t-il, *à ce que progressivement le moyen de transport aérien puisse être mis à la portée de tous ou, à tout le moins, du plus grand nombre.* »

2° L'avion, sous certaines conditions de régularité, de sécurité, de vitesse et de confort, constitue un progrès certain par rapport aux autres moyens de transport, même s'il est utilisé sur des lignes courtes, où son avantage est, *a priori*, le moins net.

Mais l'élargissement de la clientèle du transport aérien intérieur dépend d'une action sur les prix et sa démocratisation implique *qu'il se dégage des rites qui continuent d'entourer les voyages par avion.* Simplification des formalités et réduction des délais imposés sur les aéroports notamment, et l'on sait qu'à partir du 1er mai, les passagers d'Air Inter pourront se présenter à la salle d'embarquement à Orly dix minutes seulement avant le décollage de l'avion.

Que propose M. Bettencourt? Tout d'abord « de s'engager rapidement sur la voie d'études approfondies qui devront déterminer la part qui revient pour les transports rapides des voyageurs, non seulement à l'avion, mais également à des techniques nouvelles telles que l'aérotrain ».

Ensuite, créer l'infrastructure nécessaire au transport aérien (aménagement d'aéroports, développement des services d'aide à la navigation aérienne, etc.), permettre, en développant le réseau hors des « lignes les meilleures », la multiplication des liens entre les collectivités régionales trop séparées et le développement accéléré de certaines provinces moins favorisées par la géographie.

Enfin, concentrer les efforts et organiser le réseau intérieur en un nombre relativement réduit « d'axes forts » autour desquels il conviendra d'organiser le ramassage et l'acheminement final des usagers par les moyens les plus appropriés.

La future mise en service d'avions à grande capacité qui permettront une baisse sensible des tarifs ne pourra se faire que sur des lignes denses, et M. Bettencourt voit ainsi le futur réseau : *Un maillage assez lâche de lignes fortes dont les espaces devront être comblés par des réseaux de ramassages appropriés terrestres ou aériens.* Là, nous avons le choix entre l'aérotrain, l'avion, l'hélicoptère.

S'il n'y a guère de place sur ces « lignes fortes » pour d'autres compagnies qu'Air Inter et Air France, M. Bettencourt estime que si certains réseaux d'apport doivent être aériens, leur exploitation pourrait être le fait de sociétés régionales.

En faisant cet intéressant exposé à Bordeaux, le secrétaire d'Etat aux Transports a traduit le souci du ministère de l'Equipement de ne pas se laisser prendre de vitesse. Cette vue future de ce que pourra être dans quelques années le transport aérien intérieur avec une infrastructure au sol créée ou rénovée et la conjugaison rationnelle de divers moyens de transport, tels que l'avion et l'aérotrain, est séduisante. Reste maintenant à obtenir les crédits.

Jean-Pierre Mithois.
Le Figaro, 28 avril 1966.

Condensé

1. M. André Bettencourt, secrétaire d'Etat aux Transports, a fait d'intéressantes déclarations l'autre soir, à Bordeaux.

2. Ses propos ont porté sur l'avenir du transport aérien intérieur en France, dont l'importance va croissant.

3. Cet extraordinaire développement, s'il place le gouvernement en face de nouveaux problèmes, « met à sa disposition un outil à haut rendement pour remodeler le pays ».

4. Le secrétaire d'Etat aux Transports a fait plusieurs constatations :
   Les réseaux existants favorisent les « radiales » aux dépens des « transversales » ; il faut étendre le développement du réseau aérien hors des lignes les meilleures.
   « Nous devons veiller à ce que progressivement le moyen de transport aérien puisse être mis à la portée de tous. » « Sa démocratisation implique qu'il se dégage des rites qui continuent d'entourer les voyages par avion. »

5. Que propose M. Bettencourt ?
   Tout d'abord s'engager sur la voie d'études approfondies. Ensuite créer l'infrastructure nécessaire au transport aérien.
   Enfin organiser le réseau intérieur en un nombre réduit d'« axes forts », autour desquels il conviendra d'organiser le ramassage et l'acheminement final des usagers par les moyens les plus appropriés.

6. Cette vue future de ce que pourra être dans quelques années le transport aérien intérieur est séduisante. Reste maintenant à obtenir les crédits.

Dans cette version raccourcie, il manque des détails. Mais l'essentiel de l'information s'y trouve. Elle suffit à celui qui ne s'intéresse pas particulièrement à la question traitée, mais veut seulement être informé. Or elle est cinq fois plus courte ; elle prend donc cinq fois moins de temps.

Sachez vous retrouver dans le maquis des petites annonces
**1. Vous avez repéré la page de votre journal où elles figu-
rent.**
**2. Repérez aussi la rubrique concernant le sujet que vous
cherchez. En général, un sommaire l'indique.**
**3. Dans cette rubrique, pratiquez l'écrémage. Parcourez
chaque petite annonce en ne regardant que l'essentiel : marque d'une voiture d'occasion, nombre de pièces d'un appartement, ou qualification professionnelle requise.**
**4. Cochez rapidement au crayon rouge chaque annonce
qui vous paraît intéressante. Reprenez-les ensuite à loisir,
pour déterminer celles qui conviennent le mieux.**

Les revues

Les hebdomadaires et les mensuels d'information générale représentent une somme de lecture encore plus absorbante que le
journal pour celui qui ne sait pas s'orienter tout de suite vers les
nouveautés qui lui importent. Malgré les nombreuses images et
photographies qui les ornent, les grandes pages des revues contiennent plus de texte que nous l'imaginons. Pensez que des
revues comme *Réalités* ou *Planète* comprennent de 400 000 à
600 000 signes. Cela représente, à la vitesse de 150 000 signes
par heure, entre trois et quatre heures de lecture, une lecture en
général plus dense et difficile que celle des quotidiens.

Cependant une revue ne paraît pas tous les jours. Nous
pouvons donc lui consacrer un budget de temps plus important
que pour un journal quotidien. Mais la tentation est grande, dès
qu'on la reçoit, de s'abandonner au plaisir de lui consacrer tout
de suite un temps qui devrait être réservé à d'autres activités.
C'est pourquoi nous lisons souvent mal des revues qui mériteraient
une lecture attentive. Nous risquons de ne pas profiter des
informations importantes qu'elles nous apportent. Mieux vaut
donc organiser le temps de lecture des revues, comme celui

du journal.

Le lecteur pressé a tendance à feuilleter d'abord la revue pour se faire une idée de son contenu d'après les illustrations. Puis un texte l'attire, et il commence à lire de-ci, de-là, sans bien savoir où il va. C'est ainsi qu'il perd du temps sans toujours voir les informations utiles.

Rien n'empêche de feuilleter d'abord la revue. Dès qu'on a terminé cette première approche générale, qui ne devrait durer que quelques minutes, il est indispensable de prévoir un plan de lecture intelligent.

Pour cela, le mieux est de recourir à la table des matières. Il est vrai qu'elle n'est pas toujours facile à trouver. De grandes publicités se trouvent souvent au début et à la fin des revues. Mais ne vous découragez pas trop vite. L'endroit où se trouve la table des matières peut être d'un accès facile. *Sélection du Reader's Digest* donne une table des matières au dos de la revue. *Le Nouvel Observateur* consacre une page à un sommaire très clair. En voici un exemple.

Pour mieux retenir ce que vous lisez :
1. — **Concentrez-vous**
2. — **N'essayez pas de tout apprendre par cœur**
3. — **Les grandes lignes viennent d'abord**
4. — **Les détails viennent ensuite**
5. — **Tenez compte des relations logiques entre les faits**

Sommaire

Programme de lecture
pour un hebdomadaire ou une revue

La consultation de ce sommaire permet d'établir un programme de lecture adapté à vos goûts et au temps dont vous disposez. Parmi les sujets variés qu'il vous offre, certains vous intéressent plus que les autres. Vous savez d'autre part qu'aujourd'hui vous disposez à peine d'un quart d'heure pour lire avant l'heure du repas. Par contre après-demain, vous avez l'intention de consacrer dans la soirée une bonne heure à la lecture. Voici donc le programme que vous pouvez vous fixer.

Vous consulterez aujourd'hui seulement quelques informations marquantes qui vous attirent. Par exemple, vous examinerez ce que contiennent les trois articles encadrés, écrit par Claude Roy, Jean Lacouture et Georges Balandier. S'il vous reste un moment, vous feuilletterez l'ensemble de la revue pour vous faire une opinion sur ce qu'elle vous offre de plus intéressant à lire après-demain, quand vous serez tranquille.

Il est essentiel que vous établissiez une hiérarchie entre les sujets présentés. Certains vous intéressent à coup sûr. Vous <u>devez</u> trouver le temps de les lire. D'autres vous intriguent seulement un peu. Il suffit peut-être de les écrémer. D'autres peuvent rester en suspens pour l'instant. Vous ne les lirez que lorsque vous trouverez le temps nécessaire.

Chacun doit avoir un programme de lecture personnalisé, celui qui lui apportera plus de plaisir, tout en lui prenant moins de temps.

Ouvrages d'information

Une des idées les plus importantes qu'il faut que vous reteniez dès l'abord est la suivante :

Tous les livres ne se lisent pas de la même façon.

Un roman est fait pour être lu intégralement, de la première à la dernière page. Il n'en est pas de même des ouvrages d'information.

Qu'appelle-t-on ouvrage d'information ? C'est un ouvrage qui nous apporte des faits. Il peut s'agir d'histoire, de science, d'art, de politique, etc. Le point commun qui relie tous ces domaines est de chercher à nous instruire avant de nous distraire. Ils nécessitent donc un esprit attentif pour enregistrer et retenir ce qu'ils nous apprennent. Par contre, point n'est besoin de suivre leur déroulement mot à mot. Ce qui compte, ce sont les informations que l'on en retirera.

Pour cela, toute la gamme des techniques que nous avons étudiées en lecture rapide vont vous servir : écrémage, repérage, analyse globale préalable, etc. Il suffit de les utiliser à bon escient pour décupler l'efficacité de la lecture des ouvrages d'information.

Organisez la lecture de vos ouvrages

Quand vous achetez un livre, vous savez ce que vous y cherchez. Organisez-vous pour l'y trouver dans le temps le plus court possible. Au lieu de lire un ouvrage de temps à autre, vous en lirez deux, trois, quatre sans difficulté. Vous serez toujours informé de ce qui s'est publié de plus récent.

Ici, comme dans la lecture des journaux ou des revues, le mieux est de se donner un plan de lecture et éventuellement de se fixer un budget de temps sévère. Pour établir votre plan de lecture, vous pouvez recourir aux principes que vous avez déjà expérimentés : anticipez le déroulement de la pensée de l'auteur ; prévoyez différents stades dans votre programme de lecture ; partez d'un coup d'œil rapide et assez superficiel, qui vous donne une vue d'ensemble, et vous permet de vous organiser ; attaquez ensuite le texte avec discernement, sans vous perdre dans les détails. Ce n'est que lorsque vous aurez bien pénétré le style, la façon de penser et de s'exprimer de l'auteur, que vous pourrez décider à quelles parties de l'ouvrage vous devez consacrer une lecture attentive.

N'oubliez pas non plus les techniques que nous avons étudiées dans le septième cours : utilisation de la table des matières, de l'index, des signets annotés marquant les passages importants.

Beaucoup de grands lecteurs, qui redoutent les défaillances de leur mémoire, n'hésitent pas à se constituer un petit fichier-mémento. Sur chaque ouvrage lu, ils rédigent un résumé, accompagné des remarques critiques ou élogieuses que leur a suggérées sa lecture. Ils retrouvent ainsi plus facilement les passages qui les ont intéressés.

Exemple d'un plan de lecture

Voyons dans un cas précis comment utiliser les techniques de lecture étudiées, et comment établir un budget de temps approprié. Prenons comme exemple un ouvrage bien structuré, facilitant l'application de ces méthodes : admettons que vous ayez acheté récemment l'ouvrage de Robert Aron, *Grands dossiers de l'histoire contemporaine*, un fort volume de cinq cents pages dans l'édition du C.A.L.

Ouvrez-le. Vous trouvez aux premières pages des photographies accompagnées d'une légende. Elles situent les principaux protagonistes : Pétain, Laval, de Gaulle, de Lattre de Tassigny, Pucheu, Mandel, Brasillach, Abd al-Nasser, Tibbets. L'un d'eux vous intéresse-t-il ou vous intrigue-t-il plus que les autres ?

Après ces quelques pages, vous voyez la préface, dont vous avez intérêt à regarder d'abord les sous-titres ; ils vous indiquent sommairement quelles étaient les intentions de l'auteur en écrivant l'ouvrage.

Puis vient la table des matières. Sa lecture vous indique comment l'ouvrage est construit autour de ces figures dominantes. Ici, quelques secondes d'arrêt pour décider quelle préférence donner aux informations apportées par cet ouvrage. Désirez-vous commencer par le début ?

1 / Pétain : sa carrière, son procès
2 / Laval : sa carrière, son procès
3 / De Gaulle en juin 1940

....

Non. Vous êtes déjà au courant de bien des choses dans ce domaine. Par contre, le chapitre
8 / Le premier complot d'Alger
vous paraît contenir des informations importantes pour vous ; ou peut-être le chapitre
18 / Nasser, prisonnier d'Israël.
Mais pas de précipitation. Avant de choisir définitivement, il reste une ou deux précautions à prendre. La table des matières se termine par : « Annexes - L'histoire comparée - Table des illustrations. » Vous allez consulter encore ces trois documents pour discerner ce qui relie les passages qui vous intriguent au tout.
— Annexes : il s'agit de lettres reçues par l'auteur, qui les publie pour donner plus de précisions sur la thèse. Il est prématuré de vous pencher sur ces documents. Gardez-les en réserve pour plus tard.
— L'histoire comparée, au contraire, fournit de quoi relier les événements mondiaux, auxquels fait allusion la table des matières et qui vous intriguaient, aux événements français que vous connaissez mieux. Il s'agit en effet d'un tableau chronologique en trois colonnes, qui permet de comparer pour les mêmes dates « les événements militaires, les événements français et les événements mondiaux ».
— La table des illustrations vous permet à nouveau de suivre le déroulement de la pensée de l'auteur, et de confirmer ou infirmer votre choix précédent sur les passages les plus intéressants à lire d'abord.
Et maintenant, votre budget de temps. Ce premier examen préliminaire ne vous a pas pris plus de deux minutes (trente secondes pour chaque partie). De combien de temps disposez-vous encore actuellement ? Et plus tard ? Combien de chapitres désirez-vous lire en détail, d'après ce que vous venez d'entrevoir ? Tout cela va entrer en ligne de compte dans votre plan de lecture.

Budget de temps pour la lecture d'un ouvrage.

— Examen préliminaire : feuilletage des premières pages et de la préface, lecture de la table des matières, examen des annexes ......   2 minutes

— Premier coup d'œil au texte et aux illustrations, lecture de leurs sous-titres ....   10 à 15 minutes

— Vous ne disposez cette semaine que de très peu de temps pour lire. Vous choisissez l'un des dossiers qui, au cours de l'examen préliminaire, a le plus excité votre attention : « Procès et exécution de Pierre Pucheu ». Il s'agit de vingt pages en lecture intégrale très rapide ....   1/2 heure

— Mais vous vous réservez, la semaine prochaine, une heure tranquille, le samedi matin, pour lire deux autres dossiers. Par exemple : « L'assassinat de Georges Mandel » et « Le procès Brasillach » ....   une heure

— Malgré l'intérêt qu'ils vous inspirent, vous n'avez matériellement pas le temps de lire intégralement tous les autres dossiers. Vous prévoyez donc de les écrémer, à l'occasion (attente d'un client en retard, déplacement en train, etc.). En parties fractionnées, vous leur accorderez au total ....   une heure

Temps total de lecture ....   trois heures environ.

En l'espace de trois heures seulement, vous obtiendrez une vision générale très satisfaisante de ce qui vous intéressait le plus dans l'ouvrage. Vous y aurez récolté nombre d'informations nouvelles que vous retiendrez facilement, car elles complètent vos connaissances antérieures. C'est pour cela que vous les avez sélectionnées dans l'ensemble du livre.

Essayez donc cette méthode sur des ouvrages que vous aimeriez lire. Peut-être en avez-vous dans votre bibliothèque que vous n'avez pas osé aborder parce qu'ils vous paraissaient difficiles. En appliquant la méthode que nous venons de vous exposer, vous en retirerez sûrement d'intéressantes informations, sans y perdre un temps démesuré. Vous n'aurez plus besoin d'hésiter à acheter un livre, en vous disant : — Il est trop compliqué pour moi ! ou : — Jamais je n'aurai le temps de le terminer ! Vous possédez une arme pour découvrir les informations qui vous intéressent, où qu'elles se trouvent. Dorénavant, sachez en profiter le plus souvent possible.

Annotez vos livres

Nous voudrions ajouter une recommandation particulièrement utile : ne considérez pas un livre comme quelque chose de sacré et d'intangible. Les livres ne sont pas faits seulement pour orner votre bibliothèque. Ils sont destinés surtout à orner votre esprit.

Considérez-les comme des instruments de travail. Le travail intellectuel est comme le travail manuel. Un instrument patiné par l'usage prend plus de beauté qu'un instrument inutile, oublié dans un coin. Il en est de même des livres. Il n'est pas sacrilège de leur faire subir quelques mauvais traitements, si cela peut se révéler utile dans votre travail.

Un livre annoté de votre main ne perd pas de sa valeur, il en gagne au contraire. Les grands hommes l'ont fait de tous temps. N'hésitez pas à souligner au crayon les passages qui vous paraissent importants, à mettre des points interrogatifs dans la marge quand un passage vous intrigue ou ne vous semble pas clair, à numéroter les idées que vous voudriez retenir, à rajouter des sous-titres de votre cru quand un texte trop long en manque. Un ouvrage travaillé ainsi devient plus clair pour vous. Chaque fois que vous y reviendrez, vous retrouverez facilement les passages qui comptent. Il aura gagné de la valeur pour vous.

Voici un exemple d'ouvrage annoté qui gagne ainsi en intérêt pour son lecteur. Celui-ci a souligné les points importants du texte. Il a mis un trait dans la marge pour indiquer les passages sur lesquels il est d'accord. Il a mis un point exclamatif quand une assertion lui paraît à revoir, un point interrogatif quand une remarque l'étonne. Quand il n'était pas d'accord avec le texte, il a noté son commentaire dans la marge.

1. Sumériens

Il était une fois un peuple très ancien qui vivait il y a bien longtemps, trois mille ans avant J.-C., en un lieu qu'on nomme aujourd'hui Mésopotamie. Ses habitants se nommaient les Sumériens. Comme tout autre peuple primitif, les Sumériens adoraient les forces de la nature et, formant un peuple de pêcheurs, de chasseurs et d'agriculteurs, ils avaient vu dans ces forces des dieux de la fertilité et de la fécondité.

Leurs dieux furent d'abord empruntés à la terre. Mais bientôt la présence continuelle, au-dessus de leur tête, d'un ciel sans nuage, leur fit remarquer les étranges rapports qui existaient entre le mouvement du Soleil et celui des saisons, des semailles, des récoltes, entre la présence de la Lune et la douceur de la nuit, la Lune qui éclaire les caravanes traversant le désert. Ainsi naquit le culte du dieu Sin, personnifié par la Lune, et celui du dieu Samash, personnifié par le Soleil. Sin, le dieu-Lune, est un homme d'âge mûr, dont la barbe est de lapis-lazuli.

Il parcourt le ciel dans sa barque qui est le croissant lunaire. Samash, le dieu-Soleil, est son fils. Il est le seigneur de l'année, dont il fait le tour en 365 jours.

Aux Sumériens succéda un autre peuple, les Chaldéens. Pour eux aussi le monde entier était organisé selon un plan magique. Tout dans la nature avait un sens, un sens souvent inquiétant et dangereux. Contre le destin hostile, il fallait passer à la contre-attaque. Leur imagination leur fit découvrir une quantité

2. Chaldéens
cf. le livre
de Lévy-Bruhl

incroyable de procédés pour connaître l'avenir et conjurer le mauvais sort.

Les Chaldéens cherchaient des présages dans les rêves, dans l'aspect du foie des animaux sacrifiés, dans les naissances anormales ; ils furent même les inventeurs de la physiogno-monie, retrouvant dans les traits du visage humain des ressemblances avec les animaux, pour en tirer des indications sur le caractère. Enfin il n'est pas jusqu'à la superstition tou-jours vivace entourant l'éternuement qui n'ait une origine chaldéenne. Notre « à votre sou-hait » descend directement de là !

Dans ce foisonnement de procédés magi-ques, il y en eut un qui prit le pas sur les autres et qui bientôt les surpassa tous : celui des « signes du ciel ». Pour les Chaldéens, peuple pastoral, l'idée s'imposa avec évidence que le ciel participait par ses mouvements au destin des plantes, des animaux et des hommes sur Terre. Ne suffirait-il pas de les étudier, ces mouvements célestes, pour les prévoir ? Les prévoir, ne serait-ce pas savoir d'avance tout ce qui arriverait, les orages, la pluie, les vents, les guerres, les victoires et les défaites, en un mot connaître l'avenir et ses périls, pour s'en préserver ? Dès la seconde moitié du troisième millénaire, dit Marguerite Rutten, « un docu-ment sumérien apporte la preuve de la croyance en l'influence des astres sur l'exis-tence des hommes et des choses.

C'est pourquoi en Chaldée, il y a plus de trois mille ans, on construisit des tours de garde, les *ziggourats*, dont certaines, comme celles d'Our, d'Uruck ou de Babylone, attei-gnaient, dit-on, plus de 90 mètres de haut. Ces tours étaient faites de terrasses successives, parfois peintes aux sept couleurs des astres du système solaire. Au sommet de ces tours, loin de la poussière des villes, les prêtres-astrolo-gues montaient la garde (*massartu*) sans dis-continuer, et se relayaient jour et nuit.

Pendant des siècles et des siècles, ils obser-vèrent patiemment, profitant de la pureté

Vérifier dans la pensée de l'Asie et l'astrobiologie de Bert Lelot exceptionnelle du ciel de Mésopotamie. Grâce à leurs observations inlassables, ils décrivirent avec précision les principaux mouvements du Soleil, de la Lune et des planètes. Et pourtant, qu'ils étaient différents de nos astronomes actuels, ces patients observateurs ! Pour eux, le ciel était grouillant de vie et tout proche. En haut de sa tour, le prêtre-astronome croyait toucher presque la voûte céleste.

<u>On retrouve cette idée présomptueuse dans la légende biblique de la tour de Babel (ancien nom de Babylone).</u>

Conclusion

Des observations admirables, un ciel magique... L'astronomie et l'astrologie naquirent simultanément, sous le ciel de Chaldée.

Michel Gauquelin, *L'Astrologie devant la science.*
Ed. Planète, 1965

Les applications

Faites de la semaine qui vient votre « semaine programmée ». Quand vous aurez effectué vos gammes, appliquez en pratique les méthodes apprises dans ce cours.

Réfléchissez d'abord aux différentes lectures que vous avez l'habitude de faire au cours d'une semaine. Sont-elles rares ou nombreuses ? En êtes-vous satisfait ? Vous apportent-elles un enrichissement de l'esprit ? N'y a-t-il pas des lacunes que vous voudriez trouver le temps de combler depuis des années ?

Appliquez alors un programme sévère aux lectures dont vous avez l'habitude. Organisez votre temps de lecture du journal, des revues, des ouvrages que vous êtes en train de lire. Arrangez-vous pour gagner une heure dans la semaine sur les textes de routine, dont votre esprit est saturé. Et cette heure-là, consacrez-la à un domaine de lecture tout à fait nouveau, et qui vous tentait depuis longtemps.

Essayez de soutenir ce nouveau rythme de lecture pendant plusieurs semaines. Et puis, tentez de faire de nouveaux progrès.

Contractez encore plus le temps accordé aux lectures de routine. Abordez un second domaine de lecture nouvelle et intéressante. Ainsi votre esprit s'habituera à un rythme de plus en plus rapide et efficace. Il s'ouvrira à des domaines d'intérêt de plus en plus vastes. Toutes les nouvelles idées lancées par votre entourage, tous les centres d'intérêt qui passionnent votre meilleur ami, votre femme (ou votre mari), vos enfants, vous seront ouverts à vous aussi.

Comment lire dans les affaires

L'Américain Richard Sheridan remarquait un jour : « Ecrire très vite entraîne une lecture très lente. » Dans les affaires, on se trouve souvent en présence de textes écrits dans un style lourd, traduisant une pensée embrouillée. Le lecteur le plus habile ne peut pas toujours détecter d'un coup d'œil l'idée essentielle de l'auteur. Il lui faut alors recourir à des techniques spéciales. Les textes juridiques et administratifs en sont bien souvent des exemples frappants. Cet inconvénient se présente aussi dans certaines lettres d'affaires, dans certains rapports techniques et dans des ouvrages très spécialisés. Au cours de leur pratique journalière, l'homme d'affaires et l'étudiant sont fréquemment dans l'obligation d'aborder de tels documents. Des méthodes spéciales pour textes difficiles leur seront sans doute utiles.

Documents juridiques et administratifs

Qui n'a pas, un jour ou l'autre, l'obligation de se pencher sur un document légal ? La prose des textes juridiques et administratifs est célèbre par ses phrases interminables, aux rebondissements d'idées enchevêtrées. Elle émane de milieux très attachés aux traditions. Les hommes de loi admettent volontiers que leurs écrits contiennent beaucoup de formules vieillies et inutiles. Mais ils préfèrent s'y tenir, parce que la coutume les a entérinées. Ce style leur est familier, comme il est familier aux tribunaux.

Il n'en est pas de même pour nous. Quand nous avons à déchiffrer un tel document, nous n'avons pas toujours un avoué à proximité pour nous le traduire en langage clair et moderne. Il est donc utile d'apprendre à nous débrouiller avec ce genre de style.

Prenons-en un exemple, et essayons de l'analyser.

Des techniques bien précises vont nous aider dans cette entreprise difficile.

Enumérons-les tout de suite :

1 / Prendre un crayon rouge. Nous soulignerons les informations essentielles parmi les autres.

2 / Les informations essentielles que nous sélectionnerons seront les suivantes : Sujet - Verbe - Complément du verbe.

3 / Quand les éléments indiqués au second paragraphe sont soulignés, nous retraduisons en langage courant leur sens général, si besoin est.

4 / Si nous rencontrons un mot qui nous est inconnu, nous le cherchons dans le dictionnaire, et notons tout de suite son sens dans la marge en regard du texte où il se trouve.

Voici à présent le premier exemple sur lequel nous allons essayer l'efficacité de ces méthodes. Il s'agit d'un extrait de la loi du premier septembre 1948, portant sur « les rapports des bailleurs et locataires ou occupants de locaux d'habitation ou à usage professionnel ».

Art. 1er. A Paris,
Dans le département de la Seine et dans un rayon de 50 kilomètres de l'emplacement des anciennes fortifications de Paris
Dans les communes d'une population supérieure à 4 000 habitants ou distantes de moins de 5 kilomètres des villes de 10 000 habitants
Dans toutes celles où le dernier recensement accuse un accroissement de la population municipale d'au moins 5 p. 100 sur le précédent recensement,
Dans les communes figurant sur les listes des localités

sinistrées publiées par le ministre chargé de la reconstruction et de l'urbanisme,
l'occupation des locaux d'habitation ou à usage professionnel sans caractère commercial ou industriel ou ne relevant pas du statut du fermage, ainsi que des locaux affectés à l'exercice d'une fonction publique dans lesquels l'habitation est indivisiblement liée au local utilisé pour ladite fonction, est régie, après l'expiration du bail écrit ou verbal, par les dispositions suivantes.
(Ord. n° 58-1343 du 27 déc. 1958.)
« Des décrets pris sur le rapport du ministre de la construction détermineront les communes dans lesquelles la présente législation cessera d'être appliquée ou pourra être rendue applicable. »
2. Dans toutes les communes, à l'expiration des baux conclus entre les parties, l'occupation des immeubles ou parties d'immeubles par les administrations publiques de l'Etat, des départements et des communes et par les établissements publics, ainsi que celle des locaux affectés à l'exercice d'une fonction publique dans lesquels l'habitation n'est pas indivisiblement liée au local utilisé pour cette fonction, est soumise aux dispositions des articles 9 et 37 ci-dessous.
3. Les dispositions du présent titre ne sont pas applicables aux logements construits ou achevés postérieurement à la promulgation de la présente loi, à l'exception de ceux réparés ou reconstruits dans les conditions prévues aux articles 70 et 71 ci-dessous.
Sont assimilés aux logements construits ou achevés postérieurement à la promulgation de la présente loi :
Les locaux utilisés commercialement avant le 1er juin 1948 et postérieurement affectés à l'habitation ;
Les locaux obtenus par reconstruction ainsi qu'il est prévu à l'article 11, par surélévation ou addition de construction ainsi qu'il est prévu à l'article 12, sous réserve des dispositions des articles 13 et 42.

Par quoi commence ce texte ? Par différents compléments de lieu : A Paris-, Dans le département... - Dans les communes, etc. Nous négligeons ces compléments pour l'instant. En descendant ainsi de ligne en ligne, nous arrivons à : « l'occupation des locaux d'habitation ou à usage professionnel ».

Soulignons ces mots. Ils représentent *le sujet* de la phrase. Cherchons ensuite *le verbe* et *son complément*. Nous les trouvons quatre lignes plus loin, après une grande apposition entre virgules, et séparés eux-mêmes par une autre apposition.

Verbe : « est régie ».

Complément du verbe : « par les dispositions suivantes ».

Relisons la phrase formée par ces trois parties soulignées. Elle est fort claire. Cette première phrase nous dit si ce paragraphe et les suivants nous concernent. Il faut donc bien en peser les mots. Si la réponse est positive, on continue d'appliquer cette technique de paragraphe en paragraphe, jusqu'à ce qu'on ait trouvé le paragraphe particulier qui s'applique exactement à notre cas.

Voyons le deuxième paragraphe :
   Sujet : « l'occupation des immeubles ou parties d'immeubles par les administrations publiques de l'Etat ».
   Verbe : « est soumise ».
   Complément du verbe : « aux dispositions des articles 9 et 37 ».

Notre cas fait-il partie des administrations publiques ? Si oui, recourons aussitôt aux paragraphes 9 et 37, pour connaître les dispositions qui concernent ce cas. Sinon, étudions les paragraphes qui suivent celui que nous venons d'analyser. L'un d'eux correspondra à notre problème. Il faudra alors l'étudier tout à loisir. Les compléments et appositions variés que nous avons négligés jusque-là devront être examinés eux aussi. On n'en retiendra, en le soulignant, que ce qui nous concerne directement.
   Par exemple, dans le premier paragraphe, nous avons négligé les compléments de lieu placés au début. Notre local rentre-t-il dans un des quatre cas énumérés ? Quand l'essentiel du paragraphe est compris, il est temps de s'en préoccuper avant d'aller plus loin. On souligne en rouge ce qui concerne notre local.

Ainsi, en s'armant du crayon rouge, et en procédant par ordre, on finit par trouver très clair ce qui au premier abord apparaissait comme une énigme. Des exercices de ce type vous sont proposés à la fin de ce cours. Ils vous entraîneront au déchiffrement des textes juridiques et administratifs compliqués. C'est un entraînement qui vous sera souvent utile en pratique. Suivez-le avec rigueur.

Lettres d'affaires

Dans les milieux d'affaires modernes, le style très dépouillé de la correspondance anglo-saxonne commence à prévaloir pour les lettres d'affaires. Dans les milieux administratifs, les formules classiques de début et de fin ont été supprimées pour les circulaires inter-services. Elles abordent leur objet sans préambule.

Mais ce sont là des exceptions. Dans l'ensemble, les lettres d'affaires sont compliquées par de longs préambules et formules finales. Elles sont considérées comme une marque de courtoisie de la part de l'expéditeur. Mais elles alourdissent singulièrement la tâche de l'homme d'affaires obligé de parcourir chaque matin une volumineuse correspondance. Une bonne technique de l'écrémage rend ici de grands services. Très souvent le premier paragraphe de la lettre peut être sauté, car il ne contient aucune information nouvelle. En voici des exemples :

> Monsieur,
>
> J'ai l'honneur d'accuser réception de votre estimée du 2 courant, dont je vous remercie.
>
> Messieurs,
>
> Recevez tout d'abord nos remerciements pour l'accueil si aimable que vous avez réservé à notre représentant, M. D., ce qui a beaucoup facilité le travail. Nous avons bien reçu votre commande, ainsi que les pièces jointes, datée du 4 février 1966.
> Cependant...

Et pour le dernier paragraphe :

> Dans l'attente de vos bonnes nouvelles, et toujours dévoué à vos ordres, je vous présente, Monsieur, mes salutations très distinguées.
>
> Comptant sur votre diligence, je vous prie de croire, Messieurs, en l'expression de mes sentiments dévoués.

Négligeant tous ces à-côtés, l'homme d'affaires rapide va droit à l'essentiel :

1 / Il regarde d'abord qui écrit, en donnant un coup d'œil à la raison sociale et à la signature.

2 / Il cherche ensuite pourquoi, en centrant son regard vers le milieu de la lettre. Quand il a trouvé le point intéressant, il cherche rapidement tout autour les détails qui s'y rapportent.

3 / Armé d'un crayon rouge, il souligne le point auquel il veut répondre. Il indique éventuellement d'un mot dans la marge son intention à ce sujet : — « Oui » — « Non » — « Vérifier telle chose », etc.

4 / Il dépose dans une corbeille différente les lettres qui demandent vérification ou confirmation, et celles auxquelles on peut répondre immédiatement. Cela permet de ne pas remettre les réponses aisées à plus tard. On gagne ainsi beaucoup de temps : pas besoin de relire ultérieurement une lettre dont on s'est déjà occupé.

Quant aux lettres qui demandent réflexion, les annotations au crayon rouge en simplifieront la deuxième lecture. Lorsqu'on les reprendra, l'essentiel sautera immédiatement aux yeux, ainsi que la solution proposée à la première lecture.

Mais il y a des lettres qui posent de véritables problèmes de compréhension. Les correspondants qui les écrivent ne savent pas toujours exprimer dans un langage clair ce qu'ils désirent vous faire savoir.

D'abord, il y a les lettres interminables. Où se trouve l'essentiel, quand votre correspondant utilise trois ou quatre pages pour s'exprimer ? C'est le moment de faire usage de vos capacités en repérage. Lisez le début, sautez quelques pages, puis reprenez la lecture, et sautez encore. Vous identifierez mieux ainsi l'objet d'une telle missive.

Il y a les lettres confuses. Leur auteur ne sait pas manier les subtilités de la langue française. Cela arrive à certains correspondants étrangers, quand, pour vous éviter d'avoir à faire traduire leurs lettres, ils tentent de s'exprimer directement dans votre langue. Le résultat n'est pas toujours facile à déchiffrer. Le mieux alors est de recourir à un traducteur. Il identifiera les locutions incompréhensibles en français, mais normales dans l'autre langue. Cela arrive aussi aux correspondants qui se complaisent dans des phrases interminables, où l'essentiel disparaît. Dans ces cas-là, c'est la méthode consistant à souligner au crayon rouge le sujet, le verbe et le complément qui donne les meilleurs résultats. Dans les exercices de la fin de ce cours, vous trouverez de quoi vous entraîner à cette méthode.

Il y a aussi les lettres imprécises. Le correspondant, pris par ses circonlocutions, omet d'exposer le point essentiel qu'il voulait vous faire connaître. Vous en trouverez ci-après un exemple, où le correspondant a cherché à être si minutieux dans son énoncé, qu'il a oublié d'en venir au but de sa missive.

> Monsieur le Directeur Général,
>
> J'ai l'honneur de faire acte de candidature immédiate au poste vacant dont il s'agit et susceptible de beaucoup vous intéresser, si vous conviennent certaines possibilités valables, utilement exposées en détail, dans le curriculum vitae me concernant, aux meilleures fins d'appréciation circonstanciée.
> Très grand, plutôt sportif, d'esprit commercial, littéraire par essence, dynamique au possible, mais avec l'efficience et la psychologie inhérentes aux divers commandements longtemps exercés, en parfaite condition physique et libre aussitôt de faire définitive carrière honorable, je me tiens volontiers à votre aimable disposition, pour tous autres renseignements, le cas échéant, complémentaires.
> Dans cette heureuse attente, me voici d'ores et déjà,
> Monsieur le Directeur Général,
> Votre bien dévoué
> X.

Ce candidat à un poste vacant a oublié de préciser de quel poste il s'agissait. Il écrivait pourtant à une maison importante, qui offrait chaque jour des dizaines de postes. Ce genre de lettres, où l'essentiel est oublié, sont celles qui font perdre le plus de temps à celui qui les reçoit. Dans le cas présent, trois solutions sont possibles :

— ou bien écrire au candidat, pour lui demander de préciser sa demande (mais la réponse risque de n'être guère plus claire).
— ou chercher, dans les pièces jointes, le renseignement principal qui manque dans la lettre (le candidat a joint un curriculum vitae ; d'après les emplois qu'il a occupés précédemment, on peut deviner pour quel poste il fait acte de candidature).
— ou faire classer cette lettre sans y répondre.

Prospectus commerciaux

Assez souvent, vous recevez au courrier une lettre à la présentation élégante, qui débute par une anecdote attrayante. Il s'agit là très probablement d'un des mille aspects tentateurs par lesquels s'illustrent les prospectus commerciaux. Pour vous inciter à l'achat, leurs offres sont enveloppées de maintes précautions oratoires, de nombreuses images et photographies.

Beaucoup d'hommes d'affaires, qui ne veulent pas perdre de temps avec tous les artifices qui entourent les offres des maisons commerciales, jettent les prospectus, parfois sans même ouvrir les enveloppes. Ils se privent par là d'informations qui pourraient leur être d'une grande utilité. En France, il existe une certaine tendance à souligner le danger de la publicité, à se méfier de son aspect enjôleur. Mais sans elle, nous ne serions pas informés des nouveautés qui sont lancées sur le marché. Nous serions privés de bien des améliorations avantageuses pour notre niveau de vie.

Mieux vaut donc se pencher avec intérêt également sur les prospectus commerciaux. Ils ne risquent pas de vous faire perdre trop de temps, si vous leur appliquez les techniques de lecture sélective dont vous vous êtes rendu maître en étudiant ce cours. Votre expérience en écrémage vous permettra d'embrasser d'un regard l'offre qui vous est faite. Un second regard vous apprendra quelle maison vous fait cette offre et quel est le prix proposé. Quelques secondes de réflexion. Et vous décidez en connaissance de cause si cette offre doit être classée parce qu'elle pourra un jour vous intéresser, ou si ce prospectus doit aller à la corbeille à papier.

Rapports techniques

Les rapports sont rédigés en général par des techniciens, pour lesquels écrire n'est pas un métier mais un moyen d'échanger des informations. Ils soignent le début de leur texte. Mais souvent leur style devient peu à peu moins dense et leur pensée moins claire. La lecture des rapports techniques n'est donc pas toujours facile, parce qu'ils ne sont pas rédigés par des rédacteurs professionnels.

Rappelons-nous ici un des grands principes de la lecture sélective. Quand on ne connaît pas, ou qu'on ne distingue pas bien l'idée principale d'un texte, le mieux est de regarder de près le début et la fin de ce texte. On trouve là le point de départ et le point d'arrivée de la pensée de l'auteur : ses hypothèses et ses conclusions. C'est en somme l'inverse des lettres d'affaires qui exposent leur idée principale dans les paragraphes centraux ; les rapports techniques ne contiennent souvent que des détails mineurs dans les paragraphes du milieu.

En partant du début du rapport, si l'hypothèse de départ ne ressort pas clairement, le crayon rouge, pour souligner quelques points, et les annotations en marge seront d'une grande utilité. On procédera de même au moment des conclusions. Les paragraphes centraux pourront être écrémés seulement. Mais on se penchera de plus près sur les phrases qui laisseront apparaître un point nouveau ou original. Il s'agit en somme typiquement ici de pratiquer la « lecture lente semi-sélective ».

Voyons à présent, sur un exemple, comment faire ressortir les points importants des rapports techniques quand ils sont dissimulés dans des phrases compliquées. Le mieux est de faire usage de la même technique que celle déjà décrite pour analyser les documents légaux. On souligne au crayon rouge le sujet, le verbe et le complément du verbe de la phrase. On retraduit au besoin en langage courant leur sens général.

Voici ce que cela peut donner :

Premier exemple

> « Sur le plan moral, il faudra beaucoup d'honnêteté pour le caissier-comptable en particulier, et d'ailleurs pour toutes les personnes ayant à manier des écritures qui se traduisent, en définitive, par des entrées ou des sorties d'argent. »

On trouve ainsi la phrase simplifiée suivante : « Toutes les personnes ayant à manier des entrées ou des sorties d'argent auront besoin de beaucoup d'honnêteté. »

Deuxième exemple :

> « Par ailleurs, je crois qu'il serait intéressant de donner des indications statistiques soit mêlées aux données générales, soit à part, de nos propres prix à la Société Agricole de L..., de nos pruneaux, de notre prix de vente départ, caisse 12,500 kg, à cette différence près que, pour le moment, il ne faudrait pas indiquer nos derniers prix 1960 que je rectifierai et que je donnerai dans quelques jours, étant donné que nos prix 1960 ont, depuis le mois de janvier, subi des baisses. Il faudrait donc que j'attende les premières ventes de janvier-février afin de déterminer une moyenne entre les prix plus forts jusqu'au 1er janvier et les prix actuels, ceux-ci tenant uniquement pour 1960. »

On trouve ainsi la phrase simplifiée suivante : « Je trouverais intéressant de donner des indications statistiques des prix de nos pruneaux en caisses de 12.500 kg. »

Notons en passant que dans ces deux passages difficiles à

comprendre, le verbe principal de la phrase se trouve à la forme indéfinie introduite par « il » : « il faudra »... « Il serait intéressant »...

Cette forme neutre a l'inconvénient de ne se rapporter à rien de précis dans la phrase. Elle contribue à son manque de clarté. Négligeons donc ce « il » comme sujet de la phrase, et cherchons le véritable sujet.

Les intertitres

Les paragraphes d'un rapport technique sont le plus souvent numérotés et séparés par des intertitres. C'est un support de lecture qui vient en aide à l'homme d'affaires ou au technicien pressé. En effet, les intertitres expriment en gros la succession des idées contenues dans le rapport. On peut se baser sur eux pour survoler l'essentiel de la démarche de pensée de l'auteur. Ces intertitres sont faits pour fractionner le texte, mais non pas pour attirer le regard par leur originalité. En cela, les intertitres des rapports techniques sont bien différents de ceux des revues à grand tirage. Comparons deux séries de sous-titres. La première est tirée d'une revue de vulgarisation et l'autre d'un rapport technique.

Titre de l'article de vulgarisation à grand tirage.

QUE SE PASSE-T-IL AU GRAND TRIANON?

Intertitres :

> 212 pièces d'habitation
> Survol interdit
> Meubles et objets d'art d'origine
> Système d'alarme

Titre du rapport technique à tirage restreint :

Le prix de la construction

Intertitres :

A/ Éléments du prix de revient pour le promoteur

1) Éléments physiques
2) Éléments administratifs :
    a) *les servitudes*
    b) *le droit de construire*
3) La charge foncière :
    a) *les éléments administratifs*
    b) *les éléments techniques*
4) Le financement intercalaire

B/ Les actions sur le prix des terrains

1) L'action sur l'offre quantitative de terrain
2) L'action sur la réglementation d'urbanisme
3) L'action sur l'équipement
4) L'action sur le coût financier

Aussitôt la différence saute aux yeux. Les intertitres de la revue de vulgarisation sont composés pour exciter la curiosité et pousser le lecteur à lire l'article. A quoi peut correspondre « Survol interdit » dans un article sur le Grand Trianon ? Vous êtes intrigué. Vous lisez. L'auteur a atteint son but. Mais parfois vous vous apercevez que l'intertitre ne tient pas ses promesses. Il ne suit pas très bien le courant de pensée de l'auteur. Il peut se trouver à une certaine place dans une colonne uniquement pour la bonne présentation typographique. Le sens du texte peut en pâtir.

Regardez à présent les intertitres de l'article technique. Ici l'auteur ne s'est pas préoccupé de belle présentation typographique ni de vulgarisation en les composant. Mais vous pouvez être sûr qu'ils expriment vraiment l'essentiel des questions traitées par l'auteur.

Cet exemple montre que, dans les rapports techniques, les intertitres offrent un canevas détaillé et déjà élaboré du contenu du texte. Ils contiennent tous les mots clefs permettant le repérage du point précis dont vous pouvez avoir besoin.

De plus, ils sont classifiés en tenant compte de leur importance. Ils indiquent ainsi les grandes articulations de la pensée. Dans « Le prix de la construction » cité, on trouve d'abord deux grandes parties A/ et B/. Chacune des grandes parties comprend l'explication de quatre points particuliers, numérotés de 1) à 4). Enfin certains de ces points particuliers comprennent encore deux sous-divisions *a)* et *b)*.

Ainsi chaque élément du rapport prend tout de suite sa vraie place dans l'ensemble. Le spécialiste qui y recourt n'a pas besoin de perdre du temps à tout lire d'un bout à l'autre. Il repère le passage dont il a besoin et peut le consulter aussitôt.

Grâce aux intertitres, l'articulation plus nette de la pensée dans les rapports techniques fait regagner le temps que les phrases font perdre quand elles sont un peu longues et embrouillées.

Ouvrages spécialisés

Les ouvrages spécialisés ont un aspect parfois assez rébarbatif pour celui qui n'a pas l'habitude de les manipuler. Souvent volumineux, ils offrent au lecteur des titres très techniques, des paragraphes numérotés, des graphiques et tableaux de chiffres, des notes denses en bas de page. Le lecteur peu informé, qui aborde un ouvrage spécialisé en lecture intégrale ordinaire peut, après plusieurs heures de lecture épuisante, abandonner l'ouvrage parce qu'il s'aperçoit qu'il ne retient rien de sa lecture.

Les méthodes de lecture que vous avez apprises dans ce cours vous ont montré qu'il n'est pas question de lire un livre technique comme un roman, du premier mot jusqu'au dernier. L'ouvrage spécialisé se rapproche plus du dictionnaire ou de l'encyclopédie que du roman. Il se consulte par fractions, car il est fait pour répondre à des questions précises que se pose le lecteur. Dans le septième cours, nous avons analysé les divers procédés du repérage qui permettent de trouver sans perte de temps les informations que l'on désire trouver dans un ouvrage spécialisé. Nous avons vu comment repérer des mots-signaux, comment consulter les tables des matières détaillées, ou les index en fin d'ouvrage. Nous avons vu également comment survoler trois ou quatre ouvrages pour obtenir une vue d'ensemble sur la façon dont différents spécialistes traitent une question. Si vous vous êtes entraîné assidûment à ces méthodes, si vous avez commencé à les utiliser dans votre pratique journalière, vous avez pu découvrir déjà mille nouveautés attrayantes dans de sévères volumes qui, autrefois, vous auraient paru inabordables.

Cependant les ouvrages spécialisés offrent quelques difficultés dont nous n'avons pas encore parlé. Considérons-les à présent. Il s'agit des notes en bas de page, des tableaux de chiffres et des graphiques et des figures.

N'ayez pas peur des notes en bas de page

Les notes en bas de page sont prévues pour donner des informations de détail qui couperaient la pensée de l'auteur si elles étaient placées dans le texte. Elles sont donc écrites en petits caractères, et placées à un endroit qui ne gêne pas le lecteur pressé.

Au lieu de paraître plus difficiles à lire, les textes comprenant des notes en bas de page devraient être considérés comme faciles, puisqu'ils sont débarrassés des détails accessoires. Mais plus la pensée de l'auteur est complexe, plus les notes techniques abondent. C'est ce qui explique que beaucoup de lecteurs fuient les ouvrages comprenant des notes en bas de page. Rassurons-les. Il y a des livres comprenant de nombreuses notes et qui sont cependant d'une lecture assez aisée.

Il y a aussi note et note : on peut, très grossièrement, les diviser en trois catégories :
— notes anecdotiques, souvent plus amusantes que le texte lui-même ;
— notes techniques ;
— notes bibliographiques.

<u>Notes anecdotiques</u> : Voici un exemple de note anecdotique. L'auteur parle de l'effet de la Lune sur le temps qu'il fait. Il connaît une anecdote à ce sujet, qu'il ne trouve pas assez

importante pour figurer dans le cours du texte. Mais il ne veut pas en priver le lecteur. Alors il place cette petite histoire en note :

Le général Delcambre, dans *la Météorologie*, 1934, p. 43, raconte : « Au printemps de 1913, le colonel qui commandait l'école militaire du Génie, où j'étais moi-même professeur de topographie et de géologie, m'aborda un matin et me déclara :
« Eh bien ! vous avez de la chance. Vous allez avoir du beau temps pour votre lever de position.
« Ah ! lui dis-je, et pourquoi donc ?
« Mais n'avez-vous pas vu que le beau temps s'est installé avec la Lune ?
« La Lune ? lui dis-je, vous y croyez, vous, à la Lune, mon colonel ?
« Comment ! si j'y crois ! me répondit cet homme, suffoqué, ignorez-vous la *loi de Bugeaud* ?
« L'avez-vous jamais vérifiée, cette loi, mon colonel ?
« Non, m'avoua-t-il, mais on nous l'a enseignée à l'Ecole de Guerre.
« Eh bien ! si vous voulez, nous allons en faire pendant trois mois la vérification, et vous verrez alors ce qu'elle vaut.
L'été n'était pas arrivé que mon colonel était convaincu ! Jamais plus il ne me parla de la Lune. »

M. Gauquelin, *L'Astrologie devant la science.*
Ed. Planète, Paris 1965.

<u>Notes techniques</u> : Les notes techniques sont chargées de donner des précisions supplémentaires au lecteur soucieux de détails, ou au spécialiste qui désirerait avoir les éléments pour vérifier l'exactitude des informations. Les notes techniques sont donc à la fois explicatives et justificatives. En voici un exemple pris dans le domaine de la psychologie :

Le système de numération binaire, conçu par Leibniz, et notamment utilisé par toutes les calculatrices électroniques, ne fait intervenir que deux signes : 0 et 1. Les nombres de notre système décimal s'écrivent alors : 1 : (1) ; 2 : (10) ; 3 : (11) ; 5 : (101) ; 10 : (1010) ; etc.
La Psychologie de A à Z. C.E.P.L., Paris, 1967.

<u>Notes bibliographiques</u> : Il y a enfin les notes qui fournissent des indications sur l'ensemble des livres écrits sur une question. Elles sont nombreuses dans les ouvrages spécialisés. Grâce à elles, le spécialiste qui veut se documenter à fond sur une question peut le

faire en réunissant les textes de tous les auteurs qui l'ont traitée.

Le lecteur qui consulte un ouvrage sans être spécialiste de la question n'a pas à se préoccuper des notes bibliographiques. Sauf dans un cas qui se présente tout de même de temps à autre : lorsque le texte de l'ouvrage qu'il lit ne le satisfait pas. Il n'a pas entièrement confiance dans ce qu'affirme l'auteur. Alors la note bibliographique lui permet de consulter un auteur différent sur la même question.

Mais, en règle générale, les notes bibliographiques, qui sont d'accès sévère, n'ont pas à être lues. L'exemple suivant illustre ce genre de notes. Les noms des auteurs y sont indiqués en lettres majuscules, et les titres des ouvrages en italique, pour qu'on les identifie mieux.

Sur l'astrologie, consulter notamment :
CUMONT, *Catalogus Codicum Astrologorum Graecorum*, depuis 1898. BOUCHE-LECLERQ, *l'Astrologie grecque*, 1899. F. BOLL, *Sphaera*, Leipzig, 1903. VIROLLEAUD, l'Astrologie chaldéenne, depuis 1905 (collection de textes publiée dans *Babyloniaca*) ; et les *Origines de l'astrologie*, dans *Babyloniaca*, 1914. KUGLER, *Sternkunde und Sterndienst in Babel*, 1907, 1909-1910, 1913. F. THUREAU-DANGIN, *Tablettes d'Uruk* (dans *Textes cunéiformes du Louvre*, VI, 1922, et dans *Revue d'Assyriologie*, en 1913, 1919 et 1929 : ce sont des textes et des études traitant notamment des distances entre les étoiles fixes) ; *Mesures de temps et mesures angulaires dans l'astronomie babylonienne* (dans *Revue d'Assyriologie*, 1931).
On peut signaler également dans REY, *la Science orientale avant les Grecs*, 1930, le chapitre II du livre II, pp. 148 à 186 ; et S. SCHIFFER, *les Origines de l'astronomie* (conférences résumées dans *Thalès*, 1936, pp. 142 à 157).

René Berthelot, *La Pensée de l'Asie et l'Astrobiologie.*
Éd. Payot, Paris 1949.

Ces quelques exemples montrent que les notes n'ont rien de redoutable dans les ouvrages spécialisés. Dans la majorité des cas, on peut très bien se dispenser de les lire. Seuls les spécialistes sont censés lire les notes techniques et les notes bibliographiques. Quant aux notes anecdotiques, personne ne vous oblige à les lire puisqu'elles concernent des détails ; mais vous pouvez aussi vous en amuser en passant. A vous de repérer dès le début de votre lecture à quel genre appartiennent en général les notes.

Les abréviations

Mais un jour ou l'autre, à force de consulter des ouvrages, vous vous trouverez être le spécialiste qui a besoin des détails contenus dans telle ou telle note. Par exemple, dans un ouvrage sur un sujet qui vous tient à cœur, vous pouvez rencontrer soudain, en note, le titre de l'ouvrage qui répond exactement à toutes vos questions. Alors cette note ne vous paraîtra pas négligeable. Elle deviendra pour vous essentielle. Il faut que vous sachiez la consulter. Or, bien souvent, les notes techniques et bibliographiques contiennent des abréviations latines. Ce sont des vestiges d'un passé où les érudits de tous les pays parlaient couramment le latin qui était une langue internationale.

Enlevons à ces abréviations leur mystère, en vous donnant une liste sommaire de ces mots avec leur traduction en français. Ainsi armé, vous pourrez consulter toutes les références des notes en bas de page, sans éprouver aucune gêne.

Abréviations latines utilisées dans les notes :

abréviation	en toutes lettres	traduction
cf.	confer	comparer
et al.	et alibi	et ailleurs
et sq.	et sequens	et à la suite
id.	idem	au même endroit
ibid.	ibidem	de même
loc. cit.	loco citato	à l'endroit cité
N.B.	nota bene	veuillez noter
op. cit.	opere citato	dans l'ouvrage cité
P.S.	post scriptum	phrase ajoutée à une lettre au-dessous de la signature.

Exercez-vous sur des textes difficiles

Le lecteur rapide et efficient doit être aussi bien armé pour aborder les textes compliqués que les textes faciles. Grâce aux différentes méthodes passées en revue dans ce cours, vous devriez être à même d'aborder sans crainte les documents les plus redoutables. A la fin de ce cours, vous trouverez des exercices pour vous y entraîner[1]. Ils proviennent de domaines variés, car on rencontre des pierres d'achoppement dans tous les domaines.

Armez-vous d'un crayon rouge et attaquez vaillamment ces exercices.

Essayez ensuite d'appliquer vos nouvelles connaissances dans la pratique ordinaire. Elles peuvent vous être utiles dans les lettres d'affaires, les rapports, les notices techniques, les documents juridiques, les actes notariés, les textes spécialisés et savants.

Ne croyez pas faire marche arrière si vous êtes obligé parfois, dans de tels documents, de revenir à certaines méthodes de lecture lente, que vous vous êtes astreint à dépasser depuis les premiers cours. Vous les oublierez à nouveau dès que les textes deviendront plus abordables. Dans un texte très touffu, les retours en arrière sont parfois nécessaires. Nous l'avons vu dans le troisième cours, quand nous nous exercions à ne pas faire de régression. Parfois aussi il est bon de lire certains passages à haute voix, quand une phrase est vraiment très longue et entortillée. On peut même les suivre du bout du doigt, pour les comparer à d'autres passages. Un autre moyen extrême qui porte quelquefois ses fruits dans des textes très difficiles est de lire le passage à l'envers. On commence par la dernière phrase, on la lit lentement pour soi-même à haute voix, puis on passe à l'avant-dernière phrase, et ainsi de suite. La lumière peut jaillir de ce procédé, quand le début du texte est obscurci par des redondances.

Ainsi, dans les cas très difficiles, tous les moyens de lecture se justifient. L'essentiel est de ne reculer devant aucun texte, de

1. Si vous désirez vous entraîner sur des textes difficiles plus nombreux, vous en trouverez dans la *Méthode de lecture rapide*, déjà citée.

savoir tout lire et tout comprendre. D'ailleurs, ce qui nous paraît difficile au début ne l'est plus dès qu'on s'y est entraîné. Si vous ne reculez devant aucun texte, les plus difficiles vous deviendront faciles à lire au bout d'un certain temps. Aucune entrave ne vous empêchera d'étendre vos connaissances dans toutes les directions.

Prenez en main un crayon rouge. Il va vous servir à souligner dans les textes qui suivent les composantes essentielles de la phrase, c'est-à-dire, dans l'ordre : le sujet — le verbe — le complément du verbe. Quand vous aurez identifié ces composantes, vous « traduirez » l'essentiel de la phrase en français moderne simplifié, et l'inscrirez dans l'espace blanc réservé à cet usage en dessous du texte.

Dans les exemples qui vous intéressent ou qui vous paraissent plus difficiles que les autres, essayez de placer en marge quelques commentaires qui résument pour vous ce qui était frappant, ou curieux, ou critiquable dans la phrase.

L'immeuble sus désigné dépendait de la succession de Mademoiselle Olympiade LECONTE, décédée à Honfleur, le trente novembre mil huit cent trente-deux, et dont lesdites dames veuves LECONTE, née NICOLLE, sa mère, et veuve LECONTE, née QUENTIN, son aïeule paternelle, étaient héritières chacune pour moitié, ainsi qu'il est constaté par un acte de notoriété dressé par Mᵉ Bréard, notaire à Honfleur, le vingt-six novembre mil huit cent trente-cinq. Mais attendu qu'aux termes de l'article onze de son contrat de mariage passé devant Mᵉ VINCENT, notaire à Honfleur, le huit novembre mil huit cent dix-neuf,

Madame Veuve LECONTE, née NICOLLE, avait droit à l'usufruit de la moitié des biens propres délaissés par son mari, avec dispense de donner caution, la succession de sa fille s'est ouverte grevée de cet usufruit et, venant à recueillir moitié de cette succession, elle a dû confondre moitié de son droit d'usufruit ; d'où il suit que, dans lesdits biens, elle avait moitié en toute propriété et un quart en usufruit, tandis que Madame Veuve LECONTE, née QUENTIN, n'y avait qu'un quart en toute propriété et un quart en nue-propriété seulement.

Ladite demoiselle Olympiade LECONTE possédait elle-même lesdits biens comme les ayant recueillis de la succession de Monsieur Jean-Baptiste LECONTE, son père, en son vivant chef d'institution, demeurant à Paris, décédé à Honfleur, où il se trouvait alors, le trente avril mil huit cent vingt-trois, et dont elle était seule héritière, sauf les droits de sa mère sur la succession de son mari, ainsi que le constate l'intitulé de l'inventaire dressé après le décès de ce dernier par Me CAIGNE, notaire à Paris, le seize mai mil huit cent vingt-trois et jours suivants, enregistré.

Traduction de ce texte :

Quel était l'essentiel du premier paragraphe ?

. . . .
. . . .

Quel était l'essentiel du second paragraphe ?

. . . .
. . . .

Quel était l'essentiel du troisième paragraphe ?

. . . .
. . . .

Vu la requête présentée par le sieur Monpeurt, demeurant à Alfortville, agissant tant en son nom personnel qu'en qualité de propriétaire des verreries et cristalleries d'Alfortville, tendant à ce qu'il plaise au Conseil annuler pour excès de pouvoir une décision, en date du 10 juin 1941, par laquelle le Secrétaire d'Etat à la Production industrielle a confirmé une décision du directeur responsable des industries du verre rejetant une demande de mise à feu du four des Établissements Borelex, à Aumale (Seine-Inférieure) et ordonnant qu'en compensation l'entreprise requérante exécutera cinq tonnes de tubes par mois pour le compte des Établissements Borelex auxquels elle les livrera au tarif normal affecté d'un rabais de 20 pour 100 ; ensemble ordonner qu'il sera sursis à l'exécution de cette décision.

Finalement, qui exécutera cinq tonnes de tubes par mois ?

. . . .

. . . .

Pour qui ?

. . . .

Pourquoi ?

. . . .

Nota Bene : Le mieux ici, pour y voir plus clair, est de noter sur une page à part le nom des adversaires en présence, et en dessous tout ce qui se rapporte à l'un ou à l'autre. Ainsi les différentes phrases de ce débat apparaîtront clairement.

Considérant qu'il résulte de l'instruction que le 8 mars 1946, vers 15 heures 30, dans le port de Boulogne, le chalutier Madeleine, alors que, tiré par le remorqueur Auguste-Stoecklin, appartenant au service maritime et armé par lui, il faisait une manœuvre pour se rendre, conformément aux instructions données par la direction du port, du « dur » où il carénait, au bassin à flot, a heurté une épave à laquelle il est resté accroché et qui était constituée par un chaland en acier, à dessus plat, à cette heure complètement immergé et, par suite, invisible : que, dégagé de sa position vers 17 heures, il fut conduit au quai de la gare maritime, où, une voie d'eau s'étant déclarée et les moyens d'épuisement du remorqueur la Morinie, qui appartenait également au service maritime et était armé par lui, s'étant révélés défaillants, il coula la nuit suivante ; que le recours du ministre des Travaux publics tend à ce que l'Etat soit déchargé des conséquences onéreuses de cet accident, mises en totalité à sa charge par l'arrêt attaqué.

Décomposez les faits cités, et racontez l'histoire dans son ordre chronologique :

— Où se trouvait le chalutier *Madeleine ?*

. . . .

. . . .

— Que faisait-il ?

. . . .
. . . .

— Où se trouvait le remorqueur *Auguste-Stoecklin* ?

. . . .
. . . .

— Que faisait-il ?

. . . .
. . . .

etc, etc.

. . . .
. . . .
. . . .
. . . .

Attention,
mémoire et culture

Dans ce dernier cours, il nous reste à approfondir deux facteurs qui, utilisés à bon escient, vous permettront d'accroître le bénéfice de vos lectures : votre attitude psychologique devant le texte, et votre mémoire.

Ensuite, nous ferons un bilan de tout ce que vous avez appris dans l'ensemble des dix cours, et nous vous donnerons quelques conseils.

Notre attitude dans la lecture

« Pour être un bon lecteur, il faut un effort concentré, une coopération totale avec l'auteur », a dit le critique littéraire américain Orville Prescott. Un auteur essaie de communiquer à ses lecteurs des pensées, mais aussi des sentiments, des angoisses, des passions, par l'intermédiaire des mots. Un facteur important de lecture rapide est l'acceptation — au moins passagère — par notre esprit de la personnalité et de l'opinion de l'auteur. Une grande sensibilité au ton et aux idées adoptées par l'auteur améliore vitesse de lecture et compréhension du texte. Le pouvoir d'anticipation du lecteur est augmenté. Son regard court plus vite sur les mots.

Malheureusement cette attitude de coopération totale de la pensée du lecteur avec celle de l'auteur n'est pas toujours facile à réaliser. Les meilleurs lecteurs qui, en temps ordinaire, lisent vite et retiennent tout, perdent brusquement leurs capacités s'ils abordent un texte où l'auteur défend des opinions très éloignées des leurs.

Ainsi un lecteur prodige comme Jacques Bergier a un rythme de lecture extrêmement rapide. Mais il est particulièrement sensible à cette rencontre entre son opinion et celle de l'auteur. Jean Feller écrit à son sujet : « Sans doute sa curiosité insatiable lui impose-t-elle ce rythme. Il sait seulement que, lorsqu'un ouvrage le passionne, il perd toute notion du temps ; il sait aussi que lorsqu'un livre le rebute ou l'irrite, il lit plus lentement qu'un lecteur ordinaire (il a mis deux mois pour venir à bout de *Mein Kampf*, alors qu'habituellement il lit 10 à 20 fois plus vite qu'un lecteur moyen)[1]. »

Une expérience instructive

En réalité, l'attitude qui nous est la plus fréquente et la plus naturelle est :
— de ne voir dans un texte que ce que nous connaissons déjà plus ou moins ;
— de ne retenir que ce qui nous a plu.

Les deux psychologues Manya et Eric De Leeuw ont procédé à ce sujet à une intéressante expérience. Le sujet d'une table ronde entre chefs d'entreprise était : — Quelles sont, dans le cours du travail, les tâches qui sont préférées et celles qui sont détestées ? Après que tous les participants à la table ronde furent tombés d'accord sur ce qu'ils préféraient et détestaient, M. et E. De Leeuw imaginèrent de rédiger une liste de ces tâches préférées et une liste de celles qui étaient détestées. Puis ils les mélangèrent dans une liste unique, qu'ils donnèrent à lire à l'un

1. Jean Feller, *Planète* 26.

des industriels. Ils lui demandèrent ensuite de noter ce qu'il avait retenu. La liste des tâches retenues par le premier industriel est donnée en lecture à un second, qui note à son tour ce qu'il a retenu après lecture. Et ainsi de suite. Après lecture par le dernier chef d'entreprise, la liste, qui s'est beaucoup amenuisée, ne contient plus que les travaux préférés par les industriels. Les travaux détestés ont disparu à travers les lectures successives. Leurs noms ont sûrement été lus avec distraction, voire hostilité. Ainsi ils ont été rejetés de la mémoire.

Cette expérience montre que nous ne lisons, trop souvent, que ce qui nous plaît dans un texte. Nous nuisons ainsi à nos intérêts, qui seraient de profiter de nos lectures pour nous enrichir au contact des réalités qui nous sont encore étrangères.

Imprégnez-vous avant de critiquer

La lecture est destinée à enrichir vos connaissances dans toutes les directions. Ne laissez pas les préjugés s'interposer entre les nouvelles idées et votre esprit. Ouvrez celui-ci largement aux pensées d'autrui que les textes imprimés vous apportent.

S'intéresser aux idées d'autrui ne veut absolument pas dire tout accepter sans exercer son sens critique. Bien au contraire. Mais il ne faut pas vouloir critiquer avant d'avoir laissé l'auteur s'exprimer. Une critique efficace doit être précédée d'une lecture attentive. Quand vous aurez bien compris les arguments de l'adversaire, les armes de votre critique deviendront plus aiguisées, vos arguments seront plus justes et plus percutants.

D'ailleurs n'est-il pas amusant d'examiner le style d'un auteur, et ses manies, même si elles vous paraissent un peu agaçantes ? Il est utile d'avoir des lumières même sur des sujets qu'on déteste ou qu'on croit détester. « Toute observation est faite pour ou contre certaines idées reçues », a dit Charles Darwin. Peu importe qu'on soit pour ou contre. L'essentiel est qu'on observe, qu'on sorte de sa tour d'ivoire, qu'on voyage à travers le monde infini des idées.

Dans vos lectures à venir, essayez d'appliquer ces principes.

Luttez contre les attitudes de refus stériles. Obligez-vous à un entraînement spécial dans les domaines où vous êtes le moins à l'aise. Admettons que vous ayez en politique des opinions marquées. Achetez alors une revue de tendance opposée à la vôtre, et efforcez-vous d'en retirer des informations positives. Soulignez les passages importants. Rédigez des résumés des idées principales contenues dans chaque article.

Si les chiffres vous font peur, achetez une revue de vulgarisation scientifique, et procédez de même. Si c'est la philosophie qui vous irrite, ou la littérature d'avant-garde, faites de même. On a toujours intérêt à regarder autour de soi pour se cultiver. Cela ne veut pas dire que, tout en restant vous-même, vous vous enrichirez.

Rappelez-vous cette pensée d'Oscar Wilde :
« Il est absurde d'avoir une règle rigoureuse sur ce qu'on doit lire ou pas. Plus de la moitié de la culture intellectuelle moderne dépend de ce qu'on ne devrait pas lire. »

Trouvez la clef de chaque livre

Pour que votre coopération avec la pensée de l'auteur soit la plus efficace, il est utile de savoir déceler comment il a composé son ouvrage. Un même sujet peut être exposé de mille façons. Mais, si nous schématisons un peu, nous pouvons les ramener à deux grandes clefs de lecture. Si vous possédez ces clefs, vous tirerez aussitôt plus de profit de vos lectures d'information.

Quelles sont ces deux clefs ? On peut les appeler le procédé d'exposition classique et le procédé d'exposition foisonnant. Voici comment chacun d'eux peut être exprimé graphiquement :

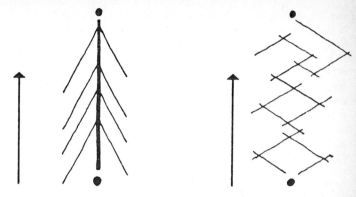

Procédé d'exposition classique   Procédé d'exposition foisonnant

<u>Procédé d'exposition classique</u> : C'est le plan le plus souvent adopté par les universitaires français. L'ouvrage commence par un exposé de la thèse de l'auteur. Cette thèse est illustrée ensuite par des faits qui viennent s'insérer logiquement dans la trame de l'ouvrage. Enfin une conclusion résume l'ensemble de la démonstration.

Il s'agit donc d'un raisonnement à sens unique, simple, complet. Il ne cherche pas à plaire, mais à démontrer. D'apparence sévère, un tel ouvrage peut paraître difficile à lire vite. Mais il n'en est rien : c'est là qu'on peut trouver le plus vite l'essentiel. Lisez l'introduction et la conclusion, et vous saurez ce qu'il faut savoir sur la thèse défendue par l'auteur. Pour les détails qui vous intéressent au cours de l'exposé contentez-vous du repérage. Cette technique est aisée à appliquer dans un ouvrage construit selon le procédé d'exposition classique.

<u>Procédé d'exposition foisonnant</u> : C'est essentiellement un procédé anglo-saxon.

Ici pas d'exposé de l'idée générale, mais une accumulation de faits et d'anecdotes, dont doit se dégager cette idée générale. Le plan est réel, mais invisible. Les retours en arrière (*come back*) sont nombreux. Un tel ouvrage est d'un abord facile, distrayant. On n'abandonne pas facilement sa lecture. Mais si l'on veut comprendre l'essentiel de ce qu'il apporte, et le retenir, il demande un important effort d'attention et de mémoire.

L'ouvrage de type foisonnant se lit donc vite, plus vite que l'ouvrage à plan classique. Mais il est difficile d'y faire du repérage, car la place de chaque élément dans le tout ne peut être prévue d'emblée. La thèse défendue par l'auteur est en général cachée ou sous-entendue. Même la conclusion qui termine en général l'ouvrage ne l'exprime pas toujours nettement. C'est au lecteur de la deviner à travers les faits accumulés au cours de l'exposé. Voici ce qu'en dit Jean-François Revel dans un article :

> « ... Les Français sont pour ainsi dire incapables de saisir un fait autrement que par l'intermédiaire d'une synthèse dogmatique. Leurs débuts énoncent une thèse, une opposition symétrique d'idées, leurs exposés sont toujours des dissertations. Ils sont terriblement lents à se mettre en train et ensuite cherchent autant que possible à éviter les imprévus. Les Américains partent sec, accumulent très vite les exemples, leurs plumes tournent comme des radars sur une tour et captent des impressions et des informations de toutes parts. Les généralisations hâtives ne manquent pas non plus chez eux, ainsi, dans la partie de J.R. Pitts, l'extension abusive de la notion de « prouesse », héritée du père de la sociologie américaine, Veblen[1], mais tout ne repose pas sur ces généralisations. Leur information jouit d'une polyvalence théorique, on peut la récupérer dans une autre perspective. Celle des Français est monovalente : tout triomphe ou s'effondre à la fois, principes et conclusion. Chez un Français, il y a neuf phrases générales et un exemple concret ; chez un Américain, neuf exemples concrets pour une généralité. La conclusion d'un Français est toujours : « C.Q.F.D. » ; celle d'un Américain : « J'espère qu'un autre voudra vite traiter le même sujet

---

1. L'œuvre maîtresse, *The Theory of the leisure class* (1898), est introuvable dans notre langue.

à ma place. » Sans doute la manière améri-
caine a-t-elle aussi son académisme, mais on
est moins sensible à l'académisme des autres
qu'à celui dont on est saturé. »

Le Figaro littéraire, 1964.

Apprenez donc à reconnaître dès le premier coup d'œil si le livre
que vous abordez suit un plan classique ou foisonnant. Cela vous
facilitera la compréhension du livre et augmentera la rapidité et
l'efficacité de votre lecture[1]. Bien entendu, on trouve de bons et
de mauvais livres dans l'une et l'autre catégorie. Connaissant les
avantages et les inconvénients de chacune des deux méthodes,
vous saurez en tirer parti pour mieux approfondir la lecture des
bons ouvrages, et pour survoler plus rapidement les autres. Mais
ne vous fiez pas à vos préférences pour le plan classique pour juger
tous les ouvrages foisonnants comme mauvais. Il en est d'excel-
lents. Par exemple, *la Chute du IIIe Reich* de William Shirer a
connu un grand succès. Lisez aussi *les Obsédés du standing* de
Vance Packard, *la Foule solitaire* de David Riesmann, si vous
voulez vous familiariser avec le style foisonnant.

Si vos préférences vont déjà vers le style foisonnant, apprenez à goûter les avantages du plan classique avec des ouvrages
tels que *l'Histoire des Français* de P. Gaxotte, ou *les 40 000
heures* de Jean Fourastié.

De même qu'on dit « l'habit ne fait pas le moine », de même
votre devise sera « le procédé d'exposition ne fait pas ma
préférence pour un ouvrage ». Tous doivent vous devenir familiers.

Apprenez à bien vous servir de votre mémoire

Tout au long de cet ouvrage, nous vous avons donné des techniques pour améliorer la vitesse de lecture, et pour progresser dans

---

1. Si vous désirez effectuer des exercices dans la reconnaissance des styles classique et
foisonnant, suivez les stages de formation à la lecture rapide, déjà cités.

la compréhension du texte. Dans ce dernier cours, nous aimerions vous donner quelques conseils sur la façon de retenir ce que vous lisez. Comment améliorer sa mémoire ?

Le cerveau est une prodigieuse machine à accumuler les connaissances. La lecture est le moyen idéal pour y parvenir. Nous ne vivons qu'une seule vie, si nous nous en tenons à la réalité matérielle. Mais grâce aux livres, nous pouvons vivre en pensée un nombre infini d'autres vies. Depuis les textes vénérables de l'Antiquité jusqu'aux chefs-d'œuvre de la science-fiction, la lecture nous permet d'embrasser plusieurs milliers d'années de connaissances. Mais pour en profiter, il faut retenir ce que nous lisons.

Nous savons déjà qu'une concentration sans défaut et une bonne compréhension de la pensée de l'auteur augmentent considérablement nos capacités de mémorisation. Voyons, parmi les travaux des psychologues modernes, quelques notions qui permettent de donner d'autres conseils utiles.

La mémoire croît avec l'étendue des connaissances

Quand nous abordons un sujet et que nous n'en savons encore rien, tout nous y paraît difficile à comprendre, à assimiler, à retenir. Mais il ne faut pas se laisser décourager. Petit à petit le cerveau accumule des connaissances. Et progressivement le processus fait boule de neige. Un réseau de notions s'installe et s'organise dans le cerveau. Il permet des associations qui aident à retenir les nouvelles acquisitions. Les notions s'insèrent dans des chaînes de souvenirs de plus en plus longues et efficaces. L'entraînement est ici primordial.

Un exemple va nous le démontrer. Celui qui ne connaît aucune langue étrangère a de grandes difficultés à retenir les mots et à comprendre les façons de s'exprimer dans la première langue qu'il apprend. Mais celui qui connaît déjà plusieurs langues couramment assimile très vite une nouvelle langue. Ses mots, sa syntaxe lui rappellent des éléments déjà appris dans des langues voisines. C'est une constatation bien connue.

Donc, plus nous savons de choses dans un domaine, plus nous

retenons facilement les nouveautés qu'il nous apporte. Notre mémoire croît avec nos connaissances. La lecture est l'instrument le plus efficace pour cela.

Sous le terme de mémoire on désigne en réalité un grand nombre d'aptitudes différentes. Il y a plusieurs formes de mémoire en nous[1]. Certains individus retiennent les chiffres avec plus de facilité que les noms propres. Pour d'autres c'est l'inverse. Il y a aussi ceux qui mémorisent bien les faits et les idées. Mais tout élément précis leur échappe.

Dans quel domaine
votre mémoire est-elle la meilleure ?

Il est utile de bien connaître les points forts et les points faibles de votre mémoire pour l'exercer à bon escient. Voici un texte historique. Il comprend à la fois des noms propres, des chiffres, des faits, des idées. Vous allez le lire à votre allure actuelle de lecture rapide.

LE JAPON
ENVAHIT LA MANDCHOURIE

Du reste, en cette fin de l'année 1931, de nouveaux et graves événements survenus en Chine préoccupent Tchang Kaï-chek. Pour un temps il doit surseoir à son désir de liquider les bases soviétiques, pour faire face à un autre danger, l'invasion de la Mandchourie par les Japonais à la suite d'un incident diplomatique. Le 18 juin 1931, un officier japonais en civil effectuant à Moukden un voyage d'information est arrêté et fusillé. Acte grave car,

1. On consultera, avec profit, à ce sujet *Développer sa mémoire* par Françoise Gauquelin, Retz.

en application d'un accord entre les Chinois et les Japonais, ces derniers avaient été chargés de la surveillance militaire du chemin de fer sud-mandchou. Le Japon demanda donc réparation au gouvernement chinois et celui-ci était prêt à s'incliner lorsqu'un nouvel incident vint mettre le feu aux poudres. Le 18 septembre, en effet, aux portes de Moukden, une grave bagarre éclata entre soldats chinois et japonais. Le général chinois donna bien à ses troupes l'ordre de cesser le combat, mais les Japonais, sous le prétexte de protéger leur ligne de chemin de fer, n'en occupèrent pas moins la ville ainsi que les principaux centres mandchous. De tels incidents survenaient trop à point pour être complètement fortuits. Le Japon n'avait jamais abandonné ses ambitions sur la Chine ; la lutte du Kuo-Min-Tang contre Mao affaiblissant la Chine et paralysant sa défense, offrait au Japon une trop bonne occasion pour qu'il n'en profitât pas. Le 21 septembre, le gouvernement du Kuo-Min-Tang adresse une plainte à la Société des Nations, mais celle-ci se contente d'envoyer en Mandchourie une commission dirigée par lord Lytton et chargée d'aller « enquêter sur les faits ». C'était un enterrement pur et simple de la crise, sans doute aussi un encouragement donné aux Japonais. De fait, après plusieurs mois d'« enquête », la commission Lytton ne trouvait rien de mieux à proposer que la mise en tutelle de la Mandchourie sous un contrôle international.

Peu impressionné par le geste purement platonique de la Société des Nations, le Japon n'en avait pas pour autant ralenti son avance. En trois mois et quelques jours, les trois provinces de la Chine du Nord-Est : Liao-ning, Ki-rin et Heilong-kiang, avec une superficie de 500 000 kilomètres carrés et une population de plus de 30 millions de Chinois, tombaient complètement sous la domination japonaise. de ces trois provinces, les Nippons feront un peu plus tard un empire fantoche, le

Mandchoukouo, à la tête duquel ils placeront P'ouyi, l'empereur-enfant qui, en 1912, avait abandonné son trône de Pékin lors de l'établissement de la République chinoise !

Une conquête si rapide n'avait été possible que grâce à la neutralité, sinon à la complicité de Tchang Kaï-chek. Peu soucieux d'engager toutes ses forces contre les Japonais, mieux armés que lui, il avait décidé de reprendre la lutte contre les communistes, considérant la destruction des bases soviétiques en Chine comme une tâche plus urgente que la défense de la Mandchourie. Son mot d'ordre était : « Unification d'abord ». Cet immobilisme devant l'envahisseur soulevait partout de véhémentes protestations du peuple chinois, même en dehors des zones communistes. Dans le Nord-Est s'organisaient des détachements de partisans antijaponais pour mener la résistance. Les ouvriers de Changhaï, de Canton, de Hong-kong déclenchaient de grandes grèves ainsi que le boycottage des marchandises japonaises. Des meetings et des manifestations se déroulaient en de nombreuses villes. En décembre 1931, 30 000 étudiants de Changhaï, de Pékin, de Tien-tsin et de Nankin s'assemblèrent dans cette dernière ville pour protester contre la « vente » (on ne disait pas encore « braderie ») du Nord-Est par le Kuo-Min-Tang. Tchang Kaï-chek riposta par un massacre des étudiants. Pour faire cesser le boycottage de leurs marchandises, les Japonais débarquent à Changhaï en février 1932, mais ils s'y heurtent à la 19ᵉ armée de route stationnée dans la ville et qui, en dépit des ordres de Tchang, entreprend de la défendre. Furieux de cette désobéissance, Tchang coupe le ravitaillement en munitions à cette 19ᵉ armée qui, après de durs combats, est complètement écrasée.

Poursuivant sa trahison de la cause nationale, Tchang signe, le 5 mai 1931, avec les Japonais, un accord pour la cessation des hostilités à Changhaï et à Wousong. L'accord stipulait que la Chine ne pouvait pas avoir de troupes en stationnement à Changhaï et qu'elle s'engageait à interdire tout acte antijaponais. A la suite de cet accord, des dizaines de milliers de militants antijaponais furent exécutés ou mis en prison. Mais l'agitation populaire ne cessa pas pour autant.

Paradoxalement, les communistes allaient grandement bénéficier de l'invasion japonaise. Dès le début de l'agression japonaise, Mao et ses compagnons avaient adopté une position très ferme qui devait leur valoir de nouveaux appuis dans le peuple. Quand, en septembre 1931, se produisit l'attaque japonaise, le Comité Central du P.C.C. venait de nommer un nouveau secrétaire général qui n'était autre que Chou En-lai, l'actuel ministre des Affaires étrangères de la Chine populaire, longtemps membre du Politburo. Il avait souvent défendu les positions de Mao Tsé-toung auquel le liait une grande et durable amitié. D'accord avec Mao, il décida le Comité Central, lors de sa réunion de fin septembre 1931, à prendre la décision suivante : « Le P.C.C. poursuivra une lutte acharnée contre Tchang Kaï-chek et sa clique. Le P.C.C. considère l'offensive du Japon en Mandchourie comme une offensive impérialiste et c'est pourquoi le P.C.C., en collaboration avec les partis communistes japonais et coréen, luttera avec tous les moyens dont il dispose contre cette invasion et fera l'impossible pour la transformer en une guerre civile du prolétariat japonais. » L'esprit militant des deux hommes inspire tout le document : « Une attention particulière sera attachée à la création d'un esprit révolutionnaire parmi les troupes japonaises stationnées en Mandchourie ; en même temps, on organisera une propagande active parmi les troupes chinoises désarmées par le Japon et désorganisées, pour leur expliquer les buts véritables des impérialistes étrangers et pour les inciter à transformer cette offensive en une lutte révolutionnaire de classes... » Mao et Chou En-lai

Votre temps de lecture en minutes et secondes	Votre vitesse en signes par heure
1,30	308 300
1,45	264 300
2,00	231 200
2,15	205 500
2,30	185 000
2,45	168 200
3,00	154 200
3,30	132 100
4,00	115 600
4,30	102 800
5,00	92 500
5,30	84 100
6,00	77 000
6,30	71 000

poursuivent toujours le but au-delà de la réalité présente, mais en tenant compte de cette réalité.

Cette déclaration du Comité Central fut entièrement approuvée par le Komintern dans une lettre du 29 janvier 1932. De fait, l'occupation japonaise de la Mandchourie et l'agitation qui en résulta servirent largement la propagande des communistes. Ces derniers étaient partout, dans toutes les manifestations antijaponaises, même et surtout dans celles organisées par le Kuo-Min-Tang ; se glissant parmi les manifestants, ils profitaient de l'agitation officielle pour faire dévier et endiguer vers le communisme le sentiment populaire. Ils réussirent ainsi à noyauter d'importants organismes antijaponais d'inspiration Kuo-Min-Tang. Nous verrons plus tard le rôle immense que jouera la lutte antijaponaise dans les destinées et le triomphe final du Parti communiste chinois.

L'année 1932 fut assez calme pour l'Armée Rouge. Tchang Kaï-chek, trop occupé pour songer à une attaque d'envergure contre la République soviétique du Kiang-si sur laquelle il s'était à trois reprises cassé les dents, s'était contenté de grignoter les enclaves communistes périphériques. En février, il avait attaqué la petite zone communiste située dans le nord de la province d'An-houei et tenue par la 4ᵉ armée qui, échappant de justesse à l'encerclement, dut se scinder en deux fractions. La première réussit à rejoindre dans le Chan-si la base de Liu Tzu-tan, tandis que la seconde s'installait dans le Seutchouan, entre Tchengtou et Tchoung-king.

André Nigot, *Mao Tsé-Toung*, C.A.L., Paris 1965.

Ce texte comprenait 7 708 signes. Sachant le temps que vous avez mis à le lire, vous trouverez dans le tableau ci-contre votre vitesse actuelle de lecture en signes par heure. Compte tenu de la proportion de noms étrangers, il n'est pas impossible que vous l'ayez lu à une vitesse un peu moins grande que d'habitude.

Nombre de signes lus à l'heure : ....
Temps de lecture : .... *minutes* .... *secondes.*

Questionnaire :
— Citez 8 noms de lieux ou de personnes mentionnés dans ce texte :
. . . .
. . . .
. . . .
. . . .

— Donnez 5 chiffres exacts cités (nombre d'hommes, date complète, etc.) :
. . . .
. . . .
. . . . . .
. . . .

— Citez cinq événements importants décrits dans le texte :
. . . .
. . . .
. . . . . .
. . . . . .
. . . . . .

— Quel est le prétexte du Japon pour envahir la Mandchourie ?
. . . .

— Quelle est la réaction du Kuo-Min-Tang et celle de la population chinoise ?

. . . .
. . . .)

Il est probable que certaines questions vous ont permis de meilleures réponses que d'autres. Avez-vous mieux répondu pour les noms, les chiffres, les événements ou les idées générales ? Notez quelle est la forme spontanée de votre mémoire, ainsi que ses points faibles. Il vous restera alors à vous concentrer plus spécialement sur ces derniers pour les améliorer. Par exemple, si vous n'avez retenu aucun chiffre, relisez le texte en vous concentrant uniquement sur eux, puis répondez à nouveau au questionnaire.

Puis reprenez le même entraînement dans vos lectures quotidiennes. Concentrez-vous sur le domaine où votre mémoire est moins bonne, et notez ensuite ce qu'elle aura retenu.

L'effet de l'âge sur la mémoire

On sait que l'âge modifie les aptitudes à mémoriser. Mais on a trop tendance à insister sur la diminution de cette aptitude au cours des années. Pendant longtemps certaines formes de mémoire s'améliorent avec l'âge.

Dans l'ensemble, l'enfant et le jeune homme retiennent mieux les chiffres et les faits précis que les vieillards. Mais la jeunesse est naturellement instable. Distraite par la moindre sollicitation extérieure, elle retient beaucoup, mais au hasard, sans ordre. Au contraire, l'adulte sait orienter ses activités intellectuelles. Il les centre sur un sujet, jusqu'à ce qu'il l'ait bien assimilé. Cette attitude lui confère la possibilité d'acquisitions intellectuelles plus durables.

L'intérêt stimule la mémoire

Personne n'est vraiment dépourvu de mémoire. C'est souvent le manque d'intérêt pour un sujet donné qui nous donne cette impression. Notre esprit n'est pas stimulé par certains sujets que nous connaissons mal. Tel camarade d'école se plaignait de ne pas avoir de mémoire, parce qu'il retenait mal les listes de noms en géographie et les listes de dates en histoire. Mais s'il les retenait mal, c'est parce que pour lui elles ne se reliaient à rien. Depuis, il s'est consacré à l'archéologie, où ses connaissances très étendues stupéfient ses collègues. Son intérêt pour ce sujet d'étude et son acharnement au travail ont largement compensé la légère infériorité à retenir des mots sans signification qui l'accablait dans sa jeunesse. Il nous a même fait part d'un détail significatif : à l'école, l'infériorité de sa mémoire immédiate n'était pas valable pour tout. En musique, il avait au contraire une mémoire extraordinaire des sons. Mais ce n'est pas dans ce domaine qu'il est devenu le plus brillant. Ses goûts intellectuels le poussaient ailleurs. Or la mémoire dépend en définitive surtout de la compréhension, de la concentration et des connaissances générales. Ainsi, avec le temps, la sienne aussi est devenue remarquable dans son domaine favori, l'archéologie.

L'intérêt que vous pouvez prendre à un sujet stimule vos capacités de mémorisation. La lecture rapide vous permet d'approfondir ce sujet. Vous pourrez ainsi devenir très brillant dans le domaine que vous préférez.

Le travail fractionné augmente la mémorisation

On a constaté que les pauses amélioraient le souvenir de ce qu'on lisait. Pourquoi ? Les psychologues ont découvert que, dans un texte, nous retenons :

— mieux le début ainsi que la dernière phrase ;
— mal le milieu du texte.

Quand on lit d'un seul trait un texte assez long, on risque donc d'en retenir fort peu. En revanche, si l'on se ménage quelques courtes pauses d'une minute environ, on retient davantage, sans que la perte de temps soit trop grande.

Ces pauses ne sont pas une incitation à la paresse. Elles contribuent au contraire à la réflexion sur ce qu'on lit. Elles stimulent l'attention. Cela à condition qu'on ne les fasse pas durer trop longtemps.

Il est difficile de dire *a priori* quels sont les meilleurs endroits pour faire une pause. Cela dépend d'abord de la difficulté du texte. Dans un texte aux idées très denses, une pause après chaque paragraphe peut se révéler utile. D'une façon plus générale, une pause initiale, après l'analyse sommaire préalable, et une pause finale, pour juger s'il faut revenir sur un point du texte et le relire, sont très recommandées.

Quatre vérités pour comprendre et retenir ce que nous lisons
1. — Il faut accroître son vocabulaire,
2. — Savoir décomposer la pensée de l'auteur,
3. — Eliminer les attitudes psychologiques de refus,
4. — Apprendre les techniques de mémorisation.

Faisons le bilan de ce que vous avez appris

Pour terminer notre étude, passons en revue ce que vous ont apporté les techniques exposées.

Les quatre premiers cours vous ont entraîné à améliorer votre habileté perceptive. Vos yeux ont appris à augmenter leur champ de fixation, et par conséquent à lire plus vite. Vous avez appris à combattre les mauvaises habitudes de lecture, telles que syllaber, lire mot à mot, subvocaliser, suivre le texte du doigt, lire tout à la même vitesse, régresser, manquer de concentration.

Dans les trois cours suivants, vous avez étudié différentes tactiques de lecture : savoir s'adapter au temps dont on dispose, faire une analyse globale préalable du texte, et surtout faire dans un texte de l'écrémage et du repérage.

Les trois derniers cours ont été consacrés à acquérir une meilleure compréhension et une meilleure mémoire dans vos lectures. Vous avez appris des techniques pour assimiler les textes dont la structure de pensée est compliquée. Enfin, dans ce dernier cours, vous avez été mis en garde contre une attitude négative vis-à-vis de la pensée de l'auteur qui nuit à la compréhension et au sens critique. Vous avez pu voir quelle était votre forme de mémoire, et nous vous avons donné quelques conseils pour la développer.

Tout au long de ces dix cours, des séries d'exercices vous ont permis d'acquérir les automatismes et les connaissances indispensables à une lecture rapide et efficace. Les tests de compréhension-mémoire vous ont fourni l'occasion de mettre en pratique les automatismes acquis.

Vos progrès n'ont peut-être pas été immédiats. En général, ils se voient surtout à partir des troisième et quatrième cours. Peut-être aussi vos progrès n'ont-ils pas été continus. Vous avez connu des hauts et des bas dans votre apprentissage. A certains moments, votre travail professionnel plus absorbant a pu vous retarder dans l'accomplissement des exercices. Ce n'est pas grave. Vous avez sûrement déjà acquis un capital nouveau important et durable. Vous avez peut-être doublé votre vitesse de lecture, et nettement amélioré votre compréhension et votre mémoire. En effet, vous savez maintenant mieux répartir vos efforts de lecture. Vous perdez moins de temps, vous lisez davantage et mieux. Nous souhaitons même que vous ayez découvert, grâce à ce cours, de nouveaux centres d'intérêt, qui enrichiront votre bibliothèque d'ouvrages que vous n'auriez jamais songé à aborder auparavant.

Ne vous reposez pas sur vos lauriers

Continuez à lire et à vous entraîner. C'est indispensable. Imaginez un individu qui a pris des leçons de conduite automobile en nombre suffisant pour réussir son permis, mais qui ensuite ne conduirait plus pendant des années. Il perdrait tout l'avantage de son apprentissage. Il en est de même de la lecture rapide. Il n'est utile de l'apprendre que pour s'en servir aussitôt. C'est maintenant le moment pour vous d'organiser le programme des mois à venir. Ne soyez pas trop ambitieux dans vos projets, mais respectez les décisions prises à ce sujet.

Réservez par exemple une demi-heure par jour à la lecture. Arrangez-vous pour que ce soit une demi-heure calme, où personne ne vous dérange. Si vous lisez seulement vingt pages par jour, cela vous fera plus de sept mille pages, c'est-à-dire une trentaine de volumes étudiés intégralement en un an. Imaginez quel solide bagage intellectuel vous posséderez.

Usez abondamment, dans vos lectures quotidiennes, de toute la gamme des techniques de lecture rapide. Cela vous permettra d'exercer votre habileté dans ces techniques. Rien ne vous empêche d'ailleurs, pour celles où vous vous sentez encore peu sûr de vous, de reprendre les exercices depuis le début et de les exécuter à nouveau. Ce sont les gammes du virtuose de la lecture. Il ne peut pas plus s'en passer pour se perfectionner que le grand pianiste qui prépare un concert.

Continuez à surveiller fréquemment vos temps de lecture au moyen du chronomètre. Cette habitude vous maintiendra en alerte. Elle vous évitera aussi de vous perdre dans les détails. Quand on a décidé de lire un texte en un certain temps, on organise mieux sa lecture et l'on retient l'essentiel.

Prenez des notes. Marquez les passages intéressants au moyen de marques de papier. Cherchez dans le dictionnaire les mots dont le sens vous échappe. Ainsi votre bibliothèque deviendra peu à peu un instrument de travail familier, auquel on a plaisir à recourir fréquemment parce que l'on sait retrouver sans difficulté le détail précis dont on a besoin.

Restez toujours maître de vos lectures

On ne peut pas toujours lire ce qu'on veut. A votre bureau, vous avez certainement quantité de choses ennuyeuses à lire. Mais ne laissez pas le travail empiéter sur la demi-heure que vous allez consacrer à des lectures personnelles. Ne la consacrez pas non plus à des lectures de routine, comme votre journal habituel ou des textes quelconques qui traînent sur une table. Choisissez vos lectures avec soin. C'est pour vous une occasion d'élargir vos centres d'intérêt. Un livre lu en appelle d'autres. Apprenez à consulter les références bibliographiques qui se trouvent à la fin des ouvrages. Vous y ferez des découvertes passionnantes. Consultez les catalogues de publications récentes d'un éditeur qu'on trouve dans les grandes librairies. Faites-vous une opinion personnelle sur les ouvrages dont on parle autour de vous, et que vous n'avez jamais eu le temps d'aborder auparavant, quand vous ne possédiez pas les techniques de la lecture rapide.

Mieux vaut éviter la monotonie dans vos choix. Décider de lire à la suite tout Balzac ou tout Maupassant risque de devenir vite lassant. Rien ne vous empêche de faire quelques incursions dans des domaines variés, de faire alterner l'histoire avec la géographie, les sciences avec la littérature. Ne vous croyez pas non plus obligé de finir à tout prix un livre commencé. Ce qu'il ne faut pas, c'est l'abandonner sans raison, parce que vous vous sentez paresseux ou fatigué. Mais si le livre est mal fait, s'il ne contient pas les informations que vous en attendiez, pourquoi perdre du temps avec celui-là ? Il y en a tant d'autres qui vous attendent. Les livres sont faits pour être lus avec plaisir et intérêt. Donnez toute votre attention aux livres qui vous apportent quelque chose.

Il vous reste maintenant à vérifier si votre vitesse de lecture et votre compréhension du texte se sont améliorées. Le texte de lecture intégrale qui suit va vous le permettre. Vous chronométrerez votre temps de lecture, et le comparerez au nombre de signes par heure qui y correspond dans le barème, à la fin du texte. Puis vous remplirez le questionnaire pour estimer votre taux de compréhension-mémoire.

Si vous désirez poursuivre votre entraînement en lecture intégrale sur d'autres textes, vous suivez les cours de formation permanente du C.E.P.L. 2 rue du Roule, Paris Ier.

Gammes

1 Lecture en un point de fixation

Voici des exercices pour progresser dans l'identification rapide des mots et vous permettre d'élargir votre champ de fixation (expliqué pp. 60, 61). Partant des mille mots les plus fréquemment employés et les plus courts de la langue française, nous irons progressivement vers les plus longs et les moins utilisés. Servez-vous de votre cache pour faire ces exercices[1]. Chaque mot de la liste doit être centré au milieu de l'ouverture du cache, à l'endroit indiqué par deux petites lignes verticales. C'est cet endroit central de l'ouverture que votre œil doit viser constamment. Vous ferez glisser le cache de haut en bas le long de chaque colonne. Assurez-vous d'avoir compris d'un seul coup d'œil chaque mot qui apparaît dans l'ouverture mais sans arrêter le mouvement du cache. Allez le plus vite possible, en faisant glisser le cache de façon continue.

Tous ces exercices sont des « gammes », c'est-à-dire que ces listes de mots sont établies pour être relues de nombreuses fois. Recommencez donc souvent ces exercices, en essayant d'améliorer votre temps sans nuire à une bonne lecture. Recommencez où vous voulez. Chronométrez-vous de temps à autre sur une page. Vous pourrez ainsi comparer vos différents temps de lecture au fur et à mesure de vos progrès.

1. Vous trouverez l'explication sur la façon de faire un cache page 39.

Si vous le voulez, chronométrez-vous sur cette page :
Temps de lecture : ...... secondes.

bu	ai	dé
le	en	au
sa	du	la
bon	cri	dos
mur	par	mal
cru	don	que
mère	char	noir
vers	pied	roue
tour	hors	leur
nier	banc	père
chère	rayon	fille
ouest	aller	grand
venir	ainsi	boire
cette	canon	verre
bonnet	chèvre	souris
chauve	vitre	papier
savant	amende	chemin
nourrir	compter	bouquet
griller	ficelle	capture
morceau	couteau	manière

eau	six	bel
pur	mer	une
sol	vif	fin
cher	cure	pour
quel	aile	vent
file	pure	plus
cinq	haut	huit
filet	brise	plume
moins	lapin	verte
comme	demie	porte
crime	vitre	pomme
tiroir	causer	vendre
oiseau	chaise	parent
enfant	perler	auteur
madame	vilain	gagner
tourner	remplir	fenêtre
mouette	manteau	vitrail
cuillère	ceinture	surprise
savonner	messieurs	alphabet
forcément	injustice	américain

cou	sac	bel
vin	cas	pis
fils	fort	mois
soin	tant	pour
hier	plus	dont
sous	dans	sert
moue	tous	pays
avant	poing	dîner
heure	faire	heurt
droit	voici	noter
offre	comme	élève
tandis	cadres	limite
ancien	animal	courir
poudre	postal	valise
saison	sortir	pauvre
chevaux	chapeau	caresse
gratuit	chances	travail
planche	travaux	détente
lecture	plumier	étroite
journées	trouvera	pouvoirs

aux	âne	bar
voir	vent	dame
jour	nuit	belle
lune	tout	mieux
c'est	heure	grâce
grains	autre	métier
suffit	après	patron
écoles	études	contact
caserne	révélée	fallait
laisser	adresse	grandes
assurée	formule	devoirs
avisées	immense	méthode
profiter	gratuite	exclusif
paravent	quelques	monsieur
garnison	grillade	guérison
directeur	vêtement	fauteuil
publicité	président	technique
qualifier	patronnée	aéroporté
commerce	syndicats	saucisses
automobile	travailler	locomotive

fait	vite	tout
payer	fermé	grâce
vente	gagne	celui
mêmes	votre	cours
passer	aiment	voyage
compte	crédit	facile
offrir	petite	retour
postes	traiter	droits
visiter	nouveau	salaire
désirer	système	qualité
changer	langues	moderne
pourtant	étranger	collègue
affaires	précieux	souvenir
branches	débouché	conclure
compagnie	aérienne	intéresse
présentés	apprendra	permettre
organisme	financier	connaître
révélation	concurrent	suspendre
engagement	renseigner	profession
disposition	exportation	aujourd'hui

Si vous le voulez, chronométrez-vous sur cette page :
Temps de lecture : ...... secondes.

avant	comme	dîner
cause	chant	volée
quand	poser	grâce
enfin	bruit	balle
ancien	animal	courir
chacun	dormir	tendre
rouler	parent	parfum
gentil	figure	calmer
casser	cuivre	donner
bateaux	fermier	plaisir
magasin	revenir	carnage
tempéré	déposer	admirer
recevoir	habiller	apporter
chagriné	aspérité	synthèse
calomnie	sagacité	hospices
approcher	entourage	retourner
sensoriel	cimeterre	duplicité
beaux-arts	interprète	secrétaire
réticulaire	méticulosité	temporaires

planète	pilote	dirige
détroit	chaque	gueule
ruines	muette	études
survole	cratère	obusier
miracle	glacier	couleur
pelouse	analyse	heureux
sinueuse	épousant	fontaine
ancienne	décombre	aiguisée
cosmique	campagne	délivrés
désormais	servitude	digestion
rencontre	désormais	sauvetage
passagères	kilomètres	dissidence
profondeur	poulinière	tardigrades
travaillent	parqueterie	singularité
échantillon	respiration	tatillonnei
tempérament	coq-à-l'âne	dynamomètre
civilisation	poudroiement	productivité
soubassement	flagellation	gallo-romain
pressentiment	tauromachique	chèvrefeuille
grandiloquence	fiduciairement	ethnographique

fenêtre	endormi	préparé
chagrin	justice	exactes
chocolat	ébruiter	émouvoir
coquille	empêcher	matériel
duodénum	courrier	services
printemps	sobrement	tarentule
situation	tavernier	sortilège
poulailler	soudaineté	télégramme
taupinière	magnétique	déblatérer
apiculteur	beuglement	chimérique
profanation	sismographe	marqueterie
échauffourée	frontispice	ébranlement
présentement	soustraction	térébenthine
empierrement	fortuitement	goguenardise
hebdomadaire	simultanéité	probablement
prévaricateur	sophistiquer	technologique
soucieusement	télescopique	funambulesque
singulièrement	sous-préfecture	héliocentrique
tergiversation	fructifications	simplification
prodigieusement	souffre-douleur	feuilletonistes

anonymes	accident	endormie
scandale	défriché	aptitude
quotidien	adversité	seulement
semblable	épaisseur	sacrifice
manœuvre	humiliant	besogneux
chimpanzé	clocheton	diabloti
chrysalide	dictateurs	dynamiques
cocardiers	corbeilles	homologuer
transfiguré	témoignages	profondeurs
profitables	à tout coup	mais encore
en bouteille	consécration	pour l'hiver
laboratoires	psychologies	rhododendron
mucilagineux	trapézoïdale	ignorantisme
pour le mieux	à l'intérieur	épistémologie
compliquerait	multiplicande	idiosyncrasie
méconnaissable	rigoureusement	mécontentement
resplendissement	main dans le sac	ignominieusement
grammaticalement	haut-de-chausses	sous-secrétariat
chagrins d'amour	se faire prendre	prétentieusement
problématiquement	à tort et à travers	haut dans le ciel

Si vous le voulez, chronométrez-vous sur cette page :
Temps de lecture : .... secondes.

madrépore	calembour	récépissé
homonymes	situation	comédiens
innommable	projection	affectives
biologiste	grenouille	hiérarchie
masochiste	profondeur	mannequin
irrationnel	envoûtement	incantation
réciprocité	inconscient	philosophie
inoccupation	houblonnière	personnalité
opportunisme	incompatible	hennissement
humoristique	psychanalyse	transmetteur
diamagnétisme	injustifiable	crépusculaire
infinitésimal	ressemblances	inopportunité
entrelardement	fonctionnement	archéologiques
calembredaines	caravansérails	boursouflement
désintoxication	type musculaire	conventionnelle
concrétisations	archichancelier	circonvolutions
caractéristiques	anthropométrique	arithmétiquement
antigouvernemental	aristocratiquement	cinématographiques
confidentiellement	désoxyribonucléique	hier et aujourd'hui
atmosphère terrestre	président du Conseil	constitutionnellement

2 Lecture en deux points de fixation

La lecture en colonnes que l'on rencontre dans les journaux, dans les revues, dans les magazines, exige en général deux fixations par ligne en moyenne. Habituez votre œil à lire ces colonnes en deux fixations rapides. Pour vous entraîner à prendre ce rythme, le texte des exercices suivants est d'abord écrit en deux groupes de mots séparés, un pour chaque fixation. Ces groupes se rapprochent peu à peu et finissent par former des lignes de lecture continue. Vous devez les lire en gardant le rythme de deux fixations acquis au début de chaque page.

Il faut que ce soient vos yeux qui s'entraînent à ce va-et-vient rapide, et non votre tête qui tourne à droite puis à gauche, car vous ralentiriez votre vitesse de lecture. Pour éviter cela, nous vous conseillons de caler votre tête entre vos mains, les coudes étant posés sur la table. Ainsi la tête demeurera immobile et vous pourrez vous concentrer sur la lecture en deux points de fixation.

Ces « gammes » sont établies de façon progressive. Les groupes de mots sont de plus en plus larges. Efforcez-vous toujours de lire chaque ligne en deux fixations, quelle que soit la longueur de la ligne. C'est ainsi que vous augmenterez votre faisceau actif de vision. A la première lecture de ces exercices, pensez surtout à vous appliquer à faire bien deux fixations par ligne. Par la suite — quand vous recommencerez les exercices et que vous aurez acquis un bon rythme — efforcez-vous d'aller de plus en plus vite.

Si vous désirez continuer de tels exercices, vous en trouverez dans *La Méthode de lecture rapide* de François Richaudeau et Michel et François Gauquelin. Le présent ouvrage est une bonne introduction à la *Méthode de lecture rapide*, plus complète et détaillée.

La psychologie moderne
n'a que cent ans d'âge.
C'est bien vieux pour
une existence humaine,
mais c'est bien jeune
pour une branche du savoir.
Il ne faut donc pas trop
lui en vouloir d'être encore
en pleine crise d'affirmation
juvénile. Au milieu
du XIXᵉ siècle, en effet,
des chercheurs ont adopté
pour la première fois
l'attitude d'esprit
adéquate pour étudier
le comportement humain.
Cela ne s'est pas fait
en un seul jour,
et les pionniers se sont
parfois posé des questions
qui nous paraissent
maintenant un peu
élémentaires, mais qui
avaient le grand mérite
de mettre dans les formes
qui convenaient l'étude
des phénomènes psychiques.
D'où venaient ces
premiers chercheurs ?
Ils ne pouvaient encore
s'appeler « psychologues »,
puisque cette science
n'était pas enseignée
dans les universités.
Dans quels domaines
avaient-ils trouvé l'idée de
cette nouvelle orientation ?
Eh bien ! l'idée devait
être dans l'air,
car les pionniers

de la psychologie
moderne
se sont recrutés
dans toutes
sortes de
disciplines
scientifiques :
les uns
étaient
physiciens,
les autres
mathématiciens ;
il y eut
des militaires
(mais oui !)
et surtout
des médecins.
Chacun, en
fonction de
ses connaissances
et de ses
préoccupations,
apporta
sa pierre
aux fondations
de l'édifice.
Et qui posa
la première pierre ?
Voilà qui est
bien difficile
à dire.
Est-ce le
grand physicien
Helmholz,
quand, vers
1850, il
découvrit
que l'influx
nerveux
était doué
d'une vitesse mesurable,
beaucoup plus lente que celle
de la lumière, plus lente même
que le son ? N'est-ce pas plutôt
cet autre physicien
qui avait nom Fechner,
et qui découvrit vers 1860
les « lois de la sensation » ?
L'intensité de la sensation,
annonça-t-il, varie
comme le logarithme
de l'excitation.
Par exemple, ce que
nous entendons est
fonction du logarithme
de l'intensité des sons
qui ont frappé notre tympan.
Il fut ainsi le premier
à introduire la mesure
en psychologie.

On voit combien de telles
découvertes sont différentes
des préoccupations antérieures,
philosophiques ou littéraires.
Il s'agit là de bien
petites choses en apparence :
déterminer les lois
de la sensation. Mais ces petites
choses ont leur importance.
Elles concernent l'homme,
elles se mesurent
elles sont valables
pour toute l'humanité.
C'est donc bien de la
psychologie scientifique.
La découverte de Fechner
avait beaucoup frappé les
imaginations et un
grand nombre de chercheurs
se passionnèrent pour des
questions semblables.
Les expériences se multiplièrent
un peu partout, mais surtout
en Allemagne, où Wundt
créa en 1879, à Leipzig,
un premier « laboratoire
de psychologie expérimentale ».
Sans doute, un grand nombre
de petites découvertes
du genre de celle
de Fechner sortirent
de ce laboratoire,
mais on était bien loin
de la psychologie humaine
dans sa totalité et sa complexité.
La psychologie avait certes
quitté le royaume
des rêveries métaphysiques,
mais pour entrer dans
les tristes prisons des laboratoires.

C'est pourquoi
s'attaquèrent
moins parcellaires.
qui partirent
déjà anciennes
allemand Gall.
avait eu,
du XIXe siècle,
de célébrité
que les formes
reflètent
la conformation
Il essayait
les facultés
en examinant
de son crâne
cela la
On remarque
l'influence des
puisqu'on parle
d'élèves qui ont la

d'autres innovateurs
à des recherches
Il y en eut
des idées
du médecin
Celui-ci
au cours
son heure
en déclarant
du crâne
fidèlement
du cerveau.
ainsi de prévoir
d'un individu
les « bosses »
et appelait
« phrénologie ».
encore aujourd'hui
idées de Gall,
couramment

« bosse des mathématiques ».
Il serait intéressant
de savoir pourquoi
la bosse des mathématiques
est la seule à avoir
survécu jusqu'à nos jours !
C'est sans doute à sa rareté
qu'elle doit d'avoir
défié l'oubli du temps.
Mais si cette « bosse »
est tout ce qui nous reste
des travaux de Gall,
dont la théorie s'est révélée
pratiquement erronée,
il avait pourtant lancé
une idée fructueuse en
affirmant que le cerveau
est le fondement matériel
et indispensable de la pensée.

On se mit donc à étudier
les mécanismes physiologiques
du cerveau. Ainsi Broca
découvrit le premier
en 1861, dans une
circonvolution de l'hémisphère
gauche du cerveau,
une région particulière
que l'on nomme à présent
le « centre » du langage.
En effet, quand cette
région est lésée, le malade
n'est plus capable
de parler, alors même
qu'il ne souffre
d'aucune paralysie de
la langue ou du larynx.
Broca et à sa suite d'autres
physiologistes découvrirent
un grand nombre d'autres régions
du cerveau en relation
spécifique avec différents
domaines de la vie mentale.
Les découvertes succédant
aux découvertes,
on établit une véritable
topographie du cerveau,
allant des régions frontales,
qui sont le siège des
associations d'idées
les plus complexes
et les plus originales,
à travers les régions
intermédiaires qui gouvernent
nos réactions intellectuelles
primaires, ainsi que nos
émotions, nos sentiments,
c'est-à-dire tout ce que
les psychologues appellent
la vie affective, et arrivant

jusqu'aux régions voisines
de la moelle épinière,
capables de déclencher
les simples réflexes.
Dans notre tête, les actions
sont donc « hiérarchisées »
du simple au composé.
Ces découvertes accumulées
par les physiologistes
apportaient au psychologue
les renseignements les plus précieux sur
la base physique du comportement
humain et de la pensée.
La découverte des différents
étages du cerveau était
une nouveauté remarquable.
Elle amena les chercheurs
à se dire, par analogie :
est-il suffisant d'étudier
l'homme adulte normal ?
Les recherches ne devraient-elles
pas porter sur des formes
inférieures de la pensée et
du comportement, telles qu'on
les rencontre chez d'autres êtres ?
Les maladies nous ont fait
comprendre le fonctionnement
de notre corps : pourquoi
n'en serait-il pas de même
de notre esprit ? On se prit
donc à étudier la psychologie
des malades mentaux, des
« fous » comme on disait alors.
Mais on connaissait également
des formes inférieures
de la pensée plus subtiles
que celle des malades mentaux,
et les investigations psychologiques
s'orientèrent vers quatre
points cardinaux.

En 1852,
définitivement
les êtres vivants,
nombreux
ont évolué
jusqu'à
Du moment
avait accepté
sur le plan
d'une progression
il parut
se poser la
sur le plan
lorsqu'on
dans l'échelle
les animaux
vie mentale
par des
continues
de l'homme

Darwin impose
l'idée que
au cours de
millénaires,
progressivement
l'homme.
que l'on
le principe,
physique,
continue,
normal de
même question
psychique :
progresse
des êtres,
ont-il une
qui se rapproche
améliorations
de celle
lui-même ?

Les premières expériences
furent entreprises vers la fin
du XIXe siècle, et l'on s'aperçut
bien vite que de nombreux
comportements obéissaient
chez l'animal et chez l'homme
à des règles très semblables.
Bien entendu, dans chaque domaine,
l'homme atteint le niveau
le plus élevé, mais il n'en
passe pas moins par des stades
analogues à ceux des
autres êtres vivants.
Qu'il s'agisse de l'écrevisse,
de la souris ou de l'homme,
les progrès de l'apprentissage
se mesurent par une courbe
ascendante, dont le départ
est plus ou moins rapide,
selon les espèces...

D'autres chercheurs
s'attaquèrent au problème
de l'intelligence elle-même.
Ayant défini celle-ci
comme la capacité
de résoudre des problèmes
nouveaux, ils s'ingénièrent
à en poser de toutes sortes
à différentes espèces animales.
Offrons à un animal
sa nourriture, et il se portera
vers elle par le chemin naturel,
la ligne droite. Si ce chemin
est barré par un grillage,
il devra faire un *détour*
pour parvenir jusqu'à elle.
Penser à contourner
cet obstacle, à découvrir
une ouverture dans le grillage,
c'est déjà une action
intelligente dont peu
d'animaux sont capables.
La poule, dans ce cas,
se jette indéfiniment
contre le grillage pour
essayer de le franchir,
elle ne cherche pas
la porte pratiquée
dans la clôture pour lui
permettre de passer.
Elle ne passera donc
par la porte que si ses bonds
désordonnés l'amènent
jusque-là par hasard.
Le chat et le chien
ont déjà moins de difficulté
à utiliser le détour.
Pour le singe, ce problème
n'offre aucune difficulté.
Est-il capable de faire mieux encore?

Les expériences
de Kochler
ont montré
que les singes
supérieurs,
et surtout
les chimpanzés,
sont capables
de beaucoup
mieux :
ils savent
utiliser
des *objets*
intermédiaires
entre
la main
et l'objet
dont ils
veulent
s'emparer.
Ainsi, pour
atteindre
un régime
de bananes
suspendu
hors de
sa portée,
le chimpanzé
est capable
de mettre
deux caisses
l'une sur
l'autre,
de monter
dessus,
puis, avec
un bâton
tenu
à bout de bras,
de faire
tomber les bananes.
Il faut cependant que
chacun des instruments
utilisés soient sous
son regard pour qu'il
pense à s'en servir.
On a même réussi à
démontrer que les
chimpanzés possédaient,
jusqu'à un certain point,
la capacité de concevoir
la signification des *symboles abstraits*.
Les travaux de Yale
sur la compréhension
du rôle des jetons par
les chimpanzés sont célèbres.
Il put apprendre à ses sujets
à chercher un jeton
dans un appareil distributeur
pour obtenir des grains de raisin.

3 Identification de mots

Les exercices de cette quatrième partie ont pour but d'améliorer la qualité et la vitesse de votre coup d'œil. Il s'agira d'identifier un mot parmi d'autres mots.

Essayez de bien « photographier » le contour du mot à identifier parmi les autres. Il faudra le retrouver d'après son contour seulement, et non pas en le cherchant lettre à lettre, même lorsqu'il se trouve dissimulé parmi les mots qui lui ressemblent.

Ces exercices seront chronométrés. Faites-les avec le plus de rapidité possible, en balayant de l'œil les lignes d'exercice.

PREMIER EXERCICE

Un mot clef est indiqué devant chacune des séries de mots de cet exercice. Pour la première série, le mot clef est « livre ». Faites glisser votre œil à travers les lignes en cherchant le mot « livre ». Dans la série suivante, faites la même chose pour le mot « sérieux » ; dans la série suivante pour le mot « reine », etc.

N'oubliez pas que le mot à chercher apparaît deux fois par série, et qu'il change à chaque série.

Essayez de faire cet exercice en moins de deux minutes et demie. Puis quand vous reprendrez, réduisez peu à peu votre temps de lecture jusqu'à atteindre deux minutes seulement.

livre

fleur, enfant, arbre, forêt, rayon, soleil, livre, feuille, sourire, lèvre, livre, rire, gaieté, ouvrage, pensée.

sérieux

jeune, content, pâle, sombre, sérieux, caché, recouvert, sérieux, sinistre, satisfait, ravi, étonné, surpris, attiré.

reine

château, fenêtre, jardin, souveraine, rose, reine, fête, ciel, prière, neige, reine, princesse, puissance, royauté.

insecte

ombre, lumière, village, plante, insecte, instant, bruit, murmura, église, imitation, animal, mouche, moustique, insecte.

devenir

arrêter, demeurer, reposer, élever, souffrir, rentrer, devenir, devoir, aller, revenir, retourner, devenir, partir.

cœur

chose, cœur, tête, jambes, bras, corps, cœur, souffle, carte, côté, oreille, bouche, narines, cheveux, nez, ventre, dos.

flûte

violon, tambour, fifre, flûte, crécelle, flûte, accord, trompette, cor, basson, pipeau, tambourin, concert, pipeau, musique.

soir

mélancolie, nuit, obscurité, soir, matin, aube, crépuscule, soir, soirée, soie, velours, gala, réjouissance, sortie, repas.

lancer

lancer, donner, cacher, oublier, réunir, lancer, rester, laisser, lacer, glacer, enlever, relever, oublier, prêter.

franc

argent, bourse, monnaie, or, franc, centime, économie, gain, franc, épargne, caisse, change, banque, valeurs, chèque.

passage

pont, passage, histoire, intermède, rivière, chemin, passage, route, train, voie, futaie, forêt, sentier, croisement, ornière.

malheureux

désenchanté, préféré, malchanceux, désobligé, ravi, enchanté, malheureux, malpoli, malheureux, mal élevé, grossier, ahuri.

hirondelle

heureux, oiseau, héron, hirondelle, étourneau, volatile, pinson, mésange, caille, faisan, poule, dindon, tourterelle, hirondelle.

famille

homme, garçon, femme, enfant, ancêtre, cousine, frère, sœur, parent, famille, membres, personnes, gens, famille, réunion, grands-parents.

travailler

occupation, domestique, habitation, commencer, travailler, terminer, repos, dimanche, semaine, journée, travailler, intéressant.

saison

renouveau, souvenir, automne, savoir, saison, ressentir, saison, promenade, semaille, printemps, verdure, été, chaleur, hiver.

mais

mais, maintenant, autrefois, jamais, mais, cependant, encore, moins, loin, tout à fait, après, ensuite, avant, demain.

visite

maison, endroit, ville, visite, amitié, antiquité, ruine, caveau, cimetière, salon, visite, saluer, embrasser, amitié, souvenir.

fermier

campagne, champs, charrue, ferme, bœuf, cheval, fermier, forcer, labour, fermier, ouvrier, semaille, endurance, fermier, prairie.

nouvelle

journal, journée, neuve, ancienne, nouvelle, remarquable, connu, nouveau, reçu, nouvelle, arrivé, récente, gazette, soir.

lendemain

aujourd'hui, demain, avant-hier, lendemain, autrefois, anciennement, lendemain, futur, anticiper, arriver, entrevoir, espérer.

laisser

baisser, lâcher, oublier, laisser, lever, quitter, laisser, soulever, enlever, abandonner, blesser, cacher, dormir.

croix

cercle, rectangle, ligne, droite, croix, angle, crucifix, carré, rond, croisé, croix, ovale, sinueux, étroit, zigzag.

manger

repas, avaler, ranger, manger, garder, dépenser, rendre, ouvrir, frapper, passer, entamer, distribuer, donner, manger, dévorer.

pluie

vent, nuage, neige, pluie, froidure, bourrasque, tempête, chute, hausse, baromètre, pleuvoir, grêle, brouillard, pluie.

lilas

parfum, blanc, mauve, rameau, verdure, lis, rose, pâquerette, jacinthe, narcisse, lilas, fleuri, crocus, jonquille, lilas.

grand

gras, énorme, mince, petit, grand, seul, gris, lourd, pesant, léger, grand, svelte, élancé, beau, laid, osseux, rembourré.

confusion

fusion, formalité, artifice, confusion, mélange, contradiction, problème, difficulté, compréhension, confusion, embarras.

midi

milieu, midi, minuit, nuit, jour, moitié, midi, demi, mille, douze, divisé, deux, entier, journée, emploi, repas, cloches.

habileté

habile, souplesse, habileté, œuvre, maniabilité, utilité, habileté, rapidité, sûreté, adresse, commodité, réussite, succès.

sage

précaution, sagesse, prudent, sage, calme, astucieux, malin, assuré, tranquille, sage, reposant, prévoyant, réfléchi, entreprenant.

quand

quatre, ancien, quantième, quasi, quand, quartier, confort, date, quand, alors, ensuite, puis, après, avant, autour, carré.

chercher

refuge, cachette, chambre, recherche, trouver, cacher, chercher, perdre, dissimuler, découvrir, chercher, recoin, découverte.

président

député, constitution, assemblée, présider, délibérer, président, représenter, palais, avocat, tribunal, président, assistance.

sauver

sauvetage, voir, savoir, sauver, nager, respirer, noyer, sauter, sauver, ramasser, suivre, retirer, repêcher, enlever.

environ

entourage, environner, alentours, environ, occuper, aviron, entourer, enclore, fermer, autour, proche, éloigné, environ.

chocolat

chocolat, douceur, sucrerie, gâteau, cadeau, café, chocolatier, pâtisserie, enrubanné, bonbonnière, chocolat, tartelette.

reprendre

appréhender, prendre, redouter, reprendre, rechercher, trouver, posséder, reprendre, apprendre, entendre, écouter.

servir

servitude, service, resservir, sortir, servir, cajoler, savoir, servir, ressentir, apporter, entourer, garnir, soutenir.

quelque

parfois, quelquefois, souvent, pareil, peut-être, autre, quelque, quantité, comment, beaucoup, un peu, assez, quelque, encore.

soudain

soudain, subit, surgir, sembler, surpris, inattendu, soudain, brutal, abruptement, apparaître, surprendre, souvent.

professeur

enseignement, élève, apprentissage, professeur, éducation, profession, professeur, prisonnier, écolier, enseignant, école.

fondre

Pourfendre, fonte, fondeur, confondre, fondre, chaleur, frire, fendre, fondre, couler, fondue, fromage, feu.

amuser

distraire, aimer, amuser, aimable, musette, amuser, museau, muse, amusement, rire, distraction, étourdissement, fête.

comme

raccommoder, ressemble, comme, confondre, accommoder, comment, comme, pourquoi, parce que, en effet, commentaire, semblable.

immobile

automobile, mouvoir, immobile, image, mobilier, immobile, immeuble, mouvement, repos, silence, immobilisation, reposer.

angoisse

anxiété, étreindre, angoisser, sourdre, crainte, anxieux, angoisse, saisir, angoisse, terreur, craindre, angoisser, peur.

turbulent

remous, turbulence, turbines, bouillonner, turbulent, mouvementé, tourbe, turbulent, agité, remuer, exciter, énervement.

connaître

reconnaître, savoir, admirer, connaître, connaissance, sagesse, connaître, maître, magistrat, connaisseur, amateur.

vacance

liberté, vacation, disponible, vacant, vide, occupé, libre, rempli, vacance, départ, déplacement, vacance, montagne, détente.

Temps de lecture : .... minutes .... secondes

DEUXIEME EXERCICE

Ici, comme dans l'exercice précédent, vous trouverez des séries de mots, parmi lesquels le mot clef se trouve deux fois. Le premier mot clef est « sentir », le second « fort », etc. Cochez-les au fur et à mesure que votre œil les reconnaît, en allant le plus vite possible. possible.

Essayez de faire cet exercice en moins de deux minutes et demie. Puis, quand vous le reprendrez, réduisez peu à peu votre temps de lecture jusqu'à deux minutes seulement.

sentir

sertir, sentir, sortir, servir, sentir, souffrir, savoir, sortir, sauter, senti, servi, santé.

fort

lors, hors, mors, corps, fort, cor, car, par, port, fort, tort, mort, tard, tort.

pression

passion, potion, pression, question, pussions, pression, pressons, passons, prissions, postions.

lapin

pin, lupin, larbin, pain, lapin, lopin, lambin, rapin, lapine, rapine, lapin, copain, tapin.

croche

croche, crochet, crache, cache, coche, croche, accroche, accouche, couche, écorce, écorche, cocher, crochet, cruche.

résolution

solution, absolution, révolution, résoudre, résolution, désolation, consolation, résolution, résorption, absorption.

hérédité

hériter, aridité, hérédité, hère, héréditaire, hériter, hérault, hérédité, humidité, hérisson, hérisser, errer.

prétexte

prétexter, prétexte, texte, proteste, tester, prétester, protester, prétexte, prothèse, protestation, attester, détester.

souvent

couvent, couver, sauver, savent, savant, souvent, sauvent, auvent, sachant, souvent, couvent, convert, couvert, souvenir.

action

faction, traction, attraction, fiction, action, fonction, action, actif, factice, fictif, onction.

ranger

ronger, ranger, ronfler, gonfler, renfler, ranger, grange, range, rangée, ronge, gronde, grande, rangera, engranger.

laisse

lisse, plisse, plaise, laisse, baisse, caisse, crisse, graisse, tasse, taise, baise, baisse, laisser, lasse, laisse.

entrer

entrer, enterrer, rentrer, entrée, entre, entrer, centrer, descendre, cendre, centre, entrez, contre.

noir

voir, croire, noir, foire, faire, noire, voire, avoir, noir, poire, soir,
asseoir, moire, loir, loisir, noircir, moisir.

ruche

riche, rêche, crèche, roche, ruche, cruche, rhum, rhume, bûche,
boche, biche, riche, ruche, rucher, rocher, arrache.

voilà

voile, viole, voilà, voici, voilier, voiler, violon, violet, volet, voler,
vola, voilà, voix, envoie, viola, violette.

fille

file, fils, enfile, filet, fillette, fille, fil, fils, bile, cille, vrille, fille,
pille, bille, billet, piller, filer.

raison

maison, raison, raisin, raisonner, raisiné, raisons, saison, raison,
arraisonner, maisons, faisons, faisan, saisons.

lampe

lamper, camper, campe, lampe, rampe, lampe, lente, tente, loupe,
hampe, jambe, lape, lamper, laver, lavant, laper.

prix

prise, prix, pris, frit, prix, puis, puits, fruit, frise, frite, mise,
prise, pois, proie, broie, brise, ris, riz.

matin

matin, latin, mâtin, catin, matin, mutin, lutin, lutiner, mutiner,
faquin, radin, satin, matine, mâtiné, satiner, miter.

tresser

détresse, caresse, tresse, adresse, tresser, dresser, adresser, maîtresse, maîtriser, tresser, contrister, tristesse.

apporter

apporte, apporter, apporter, rapporter, rapprocher, emporter, apportez, rapporter, rapporte, rapport, support, supporter.

position

poser, proposer, proposition, préposition, position, condition, apposition, position, supposition, opposition, déposition.

mouiller

mouiller, rouiller, souiller, soulier, roulier, mouiller, mûrier, mouillette, mollette, mollir, amollir, mouler.

signe

cygne, vigne, signet, signer, singer, signes, saigne, saigner, singe, signe, ligne, signa, singea, signe, digne.

jouer

jouet, enjoué, jouer, joue, jouer, jurer, ajourer, ajouter, abjurer, journée, jour, jouet, entourer, déjouer, engoué.

crise

brise, prise, grise, gris, frise, froisse, croisse, crisse, crise, crie, crise, cris, cric, crac, croc, croix, crois, cri.

feuille

effeuille, feuille, cueille, veuille, treille, feuillet, filet, fouille, feuille, seuil, fenouil, chenil, celle.

fruit

cuit, fuit, suit, fruit, nuit, fruit, fuit, suite, fuite, bruit, cuite, brûle, fruité, nuitée, nuit, fut.

cave

rave, dérape, râpe, pave, cave, décave, larve, vache, ravier, cage, cape, nappe, cave, cuve, couve, caveau, gravats.

douter

doué, doute, redouter, dérouter, route, roué, redoute, douter, doter, radoter, dompter, douter, docte, docteur, dompteur, donner.

animal

minable, aimable. annale, animal, animalier, animalerie, animée, cannibale, annales, animer, abîmer. abîma, anima, animal.

course

courue, course, source, course, bourse, boursier, coursier, couru, cornu, cause, court, courte, coursive, écourter, écouter.

livre

suivre, cuivre, libre, livre, litre, livrer, livrée, givrer, givre, guivre, vivre, vivra, livrera, livreur, livresque, livres, livre.

mètre

mètre, mitre, mettre, mère, admettre, remettre, métreur, métronome, centimètre, kilomètre, millimètre, décamètre, maître, mètre.

dure

durer, murer, mura, mûre, mire, mira, mirer, dira, durée, dures, dur, mur, dru, cru, crue, cure, dure, curer, curé, dure,

comme

somme, tonne, tomme, tome, dôme, donne, comme, comment. comme, gomme, somme, sommier, sonner, sonne, tonner, entonner, commentaire.

mener

mimer, miner, mine, mime, mène, mener, emmener, emmène, amène, mènera, emmènera, emmener, amener, mener, miner, animer.

lettre

mettre, litre, lettre, leste, preste, lettré, allécher, lecture, lecteur. littéral, littoral, lettre, cette, sceptre, lettres.

compte

contre, conte, compte, comte, comté, compté, conter, comptera. coquet, compter, contrer, contrée, comptes, compte.

Temps de lecture : .... *minutes* .... *secondes.*

BIBLIOGRAPHIE SOMMAIRE EN LANGUE FRANÇAISE CONCERNANT LE PROCESSUS DE LECTURE

ALAIN, *Propos sur l'éducation*. Paris, Presses universitaires de France, 1972.

L'éminence grise de l'Université française entre les deux guerres traite des problèmes de l'éducation et de la pédagogie. Dans cet ouvrage, d'une lecture facile, il consacre une douzaine de pages à la lecture rapide qu'il préconise sans réserve.

CONQUET (André). *Lisez mieux et plus vite*. Paris, Editions du Centurion, 1970.

Cette brochure de 64 pages est une initiation vivante et sérieuse à la lecture rapide rédigée par le promoteur et l'apôtre français de la lecture rapide.

FOUCAMBERT (Jean). *La manière d'être lecteur*. O.C.D.L., 1976.

GAUQUELIN (Françoise). *Développer sa mémoire :* méthode Richaudeau. Paris, Retz, 1979.

L'équivalent de la présente méthode de lecture rapide dans le domaine de la mémoire : en 12 cours et de nombreux exercices pratiques.

GRÉGORY (R. L.). *L'œil et le cerveau. La psychologie de la vision*. Paris, Editions Hachette, 1966.

Ouvrage complet et accessible à tous sur la structure de l'œil et la psychologie de la vision.

JAVAL (Emile). *Physiologie de la lecture et de l'écriture*. Paris, Editions Retz, 1978.

Le premier ouvrage scientifique sur le processus de la lecture, publié en 1905. L'essentiel de ses conclusions ont été confirmées par les travaux de recherches ultérieurs.

LECLERC (J.). *Initiation aux auteurs monastiques du Moyen Age*. Paris, Editions du Cerf, 1964.

Dans cet ouvrage de nombreuses pages sont consacrées au processus de lecture oral utilisé par les moines du Moyen Age.

MAC LUHAN (Marshall). *La Galaxie Gutenberg*. Paris, Editions Mame, 1967.

Dans cet ouvrage, celui que l'on a appelé le « prophète de l'ère des communications électroniques » consacre de nombreuses pages (97 à 137) à l'évolution du processus de lecture du Haut Moyen Age à la Renaissance.

RÉMOND (Docteur Antoine), *Revue neurologique* n° 6 : 1956 ; n° 7 : 1957 ; n° 6 : 1958 ; n° 3 : 1961 ; n° 3 : 1959.

Comptes rendus d'une série d'études menées à la Salpêtrière sous la direction du Docteur Antoine Rémond et consacrées à l'analyse du processus de lecture par enregistrements électro-oculographiques.

REMOND (Georges) et RICHAUDEAU (François). *Je deviens un vrai lecteur*. Paris, Retz, 1978.

Une méthode de perfectionnement de la lecture et d'acquisition de la lecture rapide, pour les enfants de 9 à 11 ans. Un best-seller de l'édition scolaire, complété par un livret pédagogique.

RICHAUDEAU (François). *La lisibilité*. Paris, Retz, 1969-1976).

Pour expliquer la lisibilité typographique et linguistique, une étude formelle du processus de lecture.

RICHAUDEAU (François). *La Linguistique Pragmatique*. Paris, Retz, 1981.

Une étude fondamentale sur les processus d'émission et de réception de langage et qui englobe la « réception-production linguistique » qu'est la lecture.

SMITH (Frank). *Comment les enfants apprennent à lire.* Paris, Retz, 1980.

Présenté par Jean Foucambert, l'ouvrage américain fondamental de psycho-linguistique étudiant le processus de lecture chez les enfants et chez les adultes.

TABLE DES MATIERES

8011

IMP. B.C.I., SAINT-AMAND (CHER). — Nº 1/2033.
D. L. AOÛT 1997/0099/310

ISBN 2-501-00100-1

Imprimé en France